GERENCIAMENTO PELAS DIRETRIZES

(HOSHIN KANRI)

O que todo membro da **alta administração** precisa saber para vencer os desafios do novo milênio

VICENTE FALCONI CAMPOS, Ph.D.

GERENCIAMENTO PELAS DIRETRIZES

(HOSHIN KANRI)

O que todo membro da **alta administração** precisa saber para entrar no terceiro milênio

FALCONI

Rua Senador Milton Campos, 35, 7º andar
Vale do Sereno | Nova Lima | Minas Gerais | CEP: 34000-000
Tel.: (31) 3289-7200 | Fax: (31) 3289-7201
<www.falconi.com>

Ficha catalográfica

C198g   Campos, Vicente Falconi
        Gerenciamento pelas diretrizes (Hoshin Kanri): o que todo membro da alta administração precisa saber para vencer os desafios do novo milênio / Vicente Falconi Campos - 5. ed. - Nova Lima: FALCONI Editora, 2013.

        270 P.: il
        Inclui índice

        ISBN: 978-85-98254-59-3

        1. Administração - Controle de Qualidade. 2. Desenvolvimento gerencial. 3. Produtividade Industrial
    I. Título

        CDU - 658.562

Capa: África São Paulo Publicidade Ltda.

Ilustrações e colagens: Heloisa Godoy Rousseff

Editoração eletrônica: Jeferson Teixeira Soares

Revisão do texto: Dila Bragança de Mendonça

Copyrigth © 2013 by Vicente Falconi Campos
Direitos comerciais desta edição: FALCONI Editora
Printed in Brazil - Impresso no Brasil

"The traditional factors of production - land, labor and even money, because it is so mobile - no longer assure a particular nation competitive advantage. Rather, management has become the decisive factor of production." *

Peter F. Drucker

"Os fatores tradicionais de produção - terra, mão-de-obra e até dinheiro, pela sua mobilidade - não mais garantem vantagem competitiva a uma nação em particular. Ao invés disto, o gerenciamento tornou-se o fator decisivo de produção."

(*)

Managing for the Future - The 1990's and Beyond.

Truman Talley Books/Dutton

New York, 1992

Sumário

1 As artes gerenciais e as artes marciais (algumas semelhanças) 27

2 Significado do gerenciamento pelas diretrizes 33
   2.1 Conceito de gerenciamento pelas diretrizes 33
   2.2 Conceito de planejamento estratégico..35
   2.3 Método de gerenciamento...36
   2.4 Relacionamento entre o gerenciamento pelas diretrizes e o gerenciamento da rotina...38
   2.5 Sistema de gerenciamento pelas diretrizes..38
   2.6 Filosofia do gerenciamento pelas diretrizes 41

3 Introdução ao planejamento..45
   3.1 Conceito de meta 45
   3.2 Conceito de problema 46
   3.3 Conceito de diretriz..49
   3.4 Método de planejamento 50
   3.5 Métodos de desdobramento de diretrizes...53
        3.5.1 Como estabelecer uma diretriz..54
        3.5.2 Características das medidas de uma diretriz.................................54
        3.5.3 Métodos de desdobramento 55
   3.6 Desdobramento das diretrizes e a estrutura das organizações.................60
        3.6.1 Tipos de estruturas organizacionais 60
        3.6.2 Condução do desdobramento..62
   3.7 O Gerenciamento pelas diretrizes e os CCQ 63
   3.8 Fatores para um bom planejamento..63
        3.8.1 Conhecimentos das pessoas..65
        3.8.2 Entusiasmo das pessoas 67

  3.8.3 Tempo da alta administração..67

  3.8.4 Intuição e análise dos impedimentos 68

  3.8.5 Capacidade de solucionar problemas 68

  3.8.6 Capacidade de negociar...69

  3.8.7 Capacidade de concretizar...69

 3.9 Planos de contingência 69

4 Estágio 1 - Prática de golpes faixa branca 73

 4.1 Passo 1 - Preparação do gerenciamento pelas diretrizes............................74

 4.2 Passo 2 - Como estabelecer a primeira meta anual 74

 4.3 Passo 3 - Como estabelecer a primeira diretriz do presidente 77

 4.4 Passo 4 - Como conduzir o primeiro desdobramento das diretrizes 83

  4.4.1 Como estabelecer as metas do nível hierárquico inferior...................83

  4.4.2 Como estabelecer as diretrizes do nível hierárquico inferior...............84

  4.4.3 Como estabelecer os planos de ação..89

  4.4.4 Como estabelecer os itens de controle e os itens de verificação.........94

 4.5 Passo 5 - Como conduzir a execução das medidas....................................98

 4.6 Passo 6 - Como verificar o atingimento das metas......................................99

  4.6.1 Por que verificar o atingimento das metas 99

  4.6.2 Como localizar os desvios da meta 99

  4.6.3 Como atuar nas anomalias 101

  4.6.4 Como documentar o processo de verificação 106

  4.6.5 Como conduzir as reuniões de acompanhamento 107

 4.7 Passo 7 - Como conduzir o diagnóstico das diretrizes 109

  4.7.1 Conceito de diagnóstico 109

  4.7.2 Objetivos e consequências do diagnóstico do presidente.................109

  4.7.3 Organização do diagnóstico do gerenciamento pelas diretrizes.......112

4.7.4 Observações sobre o diagnóstico..119

4.7.5 Recomendações aos diagnosticadores.................................120

4.7.6 Recomendações aos diagnosticados....................................120

4.8 Passo 8 - Como fazer a reflexão..121

4.9 Passo 9 - Como incorporar os resultados do gerenciamento pelas diretrizes no gerenciamento da rotina do trabalho do dia a dia 130

4.10 Passo 10 - Como padronizar o sistema de gerenciamento pelas diretrizes..130

4.11 Recomendações finais ao coordenador da GQT 132

5 Estágio 2 - Prática de golpes faixa marrom 141

5.1 Introdução à faixa marrom 142

5.1.1 Pré-requisitos à prática da faixa marrom 142

5.1.2 Como avançar nas faixas 144

5.2 Fluxograma do gerenciamento pelas diretrizes 144

5.3 Passo 1 - Como estabelecer as metas anuais da empresa 146

5.4 Passo 2 - Como estabelecer o projeto das diretrizes do presidente 148

5.5 Passo 3 - Como conduzir o desdobramento das diretrizes 151

5.5.1 Estabelecimento das metas das unidades 153

5.5.2 Desdobramento das metas das unidades 155

5.5.3 Estabelecimento das medidas de execução prioritária 158

5.5.4 Estabelecimento dos itens de execução prioritária......................165

5.5.5 Prática do ajuste (Catch Ball) 168

5.5.6 Estabelecimento do plano de ação......................................169

5.5.7 Organização das diretrizes 172

5.5.8 Confirmação das diretrizes anuais da organização 174

5.6 Passo 4 - Como conduzir a execução das diretrizes 174

5.6.1 Conduza a reflexão continuamente 178

5.6.2 Conte com a cooperação de todos 178

5.6.3 Faça um planejamento para responder rapidamente às mudanças externas 178

5.7 Passo 5 - Como monitorar o gerenciamento pelas diretrizes 180

5.8 Passo 6 - Como conduzir os diagnósticos 181

5.9 Passo 7 - Como fazer a reflexão..186

5.10 Passo 8 - Recomendações finais ao coordenador da GQT 186

6 Estágio 3 - Prática de golpes faixa preta 191

6.1 Características do estágio avançado do gerenciamento pelas diretrizes...192

6.2 Gerenciamento pelas diretrizes através do gerenciamento interfuncional...192

6.2.1 Características do gerenciamento interfuncional 194

6.2.2 Organização do gerenciamento interfuncional 195

6.2.3 Responsabilidades dos órgãos da organização interfuncional 196

6.2.4 Operação do gerenciamento interfuncional 202

6.3 Gerenciamento pelas diretrizes através das unidades de negócio..........206

6.4 Gerenciamento pelas diretrizes através do gerenciamento por projetos..207

6.4.1 Organização do gerenciamento por projetos 207

6.4.2 Implementação do gerenciamento por projetos 208

Anexo A - Método de gestão empresarial..215

A.1 Significado de método 215

A.2 Onde estabelecer as metas..216

A.3 Método para atingir as metas 216

A.4 O Método PDCA e o sistema de gestão..223

Anexo B - Exemplo de gerenciamento interfuncional: Gestão do lucro 229

B.1 Sistema de garantia do lucro..229

B.2 Estabelecimento das metas 230

B.3 Atividades do gerenciamento dos custos 233

Anexo C - Amostra de um regulamento do sistema de gerenciamento pelas diretrizes..241

Anexo D - Glossário dos termos utilizados no gerenciamento pelas diretrizes ..249

Referências...255

Índice remissivo 259

Prefácio à 5ª edição

Nesta quinta edição, os conteúdos não passaram por nenhuma atualização em relação à edição anterior. A mudança no *layout* da capa se deve ao novo projeto de padronização e alteração da logomarca da empresa, antes denominada INDG TecS e atualmente FALCONI Editora.

A Editora

Prefácio

Através desta obra, o Prof. Vicente Falconi Campos está ofertando ao Brasil o que talvez seja o documento/instrumento mais importante que já tenha sido produzido, no sentido de buscar o desenvolvimento do nosso país. Os que já estão iniciados no gerenciamento pela qualidade total provavelmente possam entender o significado desta minha observação. Mas, na realidade, Falconi teve visão e perseverança, e estabeleceu a meta de criar uma obra que, de uma forma absolutamente consistente, organizada e simples, nos possibilitasse consolidar o conhecimento do gerenciamento pela qualidade total.

É indiscutível que Falconi só conseguiu realizar uma obra com tamanho conteúdo e com tamanha qualidade porque tinha uma meta claramente definida. E só foi possível atingi-la com a perseverança dos anos de dedicação, conhecimento, pesquisa, informação e troca de conhecimentos. Apenas por ter uma meta muita bem definida, perseguida nas suas várias etapas, é que pôde chegar ao resultado desta obra maravilhosa.

Mas, fora do conteúdo, tão ou mais importante é a forma da sua apresentação e o caráter didático da obra, porque justamente através dessa possibilidade de ser realmente uma verdadeira ferramenta didática para a busca do desenvolvimento do gerenciamento pela qualidade total, é que o objetivo do nosso Prof. Falconi está sendo atingido plenamente, conforme apresenta no prefácio de seu livro, quando menciona Peter Drucker, sobre a importância cada vez maior do gerenciamento dentro da complexidade da sociedade moderna, diante das grandes estruturas do mundo atual. O desenvolvimento da competência gerencial é fator decisivo no sucesso da atividade humana.

A genialidade de uma ideia, a capacidade genial do indivíduo pode se perder e não se realizar pela incompetência gerencial ou pela não competência gerencial plena. Daí a importância de tratar o gerenciamento como ciência, com método, organização, além da crescente importância do gerenciamento pela qualidade total como definidor do sucesso e da evolução.

A clara visão desta obra, quando estabelece o conceito de buscar o **gerenciamento pelas diretrizes**, é justamente poder adaptar as necessidades de mudanças que o mercado e o mundo, na sua rápida evolução, exigem do comportamento de cada um ou das empresas, dos governos ou dos serviços de forma global. As mudanças de mercado e a evolução do conhecimento científico e tecnológico precisam ser introduzidas, e só a capacidade de gerenciar esses processos de mudanças permitirá que as empresas absorvam as novas tecnologias com segurança e dinamismo.

O claro estabelecimento da melhoria dos padrões para alcançar padrões seguros e repetitivos dentro das normas, o famoso "S" (*standard*), e a busca de melhorias como segunda etapa, são processos decisivos, mas a verdadeira evolução que hoje é exigida no cenário mundial é gerenciar mudanças. Assim, nesta terceira etapa de emprego do PDCA sobre a visão de construir e desenvolver as diretrizes para alcançar as novas metas que as mudanças exigem é que se faz com que o gerenciamento e desenvolvimento pela qualidade total tornem possíveis as estruturas da sociedade nas empresas, no sentido de se ajustarem ao cenário mundial da mudança. E esse quadro onde historicamente produtos e mercado sofriam mudanças lentamente, pela dinâmica do mundo moderno da informação, mostra hoje cenários de mudança extremamente rápidos, com transferência dos conhecimentos tecnológicos e científicos disponíveis. Mas tudo isso só pode ser plenamente utilizado e ajustado se houver gerenciamento. Daí a importância deste trabalho de verdadeiro conteúdo científico sobre como gerenciar o processo com as ferramentas da gestão pela qualidade total, através da visão clara de atingimento das metas estabelecidas pelas diretrizes.

A verdade é que devido ao trabalho hoje desenvolvido pelas mais diversas frentes no desenvolvimento da tecnologia do gerenciamento pela qualidade total, já nos tornamos, no Brasil, o segundo movimento em dimensão. Mas talvez o mais importante em relação ao que existe hoje no mundo é o esforço para estender o gerenciamento pela qualidade total nas atividades dos campos social, da educação e da saúde. E, através deste novo livro, pelo seu conteúdo didático, poderemos estabelecer, de forma mais fácil e mais eficaz, a aplicação, em dimensões bem maiores, também nas áreas sociais. Acreditamos que esse trabalho nos campos da educação, saúde e serviços sociais, de forma ampla, realmente poderá produzir uma mudança de base nas relações, na estrutura e funcionamento da sociedade brasileira.

Cabe aqui mais uma observação, que Falconi tão bem reforça nesta obra: a importância da liderança. Sem que lideranças em todos os níveis assumam a responsabilidade para que a mudança, a meta e a diretriz sejam atingidas não se atinge o objetivo. Assim, o reforço que muitas vezes é esquecido e não valorizado no nosso dia a dia, a responsabilidade da liderança, a consciência de que a liderança tem que assumir o seu papel, são peças-chave para o sucesso desejado.

Como observação final, diria que esta obra, que praticamente se tornou uma verdadeira fonte de consultas para elucidar dúvidas, conceitos e ideias, é um verdadeiro dicionário para quem trabalha na área de administração e busca o gerenciamento do processo: o gerenciamento pela qualidade total. Neste trabalho todos têm a possibilidade de desenvolver com simplicidade a sua habilidade gerencial.

É importante mencionar que a meta de Falconi de produzir o instrumento como *benchmark* mundial, provavelmente tenha sido atingida por causa do seu conteúdo e da sua simplicidade.

Porto Alegre, novembro de 1996

Jorge Gerdau Johannpeter

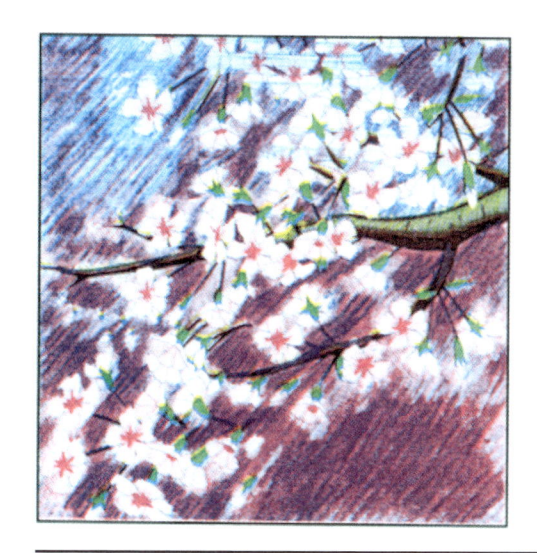

Prefácio do autor

Tenho uma grande admiração pela obra do Prof. Peter Drucker e dediquei a ele a primeira página deste texto. Fiz isso para dar ênfase à necessidade de nós, brasileiros, aprofundarmos a nossa habilidade gerencial. Essa habilidade gerencial tem que começar pela alta administração das organizações e se estender a todos. Quanto mais me aprofundo nessas coisas, mais me convenço de que a habilidade gerencial está no âmago da sobrevivência humana. Estamos vivenciando no Brasil uma experiência formidável: empresas que mudam sua cara e que sobrevivem galhardamente a mudanças impensáveis; escolas públicas inertes e decadentes que adquirem nova vida e batem recordes de desempenho apesar do desprezo de alguns de nossos políticos; hospitais que sobrevivem honrosamente à falta de recursos; pequenos sitiantes que dobram sua renda no espaço de um ano, etc. Nunca o Prof. Drucker esteve tão certo.

O final deste milênio já está mostrando que o conhecimento humano é, de longe, o mais importante recurso para a competitividade das organizações, em especial o conhecimento gerencial. Se observarmos alguns países, concluiremos que os recursos minerais, energéticos, de terra, sol e água não garantem a riqueza das nações. O Japão não tem nada disso e é um dos países mais ricos do mundo.

A era em que as empresas podiam ser conduzidas somente por "homens de bom senso" parece haver terminado. O gerenciamento está deixando de ser "político" para ser "científico". A sobrevivência das organizações somente será garantida pelo atingimento das metas impostas pelo mercado. As metas são atingidas com método e conhecimento. Se a alta administração não aprender essas coisas, a sua empresa desaparecerá do mapa. É uma questão de tempo.

Este livro foi uma luta de muitos anos. Foi como decifrar um hieróglifo em relação ao qual mesmo os autores ainda se confundem. Tomamos vários cursos sobre *hoshin kanri*, acompanhamos nossos amigos japoneses em várias empresas, praticamos e praticamos, e praticamos. Levantamos toda a bibliografia existente sobre o tema. Com a ajuda de amigos, conseguimos relatórios e estudos não publicados. Discutimos nosso texto com vários amigos competentes: brasileiros e japoneses. Não nego meu objetivo: sempre quis escrever o melhor livro do mundo sobre o tema.[2] Você fará o julgamento.

Tive um outro grande problema ao escrever este livro. Ser suficientemente simples, para que todos possam entender e **aplicar**.

Apesar disso, ser suficientemente profundo, para deixar para os brasileiros um verdadeiro "caminho das pedras". Nesse sentido, me inspirei num filme sobre a vida de um homem extraordinário: Bruce Lee, para quem não havia limites. O gerenciamento pelas diretrizes também deveria ser assim: uma busca, sem limites, de novos resultados. No entanto, como nas artes marciais, é necessário, ao longo do tempo, adquirir as habilidades necessárias. Resolvi, então, com a ajuda da Heloisa, apresentar o gerenciamento pelas diretrizes como se fosse uma **prática** de lutas marciais.

Impressionou-me muito também o livro *A máquina que mudou o mundo*, [45] pois ali se fala que "no Japão todos **aplicam** os conhecimentos sobre gestão pela qualidade total. No entanto, no mundo ocidental, todos conhecem a letra da canção, mas poucos se dispõem a cantá-la". Isso não pode acontecer no Brasil. Essa é a sua responsabilidade, leitor. Siga as instruções deste livro e dentro de poucos anos você estará contribuindo mais eficazmente para a sobrevivência de sua empresa e para o bem-estar de nosso povo e da humanidade. Não existe nada mais honroso do que isso.

O livro que lhe apresento contém métodos e técnicas revolucionários, que permitirão à sua empresa entrar num ciclo positivo e permanente de melhorias. Você, sua empresa e o nosso país precisam muito dos conhecimentos aqui contidos. Não perca tempo. Que Deus o ajude nessa caminhada.

Belo Horizonte, novembro de 1996.

Vicente Falconi Campos

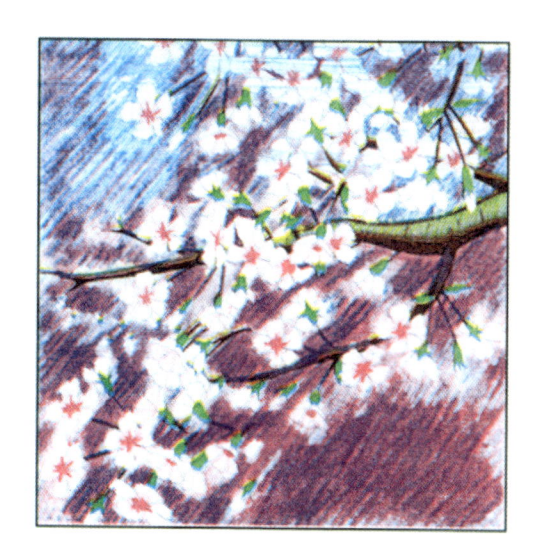

Prefácio do autor

3ª edição

Lembro-me de que na década de 1980 pouco se falava em metas e planos de ação. Ninguém se preocupava com isso, já que o desempenho de uma gestão era, na maioria das vezes, julgado pela sua capacidade em conseguir autorizações do governo para praticar preços mais elevados. Com a estabilidade da moeda e a abertura dos mercados, houve verdadeira corrida ao gerenciamento.

Esquecemo-nos rapidamente das coisas, mas até o início da década de 1990 pouquíssimas empresas brasileiras dispunham de padronização de tarefas, para não falar de processos. Houve um grande esforço nacional nessa direção e, muito embora ainda haja um bom caminho a percorrer, hoje já se pode dizer que as grandes e médias empresas brasileiras são razoavelmente gerenciadas.

A partir de 1996 o gerenciamento pelas diretrizes tem sido amplamente utilizado no Brasil, nas mais diversas formas: para gerenciar as metas oriundas da formulação estratégica, para gerenciar as metas setoriais ou para gerenciar orçamentos, como é o caso do orçamento matricial.

Este livro trata da utilização do método de gerenciamento PDCA (caminho para atingir metas) dentro do ambiente empresarial. A maioria dos executivos tem a tendência de acreditar que, uma vez colocadas as metas para cada membro de sua equipe, elas serão automaticamente atingidas.

Nossa experiência tem mostrado, de forma muito clara, que o atingimento de metas pode ser **garantido** desde que as lideranças estejam dispostas a seguir fielmente um certo ritual, que engloba agenda anual de reuniões de acompanhamento, um bom sistema de informações (que garanta os resultados mensais até, no máximo, uma semana após o final do mês), análise de anomalias sempre que as metas não forem atingidas, com plano de ação complementar, auditorias em áreas onde as metas não são atingidas, padronização das modificações realizadas, etc. Em resumo, as pessoas precisam perceber que a empresa está disposta a atingir as metas estabelecidas.

O GPD faixa branca serve para que a empresa aprenda a "fechar o ciclo de controle", ou seja, mesmo que o planejamento não tenha sido muito bem feito, as pessoas irão aprender a fazer, ao longo do ano, o acompanhamento da evolução do esforço da empresa. Quando essa fase estiver vencida, aí, sim, pode-se avançar nas técnicas de planejamento até incluir ferramentas normalmente utilizadas pelos faixas pretas. Portanto, só vale a pena avançar nas técnicas de planejamento depois que se aprender a fechar o ciclo de controle em toda a empresa, ou seja, gerenciar.

Quem trabalhar dessa maneira irá verificar que gerenciar não é dar ordens, mas liderar no sentido de garantir que as metas necessárias à sobrevivência de uma empresa sejam atingidas. Para isso, é necessário ter método e seguir um certo ritual.

Belo Horizonte, 27 de junho de 2002.

Vicente Falconi Campos

Instruções para uso deste livro

(Este é um texto escrito para que o leitor **pratique** o método. Não é um livro conceitual).

1) a) Os três primeiros capítulos são **preparatórios**.

   b) Os capítulos 4, 5 e 6 são **operacionais**.

2) a) O capítulo 4 é **básico**. Os outros não podem ser implementados na prática sem o pleno domínio deste.

   b) O capítulo 5 não exclui, mas incorpora o 4.

   c) O capítulo 6 não exclui, mas incorpora o 4 e o 5.

3) A presença da figura do dragão antes de algumas frases serve para indicar a sua elevada importância.

4) Não tente implementar os capítulos 5 e 6 sem o pleno domínio do capítulo 4. Não se esqueça: **você** pode ter entendido tudo, mas isso não é suficiente. É preciso que **todos** dominem o método. O único critério para termos a certeza disso é a constatação do bom funcionamento do método na prática.

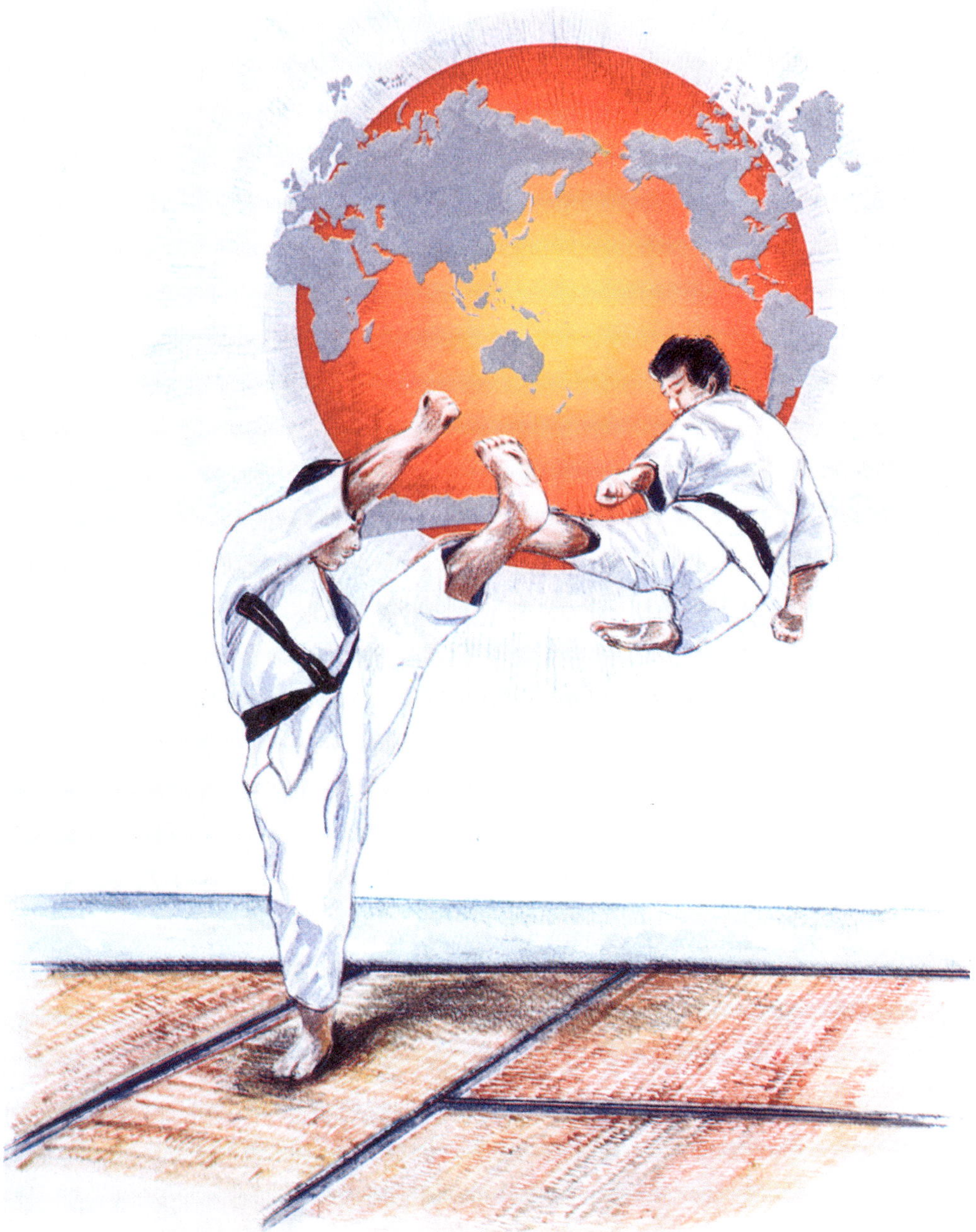

As artes gerenciais e as artes marciais

Algumas semelhanças

1) Não pense com desonestidade.

2) O caminho está no treinamento.

3) Trave contato com todas as artes.

4) Conheça o caminho de todas as profissões.

5) Aprenda a distinguir ganho de perda nos assuntos materiais.

6) Desenvolva o julgamento intuitivo e a compreensão de tudo.

7) Perceba as coisas que não podem ser vistas.

8) Preste atenção até no que não tem importância.

9) Não faça nada que de nada sirva.

Miyamoto Musashi (1645)[1]

A **evolução de uma pessoa nas artes gerenciais** tem muito de semelhante com sua evolução nas **artes marciais**.

Nas artes marciais, para se tornar um bom lutador, a pessoa deve **cultivar a sabedoria e o espírito**, adquirindo conhecimentos e habilidades e dominando os diferentes caminhos das artes, um de cada vez.

Nos embates individuais, ela deve **purificar seu corpo e sua mente** para que sua percepção e seus movimentos sejam puros e rápidos.

Nos embates em grupo, ao assumir a posição de comando, deve conhecer o **caráter humano de seu exército, suas necessidades espirituais e de destreza e saber extrair a verdadeira vontade de lutar**.

Esse processo é representado por graus de conhecimento e habilidades de luta. Em alguns tipos de artes marciais individuais, esse avanço é representado pela "**ordem das faixas**". No judô japonês, por exemplo: branca, marrom e preta.

Um praticante das artes marciais deve dominar a estratégia da luta, **aprender os golpes**, um a um, e praticá-los de modo a ter a **habilidade** necessária na hora certa. Só é possível aprender os golpes de uma faixa depois de aplicar, na prática, os golpes da faixa anterior.

Dessa maneira, desenvolvendo seu espírito e seu equilíbrio, **aprendendo e praticando os golpes**, a pessoa vai subindo na hierarquia das artes marciais até atingir a ambicionada faixa preta.

Nas artes marciais, uma pessoa leva em torno de **cinco anos**, com muito trabalho, dedicação e esforço, para alcançar a **faixa preta**.

Não basta **conhecer os golpes**: é preciso ter a **habilidade para aplicá-los** conhecendo-se a si mesmo, o seu adversário e as condições do local e da luta.

No gerenciamento ocorre o mesmo.

Para que o leitor se torne um hábil guerreiro, é adotada, neste texto, a mesma abordagem das artes marciais, e os **golpes** são apresentados de pouco a pouco para sedimentá-los com a prática do dia a dia.

As pessoas de sua empresa irão progredindo na **ordem das faixas** à medida que tiverem a habilidade de utilizar cada vez mais **informações** para atingir suas metas.

Informação **não** é poder. O verdadeiro poder reside na habilidade de coletar, processar e dispor a informação de tal modo a transformá-la em **conhecimento** que pode ser utilizado para atingir metas.

Não basta que somente você adquira essas habilidades. É necessário que **todos** sejam hábeis planejadores para que a empresa atinja as metas que necessita para sua sobrevivência.

A competição entre as empresas no mercado global é uma **luta de vida ou morte**. Vencerá essa luta a empresa que tiver uma equipe de pessoas que, pelo seu preparo e entusiasmo, consiga atingir metas que as equipes dos adversários não consigam.

Ser competitivo é conseguir preparar um exército com essa capacidade.

Garanto-lhes que, se vocês seguirem a "ordem das faixas", dentro de poucos anos estarão aptos à competição de **Classe Mundial**.

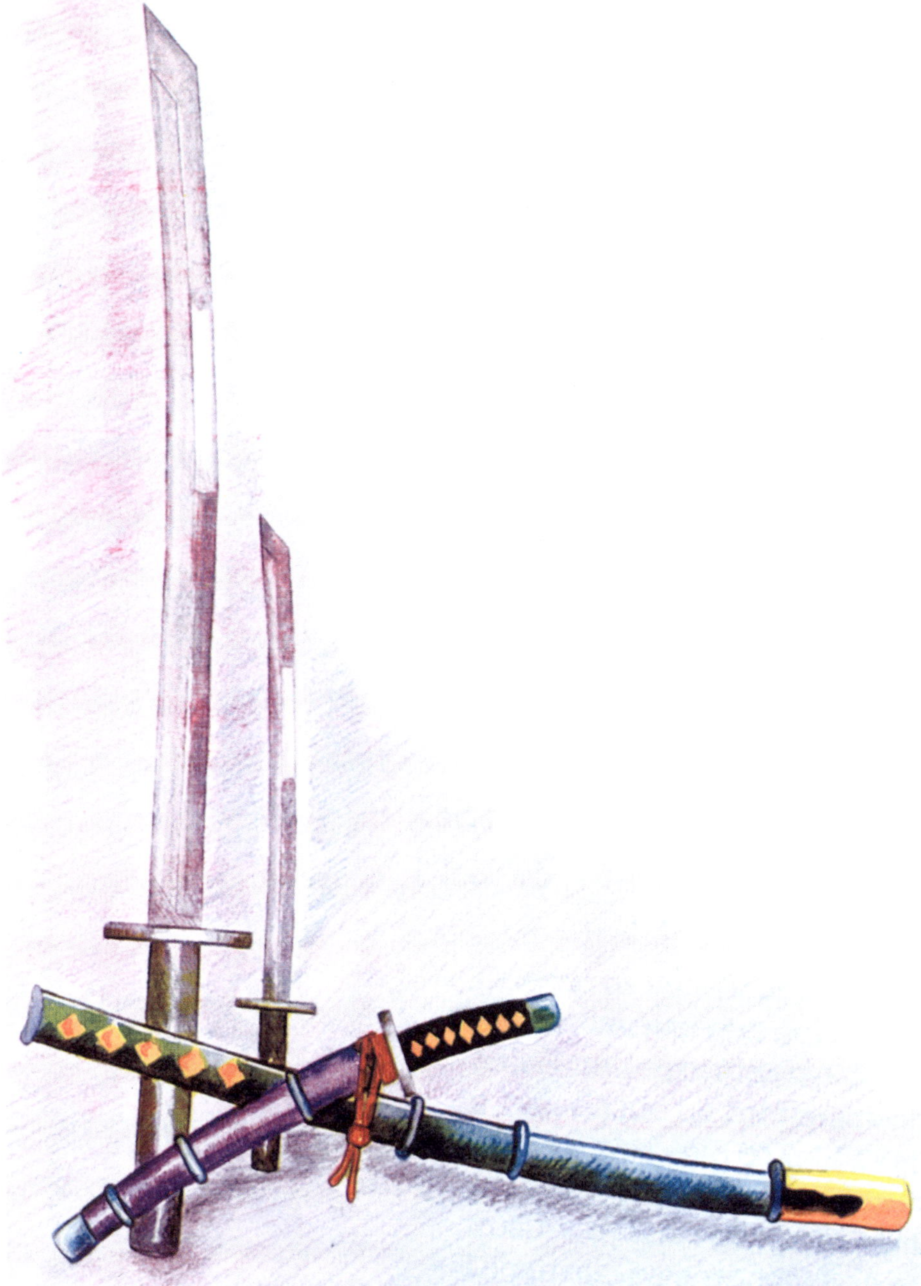

Significado do gerenciamento pelas diretrizes

2.1 Conceito de gerenciamento pelas diretrizes

a) Quando as exigências do mercado e o desempenho dos concorrentes crescerem mais rapidamente que a capacidade de melhoramento do gerenciamento da rotina[2] em sua organização, é necessário introduzir o **gerenciamento pelas diretrizes**, para responder a esses desafios.

b) O gerenciamento pelas diretrizes é uma atividade voltada para **solucionar os problemas** relativos aos **temas prioritários** da organização, como mostra a FIG. 2.1.

Gerenciamento pelas diretrizes

FIGURA 2.1 - Conceituação do gerenciamento pelas diretrizes

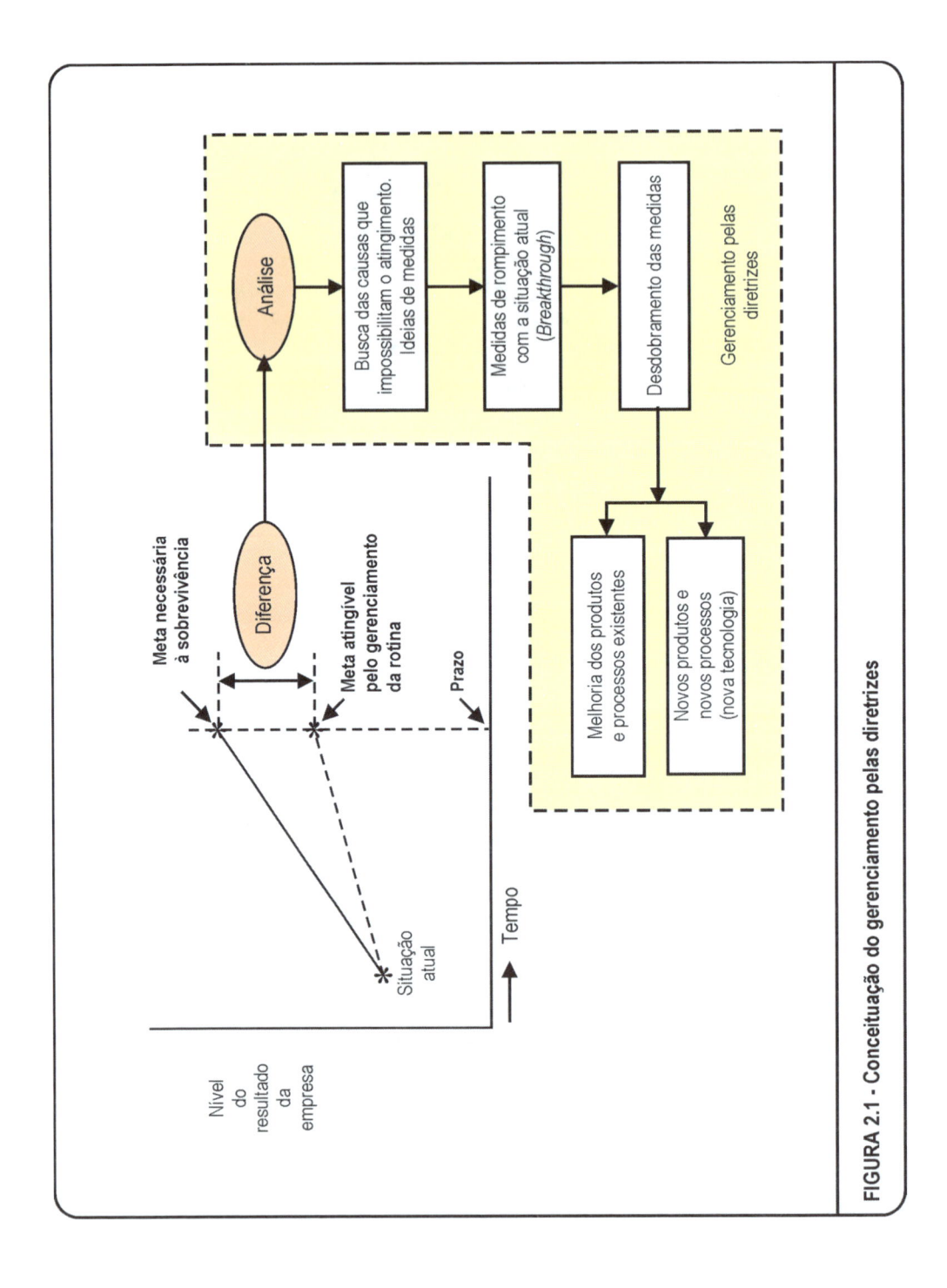

c) Ou ainda: o *"Gerenciamento pelas Diretrizes é um mecanismo que concentra toda a força intelectual de todos os funcionários, focalizando-a para as metas de sobrevivência da organização"*.[3]

d) Assim, o gerenciamento pelas diretrizes é um sistema voltado para se atingir as metas que não podem ser atingidas pelo gerenciamento da rotina do trabalho do dia a dia; para resolver os problemas crônicos e difíceis da organização, que apesar de muito esforço ainda não foram resolvidos; para resolver os problemas importantes e desafiantes que aparecem pela necessidade de sobrevivência da organização.[4]

e) Nesse sentido, são **condições vitais**:

- **liderança** (comprometimento, fé e participação intensa) **da alta administração**,

- **focalização da emoção, do entusiasmo e do conhecimento de todos os funcionários** nos temas estabelecidos para solução.

f) O gerenciamento pelas diretrizes é um **sistema de gestão** que conduz o estabelecimento e a execução do plano anual.

g) As metas anuais da empresa são o **ponto de partida** concreto do gerenciamento pelas diretrizes.

h) Um dos documentos básicos de referência para o estabelecimento das metas anuais é o **plano de longo prazo**.

i) Se não houver um plano de longo prazo, ele poderá ser oficialmente estabelecido algum tempo após o início da adoção do gerenciamento pelas diretrizes.

j) O plano anual consta **de metas anuais concretas, seus respectivos planos de ação (5W1H)** e um **orçamento** para dar suporte às ações e aos projetos prioritários e suficientes para atingir essas metas.

k) A **administração estratégica** é composta pelo gerenciamento pelas diretrizes e pelo gerenciamento da rotina do trabalho do dia a dia.[2]

2.2 Conceito de planejamento estratégico

a) O **planejamento estratégico** consta de:

- **Plano de longo prazo** (5 a 10 anos) - Define estratégias (meios) para se atingir a **visão de futuro** (fins) da empresa. Essas estratégias visam trazer **mudanças estruturais no negócio** (essas estratégias devem contemplar medidas radicais reformuladoras da estrutura da organização, que irão propiciar a competitividade nos próximos anos);

- **Plano de médio prazo** (3 anos) - Estabelece **metas** sobre as estratégias do plano de longo prazo e faz **projeções financeiras** que suportem as medidas para o atingimento das metas;
- **Plano anual** - Traz o detalhamento do primeiro ano dos planos de longo e médio prazos, com **metas concretas**, até o ponto de constituir os **planos de ação** e o **orçamento** anual.

b) As estratégias serão implementadas ao longo dos anos e são a base para o plano de longo prazo. **O plano de longo prazo é o documento que ilumina o plano anual, dando-lhe a direção a seguir.**

c) Tanto o plano de longo prazo quanto o plano de médio prazo são **revistos anualmente** e atualizados com novas informações.

d) Numa época como a que estamos vivendo, em que as organizações têm sido forçadas a fazer grandes mudanças em sua estrutura para atender às exigências do mercado, é muito importante:
- um planejamento de médio prazo e um planejamento de longo prazo, referentes à **inovação de sua estrutura**, considerando novas tecnologias de fabricação e de administração,
- um planejamento de médio prazo e um planejamento de longo prazo, referentes à **inovação de sua linha de produtos**, considerando novas tecnologias e novos materiais.

e) Portanto, o estabelecimento de um plano estratégico torna-se a **tarefa mais importante da alta administração**.

f) O gerenciamento pelas diretrizes tem como objetivo **transformar as estratégias da organização em realidade**.

g) Este texto não cobre os métodos e as técnicas necessárias ao estabelecimento de um plano de longo prazo.

2.3 Método de gerenciamento

a) Quando se fala em implantação do gerenciamento pelas diretrizes, não se está introduzindo nada de novo. A única coisa realmente importante é que se irá **gerenciar** pelo método **PDCA** (Ver anexo A).

b) Qualquer organização tem suas diretrizes, do contrário teria sua sobrevivência ameaçada. O **PDCA operacionaliza essas diretrizes**.

c) Sucintamente, o **PDCA** significa:

P - **Estabelecimento das diretrizes** para todos os níveis gerenciais.

D - **Execução das medidas** prioritárias e suficientes.

C - **Verificação** dos resultados e do grau de avanço das medidas.

A - **Reflexão** (análise da diferença entre as metas e os resultados alcançados, determinação das causas desse desvio e recomendações de medidas corretivas [contramedidas]).

d) Existem organizações que executam um planejamento esplêndido. Utilizam todo tipo de recursos, tais como matrizes, diagramas, gráficos coloridos, etc. No entanto, não existe gerenciamento. **As metas não são alcançadas na sua totalidade, e nada acontece apesar disso**.

e) Quando um diretor ou um gerente verifica o resultado das metas e detecta metas não alcançadas, é necessário que o responsável pela meta apresente sua **reflexão** (análise), tal como será visto no item 4.8.

f) Essa reflexão não pode se resumir numa desculpa ou numa explicação. **Explicações não garantem a sobrevivência de uma organização**.

g) Essa reflexão significa **analisar através de informações (fatos e dados)** a diferença entre o resultado obtido e o valor previsto no plano, identificar as **causas** que geraram tal diferença e apresentar as **contramedidas** a essas causas.

h) O maior erro cometido por um diretor ou um gerente é permitir que o não atingimento da meta fique sem a devida **reflexão**.

i) Se não houver a análise do mau resultado, é preferível não conduzir o gerenciamento pelas diretrizes. A força desse gerenciamento é a **boa reflexão**.

2.4 Relacionamento entre o gerenciamento pelas diretrizes e o gerenciamento da rotina

a) **A base do trabalho de uma empresa é o gerenciamento da rotina do trabalho do dia a dia.**[2] Todo o faturamento da organização decorre do trabalho executado através desse gerenciamento.

b) O gerenciamento pelas diretrizes só se mostrará totalmente eficiente quando o gerenciamento da rotina do trabalho do dia a dia estiver bem entendido e amplamente praticado.

c) **O gerenciamento da rotina do trabalho do dia a dia** é uma atividade que busca a manutenção (confiabilidade) e a melhoria incremental (competitividade) do nível de controle (resultados).

d) O **gerenciamento pelas diretrizes** é uma atividade que busca a melhoria da organização promovendo o **rompimento da situação atual** (*breakthrough*)[5] para atingir os resultados necessários à sua sobrevivência.

e) O relacionamento entre esses dois tipos de gerenciamento é retratado na FIG. 2.2. Observa-se que existem dois tipos de melhorias: a **incremental** (dentro do gerenciamento da rotina do trabalho do dia a dia) e a **rompedora** (dentro do gerenciamento pelas diretrizes).

f) Esses dois tipos de gerenciamento se relacionam através da **padronização**. O objetivo do gerenciamento pelas diretrizes é modificar os padrões de trabalho para alcançar os resultados necessários.

g) Ambas as atividades de gerenciamento são conduzidas **simultaneamente**.

2.5 Sistema de gerenciamento pelas diretrizes

a) Para que o gerenciamento ocorra, é necessário **cumprir fielmente** as etapas do PDCA.

b) Portanto, para assegurar que essas etapas serão cumpridas por todos na organização, é preciso **estabelecer um sistema de gerenciamento pelas diretrizes**, padronizá-lo e treinar as pessoas. Esse sistema terá a forma geral mostrada na FIG. 2.3.

c) Nos primeiros dois anos de prática do gerenciamento pelas diretrizes, a **ênfase vai estar no estabelecimento desse sistema** (padronização do sistema e treinamento das pessoas envolvidas).

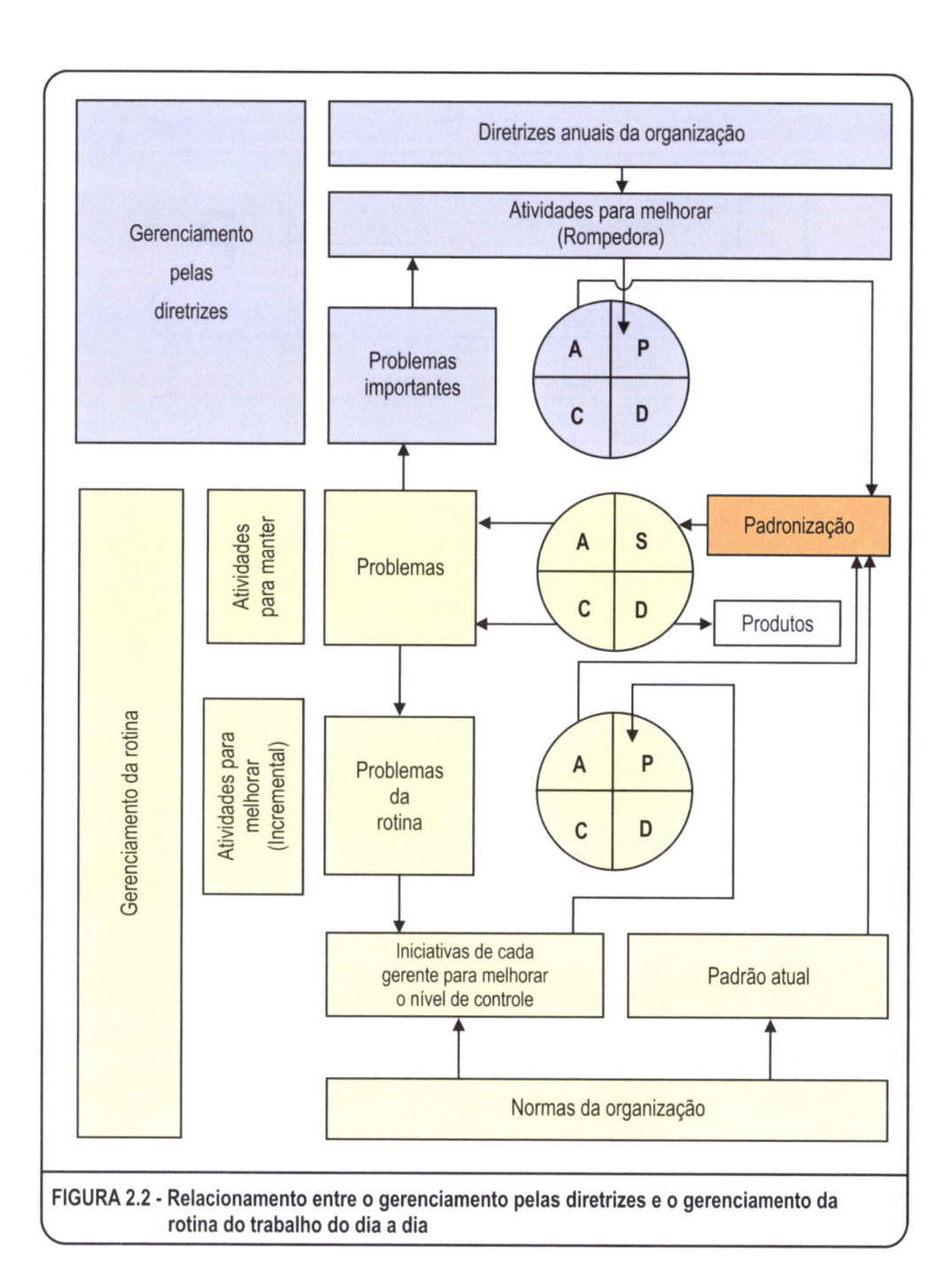

Significado do gerenciamento pelas diretrizes

FIGURA 2.2 - Relacionamento entre o gerenciamento pelas diretrizes e o gerenciamento da rotina do trabalho do dia a dia

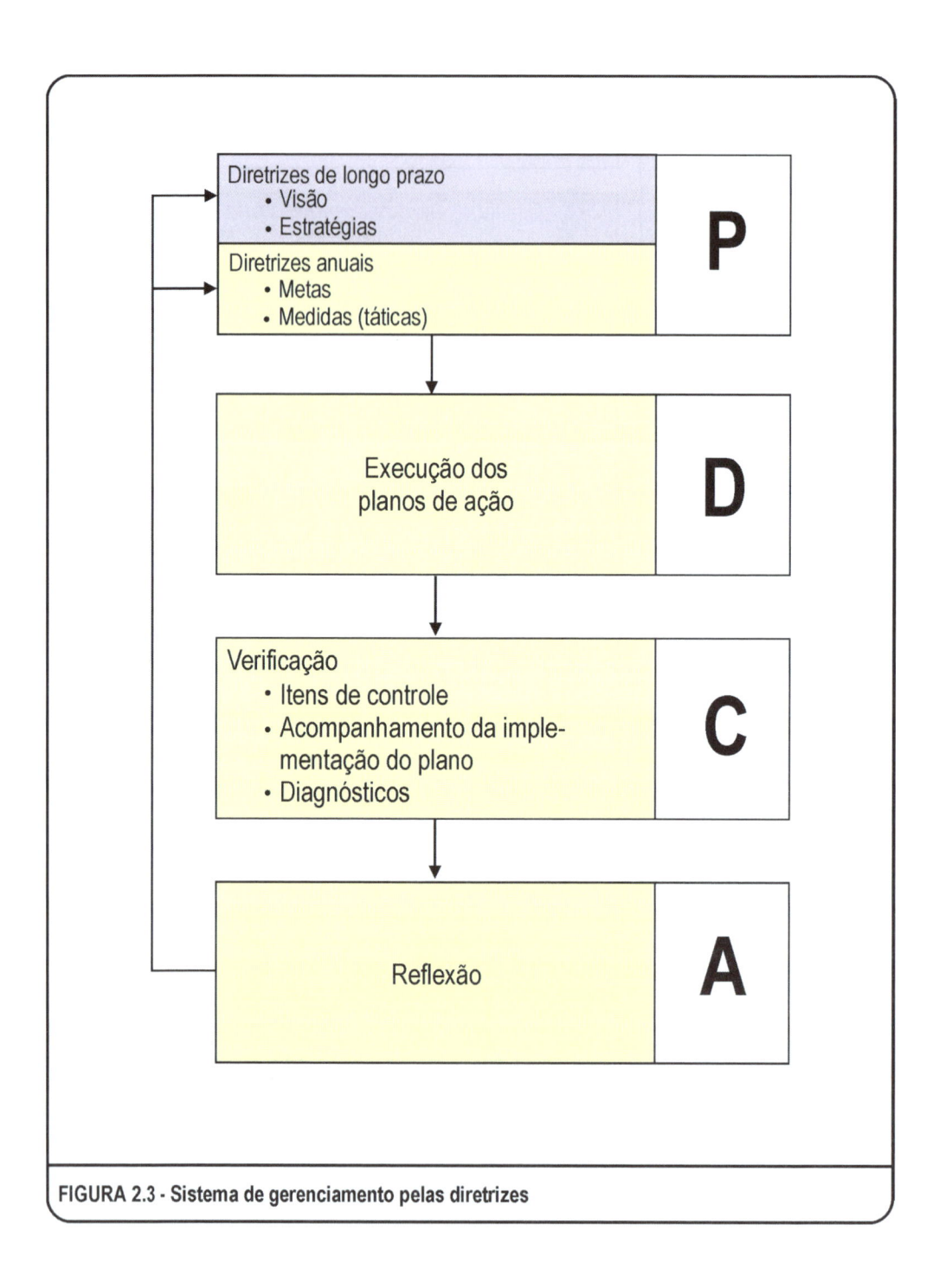

Gerenciamento pelas diretrizes

Diretrizes de longo prazo
- Visão
- Estratégias

Diretrizes anuais
- Metas
- Medidas (táticas)

P

Execução dos planos de ação

D

Verificação
- Itens de controle
- Acompanhamento da implementação do plano
- Diagnósticos

C

Reflexão

A

FIGURA 2.3 - Sistema de gerenciamento pelas diretrizes

d) Depois que esse sistema estiver funcionando a contento, a **ênfase será colocada no desenvolvimento da prática do planejamento** de forma a transformar todos os participantes em verdadeiros dragões.

2.6 Filosofia do gerenciamento pelas diretrizes

a) O gerenciamento pelas diretrizes é centrado na concepção de que os **resultados são conseguidos pela atuação criativa e dedicada das pessoas**. É um sistema que focaliza o esforço de todos.

b) O gerenciamento pelas diretrizes é implementado para **conduzir as mudanças** que se fazem necessárias para que os resultados possam ser atingidos. No entanto, muitas pessoas ainda acreditam que podem obter resultados sem promover mudanças.

c) O gerenciamento pelas diretrizes se baseia na inovação. É uma busca permanente da melhor forma de fazer as coisas.

d) **O mercado impõe metas desafiadoras, de difícil atingimento**. Se nada for feito no processo que gera o resultado, a meta não será atingida. Atingir essas metas implica **conduzir mudanças rigorosas** na organização.

e) O sistema de gerenciamento pelas diretrizes é um meio para conduzir essas mudanças rigorosas.

f) Não se pode almejar um sistema de gerenciamento pelas diretrizes que seja perfeito e complexo no seu primeiro ano. Dentro da mentalidade do melhoramento contínuo, devemos **começar de forma bem simples**, envolvendo todas as pessoas da organização e, então, aperfeiçoar gradativamente a prática do sistema.

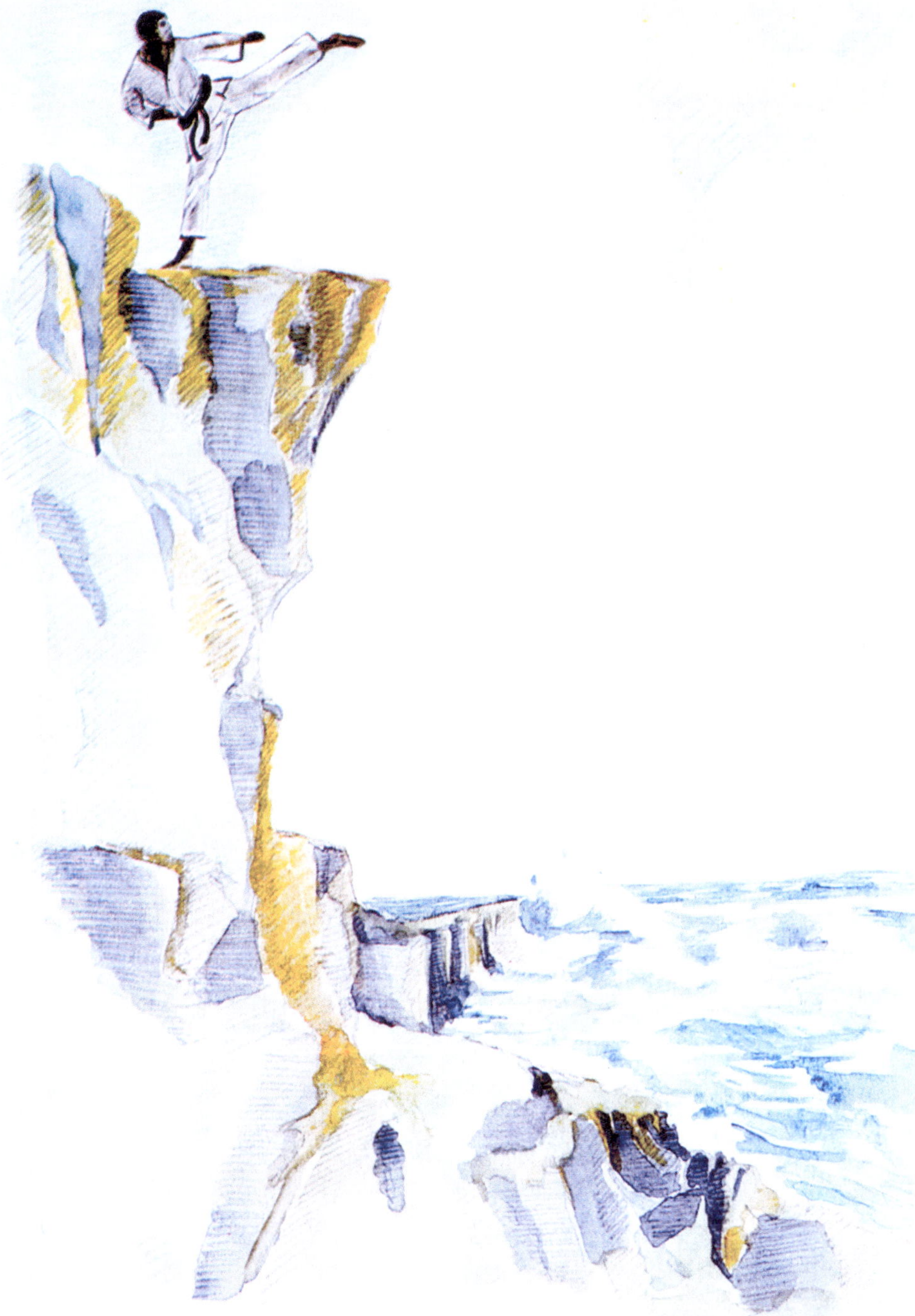

Introdução ao planejamento

3.1 Conceito de meta

a) **Uma meta é um gol**. Um ponto a ser atingido no futuro.

b) **Planejar** é definir aquilo que tem que ser feito para que a **meta** seja atingida.

c) Uma **META** é constituída de três partes:

- um **objetivo gerencial**;
- um **valor**;
- um **prazo**.

d) Exemplo de uma **meta**:

- **objetivo gerencial**: reduzir o número de reclamações;
- **valor:** em 50%;
- **prazo:** até dezembro deste ano.

e) Essas três partes de uma meta podem também estar implícitas.

Por exemplo:

Visitar todos os clientes ainda este ano.

- **objetivo gerencial:** visitar os clientes;
- **valor:** todos;
- **prazo:** ainda este ano.

f) **Gerenciar** é atingir metas.

g) Não existe gerenciamento sem meta.

h) Significado da palavra **diretor: aquele que dá a direção**.

i) A direção é a meta.

3.2 Conceito de problema

a) O entendimento de que todas as coisas estão ligadas entre si por um **relacionamento meio-fim** (abordagem holística) é fundamental para o domínio do gerenciamento.

b) As metas de cada um são estabelecidas sempre sobre seus fins. Nunca sobre os meios. Grandes erros são cometidos quando se estabelecem metas sobre meios.

c) Para compreender melhor, considere o seguinte: **o que é um problema?**

Um problema é um **resultado** indesejável de um processo.

d) O **problema** de cada um é **sua meta não alcançada**.

e) Resolver problemas é atingir metas.

f) O sistema de gerenciamento pelas diretrizes é estabelecido para que **todos possam ajudar a resolver os problemas prioritários da empresa.**

g) Portanto, é um sistema voltado para o atingimento de metas.

h) Os problemas de uma pessoa, dentro de uma organização, estão nos fins (nos seus produtos), e não nos meios (seu processo ou seu negócio) como mostra a FIG. 3.1.

Introdução ao planejamento

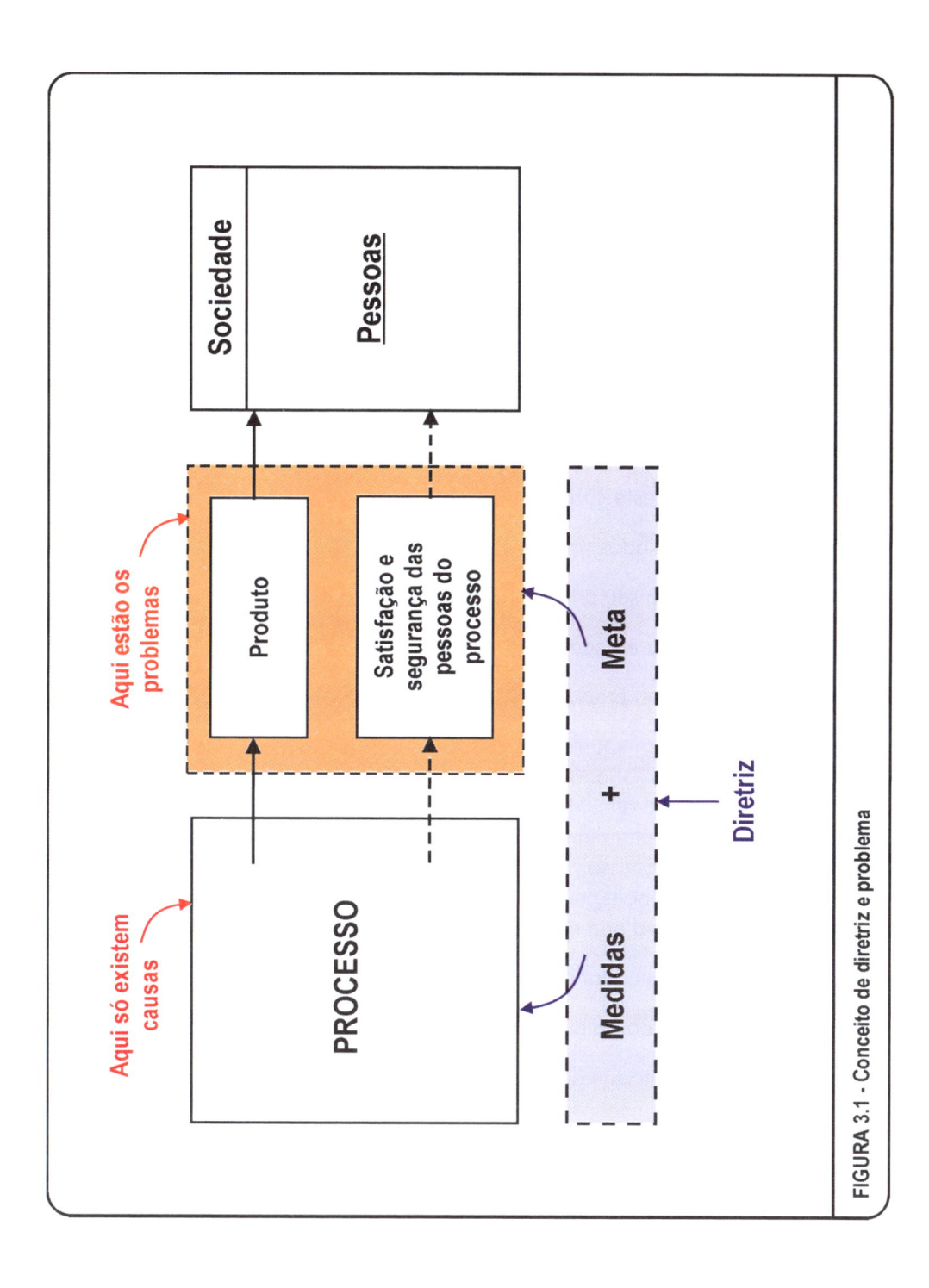

FIGURA 3.1 - Conceito de diretriz e problema

i) Conta-se, a seguir, o **caso do caminhão**, um exemplo típico de que a definição correta de um problema pode alterar completamente o processo de tomada de decisões.

Caso do caminhão

Durante uma reunião numa empresa de transportes, houve o seguinte diálogo:

Gerente: Estamos com **problema de falta de caminhão**.

Diretor (que estava alerta para isso): A sua missão (o seu objetivo) é ter muitos caminhões?

Gerente: Não, o objetivo do meu trabalho é transportar cargas.

Diretor: Então, qual é a sua meta?

Gerente: Transportar 120.000 toneladas por mês. Essa é a demanda do mercado.

Diretor: Quanto você está conseguindo transportar?

Gerente: 100.000 toneladas por mês.

Diretor: Então qual é o seu problema?

Gerente: Meu problema é: **incapacidade de transporte da demanda de carga**.

Diretor: Ótimo, então vá e resolva o seu problema.

O gerente se reuniu com sua equipe e começou a levantar informações para conhecer melhor o problema (análise do fenômeno). Logo descobriram que os caminhões paravam muito na oficina e na estrada. Na oficina, descobriram que às vezes se formavam filas para atendimento e faltavam peças. Passaram, então, a verificar as causas (análise de processo). Descobriram que não havia manutenção preventiva programada dos caminhões, não havia procedimento de socorro aos caminhões na estrada, e fazia tempo que não se dimensionava o estoque de peças.

Estabeleceram, então, um **plano de ação**, que constava de três **medidas**:

- Estabelecer uma programação de manutenção (para evitar filas);
- Redimensionar o estoque de peças (para evitar a falta de peças);
- Estabelecer uma programação de socorro (para evitar caminhão parado na estrada durante muito tempo).

Após a implementação do plano, a meta de transportar 120.000 toneladas de cargas por mês foi atingida. Vale ressaltar: foi ainda possível reduzir a frota em 15 caminhões!

Definitivamente, o problema não era falta de caminhão. O diretor tinha razão.

j) Tem sido observado em todos os níveis gerenciais de uma organização que **grandes erros e desperdícios são evitados quando se define perfeitamente o problema**. As pessoas devem ser educadas e treinadas para isso.

3.3 Conceito de diretriz

a) Uma **diretriz** consiste de uma **meta** e nas **medidas** prioritárias e suficientes para se atingir essa meta.

Diretriz = meta + medidas

b) **Medidas** são **meios** ou **métodos específicos** para se atingir a meta.

c) A meta é estabelecida sobre os fins, e as medidas são estabelecidas sobre os meios, como mostra a FIG. 3.1.

d) Exemplo de uma **diretriz**:

Meta: Aumentar a produtividade da empresa em 12% até o final deste ano.

Medidas:

- reduzir o custo fixo;
- reduzir o custo variável;
- reduzir as reclamações de clientes;
- aumentar a disponibilidade dos equipamentos;
- desenvolver novos produtos;
- aumentar vendas.

e) O estabelecimento de uma diretriz é um **processo de planejamento**.

f) As diretrizes são estabelecidas para **resolver problemas**.

g) Existem entendimentos e definições diferentes para o termo **diretriz**. Neste livro procuramos adotar a definição de diretriz que fosse compatível:

- com a maioria dos autores pesquisados [4,6,7,8,9,10,11];

- com o significado do termo diretriz como mostra o Anexo D.

h) No entanto, as várias maneiras de se definir **diretriz** (como traduzido do japonês *hoshin*) não alteram em nada o processamento subsequente com o qual todos concordam.

i) A discussão é puramente semântica. Às vezes produto do mau entendimento do próprio gerenciamento pelas diretrizes. Não devemos perder tempo com isso.

j) Dessa forma, para efeitos de uniformização de linguagem e velocidade de difusão no País, sugere-se seja adotada a definição proposta neste texto e o entendimento dos termos tal como descritos no glossário mostrado no Anexo D.

3.4 Método de planejamento

a) São em número muito maior do que se poderia desejar os diretores e os gerentes que tomam decisões (planos de ação), executam-nas e depois **ficam torcendo para que as coisas melhorem**. Isso é errado, prejudicial às organizações e sai muito caro.

b) Precisamos eliminar de nossas organizações o gerenciamento apenas por **intuição, experiência, bom senso** e **coragem**.

c) Se você quiser manter sua organização viva e rentável, é bom que comece a tomar providências para desenvolver um **gerenciamento cada vez mais científico**. É disso que trata o gerenciamento pelas diretrizes.

d) É **imperioso que se aprenda** que TUDO que é feito dentro de uma organização faz parte de um plano de ação (mesmo que não tenha sido escrito) para se **atingir uma meta**.

e) É **imperioso aprender** que o estabelecimento de um plano se inicia pelo **anúncio da meta** e do problema que se deseja resolver.

f) **Planejar** significa estabelecer um plano (conjunto de medidas prioritárias e suficientes para se atingir uma meta).

Introdução ao planejamento

g) O planejamento consta das etapas básicas (observe a estrita obediência ao relacionamento meio-fim) mostradas na FIG. 3.2:

- conhecer a **meta** e, portanto, o **problema** (fins);
- **analisar** o fenômeno (fins);
- **analisar** o processo (meios);
- estabelecer o **plano** (meios).

h) A palavra "análise", utilizada em **análise de fenômeno** e **análise de processo**, tem o seguinte significado:[12]

análise - (do grego análysis). Decomposição de um todo em suas partes constituintes; exame de cada parte de um todo, tendo em vista conhecer sua natureza, suas proporções, suas relações, suas funções, etc. Determinação dos elementos que se organizam em uma totalidade, dada ou a construir, material ou ideal.

i) Por exemplo, suponha que se tenha a meta: **aumentar o *market-share* em 2% até dezembro do corrente ano**.

j) Qual seria o **fenômeno**? O fenômeno é o **problema**: baixo *market-share*.

k) Qual seria a **análise do fenômeno**? Seria responder através de informações (fatos e dados) às várias perguntas, por exemplo: Qual é o nosso *market-share* atual? Qual é o *market-share* dos produtos A, B e C? Qual é o *market-share* por região? Qual é o *market-share* nas capitais? E no interior?

l) A análise do fenômeno propicia **conhecer o problema**, suas características importantes, seus pontos vitais.

m) Qual o significado de **análise de processo**? Analisar um processo é responder a perguntas tais como: **Por que** o *market-share* do produto B nas capitais da Região Sul é tão baixo?

n) **É a análise do fenômeno que permite que se faça uma boa análise de processo**. Para fazer a pergunta acima, foi necessário primeiro que se descobrisse, através da coleta, processamento e disposição de informações, que o **produto B estava vendendo mal nas capitais da Região Sul** (esse fato é uma característica importante do problema: baixo *market-share*).

o) A **análise de processo** propicia a determinação das **causas mais importantes** (localizadas no processo) que provocam o baixo valor do *market-share* do produto B nas capitais da Região Sul (característica importante do problema).

Gerenciamento pelas diretrizes

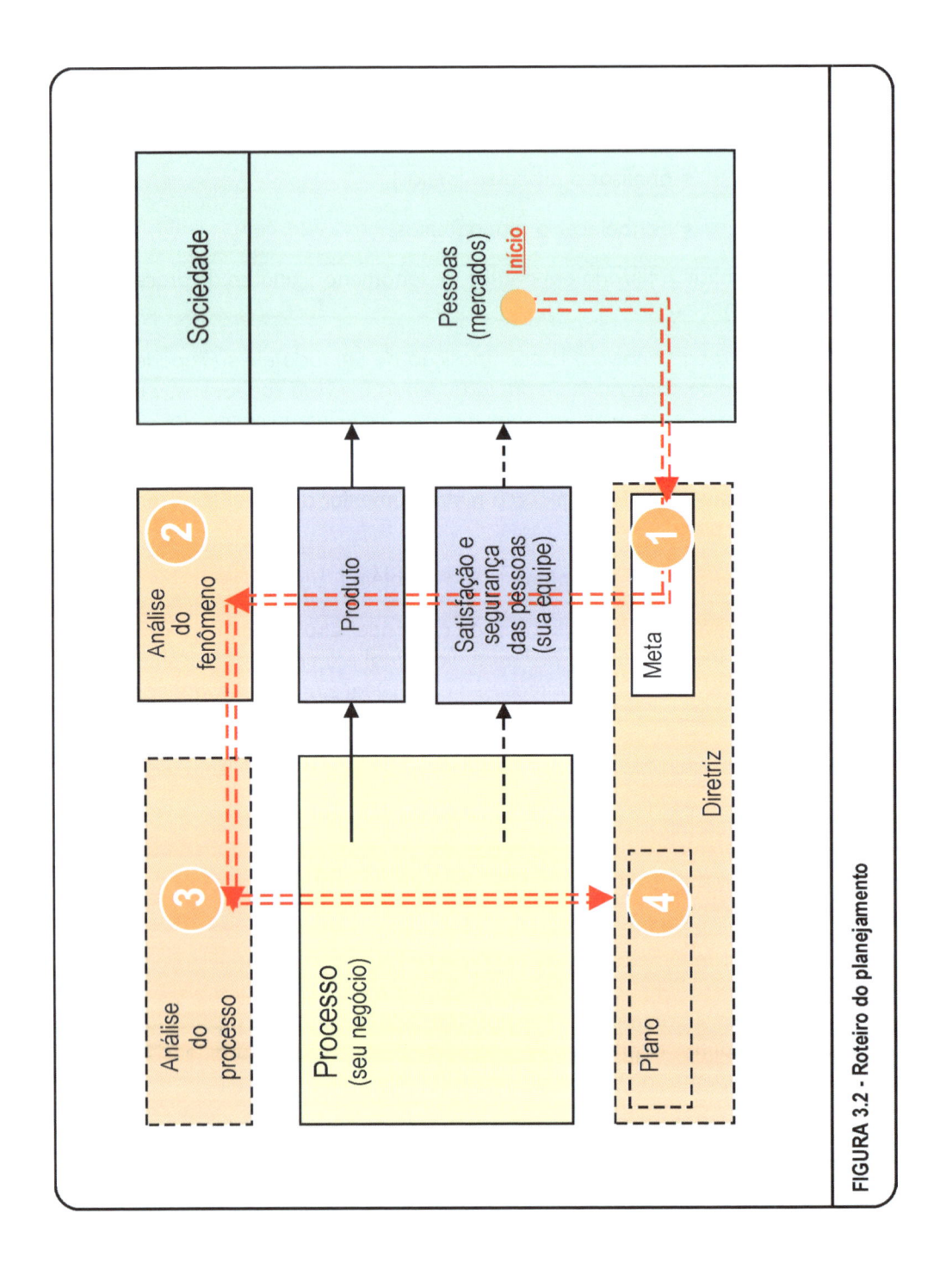

FIGURA 3.2 - Roteiro do planejamento

p) Quanto melhor for a análise do fenômeno, melhor será a análise do processo e, portanto, melhor será a **qualidade do plano final** (e, como consequência, maiores serão as chances de se atingir a meta).

q) Se não houvesse a análise do fenômeno, a única pergunta que se poderia fazer na análise de processo seria: **por que** temos baixo *market-share*? A qualidade da resposta certamente não seria tão precisa, o plano não seria tão bom e, portanto, a meta poderia não ser atingida.

r) A **análise** transforma a **informação** em conhecimento que pode, então, ser utilizado na tomada de decisões.

s) Como se **estabelecem as medidas**? Para cada causa prioritária identificada na análise de processo é estabelecida uma ou mais medidas que têm como finalidade **eliminar essa causa**.

t) Cada medida proposta para eliminar as causas deve ser bem discutida de forma que as pessoas que estejam fazendo aquele plano tenham a certeza de que estão **escolhendo as melhores medidas**.

u) Essas medidas devem ser as mais **eficazes**, as mais **simples**, as de mais **baixo custo**, as mais **rápidas** de ser implementadas, etc.

v) Ao conjunto de medidas prioritárias e suficientes para se atingir a meta se dá o nome de **plano**.

x) Portanto, uma **diretriz** é uma **meta** acompanhada do **plano** para atingi-la.

Diretriz = Meta + Plano

3.5 Métodos de desdobramento de diretrizes

a) **Desdobrar uma diretriz** significa dividi-la em várias outras diretrizes sob responsabilidade de outras pessoas.

b) Cada diretriz estabelecida no desdobramento está intimamente ligada à diretriz original, num **relacionamento meio-fim**.

c) A execução de todas as diretrizes desdobradas deverá garantir o cumprimento da diretriz original.

d) Nesse desdobramento dois fatores são importantes:

- ligação entre as diretrizes num relacionamento meio-fim;
- somente desdobrar aquilo que é **prioritário** para o ano.

3.5.1 Como estabelecer uma diretriz

a) Uma diretriz é sempre estabelecida a partir de uma meta.

b) Havendo a meta, há várias maneiras de estabelecer as medidas prioritárias e suficientes para atingir essa meta:

- a mais simples delas seria apenas perguntar aos seus **colaboradores** o que cada um sugere fazer em sua área para que sua meta seja atingida;
- outra maneira seria fazer uma sessão de *brainstorming*, da qual participassem todos os seus colaboradores imediatos;
- as medidas podem ainda, a seu pedido, ser propostas por um **grupo de trabalho** (através de uma profunda análise de fenômeno e análise de processo) e oficializada numa reunião com seus subordinados imediatos, etc.

c) Em qualquer hipótese, só devem ser executadas as medidas prioritárias e suficientes para se atingir a meta.

3.5.2 Características das medidas de uma diretriz

a) Podem existir dois tipos de medidas: as **medidas desdobráveis** e as **medidas não desdobráveis**.

b) As **medidas desdobráveis** são aquelas que serão executadas pelos níveis hierárquicos inferiores ou por outros processos.

c) As **medidas não desdobráveis** devem ser executadas pelo próprio responsável pela diretriz e **são transformadas em ação**.

d) **Por exemplo**: um diretor de logística, em uma de suas diretrizes, estabeleceu como uma das medidas **negociar com o Secretário dos Transportes a construção de uma ponte**. Quando uma medida é não desdobrável, ela se transforma em AÇÃO (5W 1H).

e) Denomina-se **plano de ação** um conjunto de ações (decorrentes de medidas não desdobráveis) como descrito acima (5W 1H).

f) Ao longo dos diversos níveis hierárquicos, todas as medidas serão eventualmente não desdobráveis e serão transformadas em planos de ação.

g) **Cada pessoa, em cada nível hierárquico, deverá ter seu próprio plano de ação.**

What	O quê?	Negociar com o Secretário de Transportes a construção de uma ponte
Who	Quem?	Diretor de Logística
When	Quando?	Até o final do ano
Where	Onde?	São Paulo
Why	Por que?	Para encurtar a distância ao porto em 12 km
How	Como?	Mostrando ao Secretário o estudo de aumento de produtividade e os ganhos que o Estado terá no recolhimento adicional de impostos

h) Portanto, **uma meta do presidente é transformada em dezenas ou até mesmo centenas de planos de ação.** Somente nesse ponto é que o desdobramento das diretrizes estará completo.

i) O **orçamento anual** da empresa é confirmado após o estabelecimento de todos os planos de ação (na verdade se trata do 5W 2H, pois inclui também o *how much*).

3.5.3 Métodos de desdobramento

a) Existem **dois métodos para se desdobrar uma diretriz**, como mostra a FIG. 3.3.

b) No método A, em cada nível e **para cada meta, são estabelecidas as medidas prioritárias e suficientes para seu atingimento, das quais se originam as novas metas** em níveis hierárquicos inferiores.

c) No método B é feito o **desdobramento das metas em todos os níveis hierárquicos, para depois ser feito o estabelecimento das medidas** em cada nível.

d) Os dois métodos podem ser misturados.

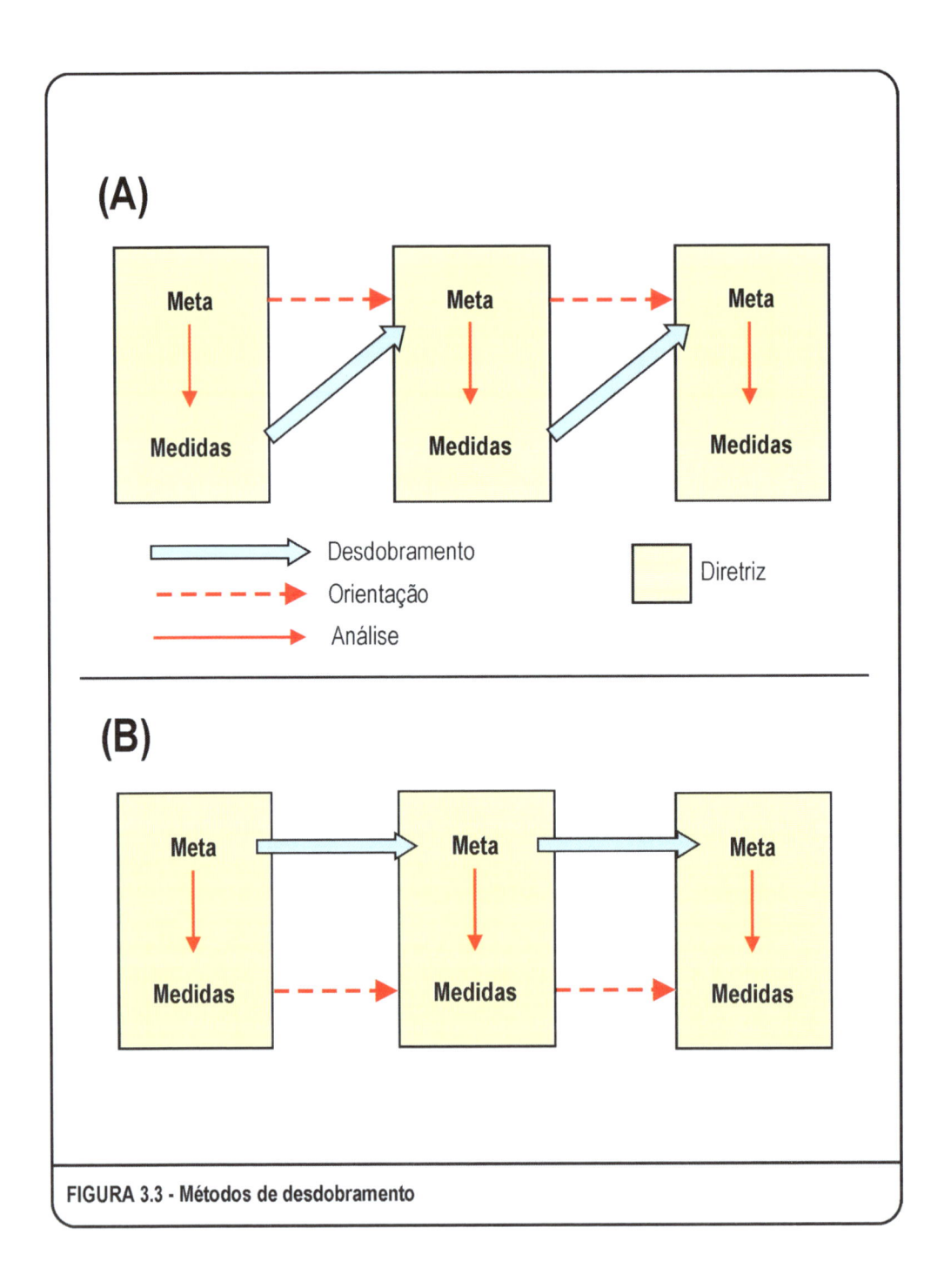

FIGURA 3.3 - Métodos de desdobramento

3.5.3.1 Método A

a) O método A é o mais simples e fácil de ser implantado e, portanto, deve ser sempre adotado para as **organizações iniciantes**.

b) Cada nível hierárquico estabelece suas medidas com base em suas metas, iniciando-se pelo presidente.

c) Essas diretrizes são desdobradas para níveis hierárquicos inferiores ou para processos fornecedores ou clientes.

d) As **medidas desdobráveis** são tomadas como **objetivos gerenciais** nos níveis hierárquicos inferiores e transformadas em **metas**, como mostra a FIG. 3.4.

e) **Por exemplo**: uma medida de reduzir os custos fixos, constante de uma diretriz do presidente, será tomada como um **objetivo gerencial** por um diretor e imediatamente transformada na meta reduzir as despesas administrativas em 20% até maio de 1998.

f) Ao colocar o valor da meta, o nível hierárquico inferior toma como **orientação** a meta de seu superior (a meta do superior só será alcançada se as metas dos seus colaboradores forem alcançadas e se seus valores forem suficientes). Ver FIG. 3.3.

g) No método A, o desdobramento é feito centrando-se nas medidas, e isso leva ao perigo de se perder o FOCO na meta de sobrevivência, que é o mais importante (uma medida mal proposta em níveis hierárquicos superiores gerará novas metas e medidas inadequadas, propagando-se o erro). Diante dessa dificuldade, foi criado o método B.

3.5.3.2 Método B

a) No método de desdobramento B, são inicialmente desdobradas todas as metas.

b) Após o desdobramento das metas, os vários níveis gerenciais estabelecem, cada um, as suas medidas, em um processo de análise e de desdobramento.

c) Durante o processo de estabelecimento das medidas, ocorre uma grande discussão no sentido de que as medidas sejam ajustadas para se alinharem com as medidas da hierarquia superior e ser compatíveis com outras medidas do mesmo nível hierárquico (ver a FIG. 3.5).

d) **Por exemplo**: uma medida - reduzir as despesas com viagens - é estabelecida de modo a ser compatível com outra medida em nível hierárquico superior - reduzir as despesas administrativas.

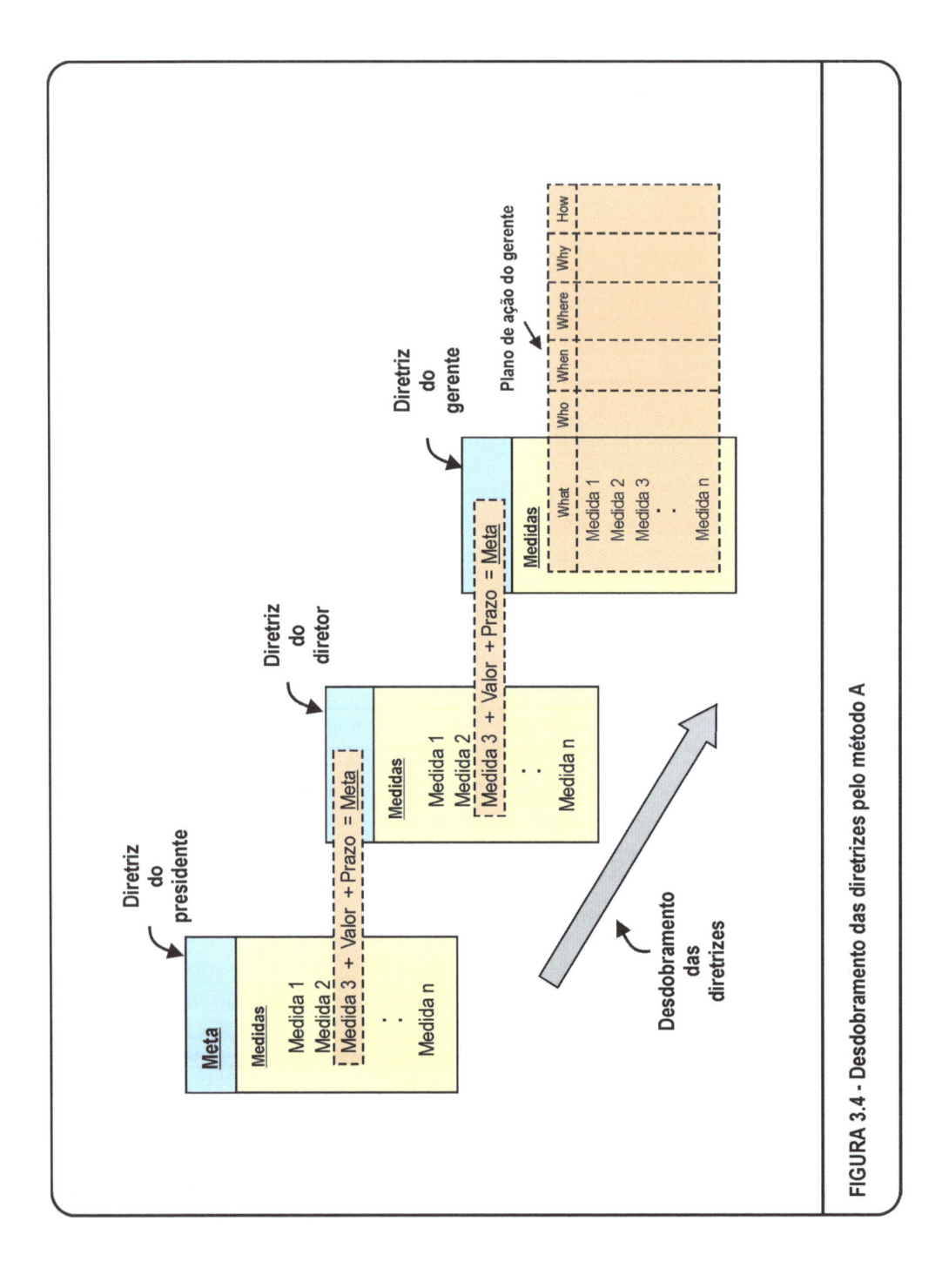

Gerenciamento pelas diretrizes

FIGURA 3.4 - Desdobramento das diretrizes pelo método A

Introdução ao planejamento

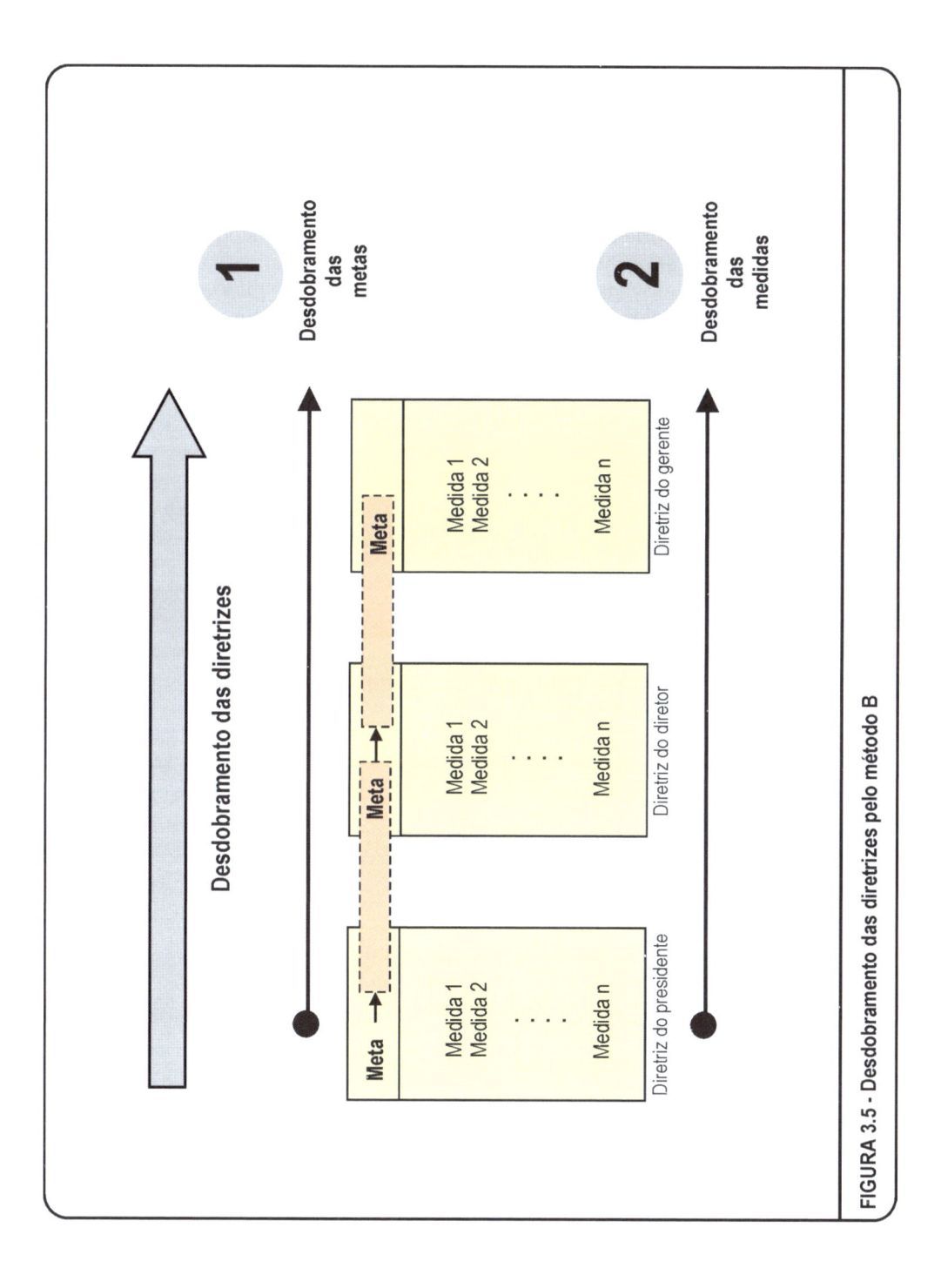

FIGURA 3.5 - Desdobramento das diretrizes pelo método B

e) Mesmo que uma organização comece pelo método A, é aconselhável que, ao longo do tempo, vá se aproximando do método B.

3.6 Desdobramento das diretrizes e a estrutura das organizações

3.6.1 Tipos de estruturas organizacionais

a) A **gestão pela qualidade total** é um sistema voltado para o atingimento de metas na organização. Portanto, é um sistema gerencial.

b) Esse **sistema gerencial** pode ser utilizado em qualquer estrutura organizacional.

c) A **estrutura organizacional** é a maneira de distribuir o trabalho e delegar a autoridade na organização.

d) Existem vários **tipos de estrutura organizacional**, dependendo do tipo de organização (linha de produtos), dos tipos de mercado, do estágio de seu avanço na capacitação gerencial, etc.

e) A FIG. 3.6 mostra dois tipos básicos de estrutura:

- **Estrutura vertical**: organizada por função ocupacional (relacionada com os vários cargos departamentais);
- **Estrutura horizontal:** organizada por função empresarial (relacionada com as responsabilidades da empresa para com as pessoas: clientes, acionistas, empregados e vizinhos).

f) Existe ainda a **estrutura matricial**, que é uma combinação das duas acima.

g) Organizações de **modelo especializado**, que fabricam poucos tipos de produto (por exemplo: cerveja, automóveis, etc.), tendem a utilizar estruturas verticais.

h) Numa estrutura vertical, quanto mais elevado for o nível hierárquico de um cargo, mais horizontal é a abordagem gerencial. Na verdade, não existe estrutura exclusivamente vertical ou horizontal.

i) Organizações de **modelo multiforme**, que fabricam vários tipos de produtos (por exemplo: alimentos, aços, etc.), tendem a utilizar estruturas horizontais ou mistas.

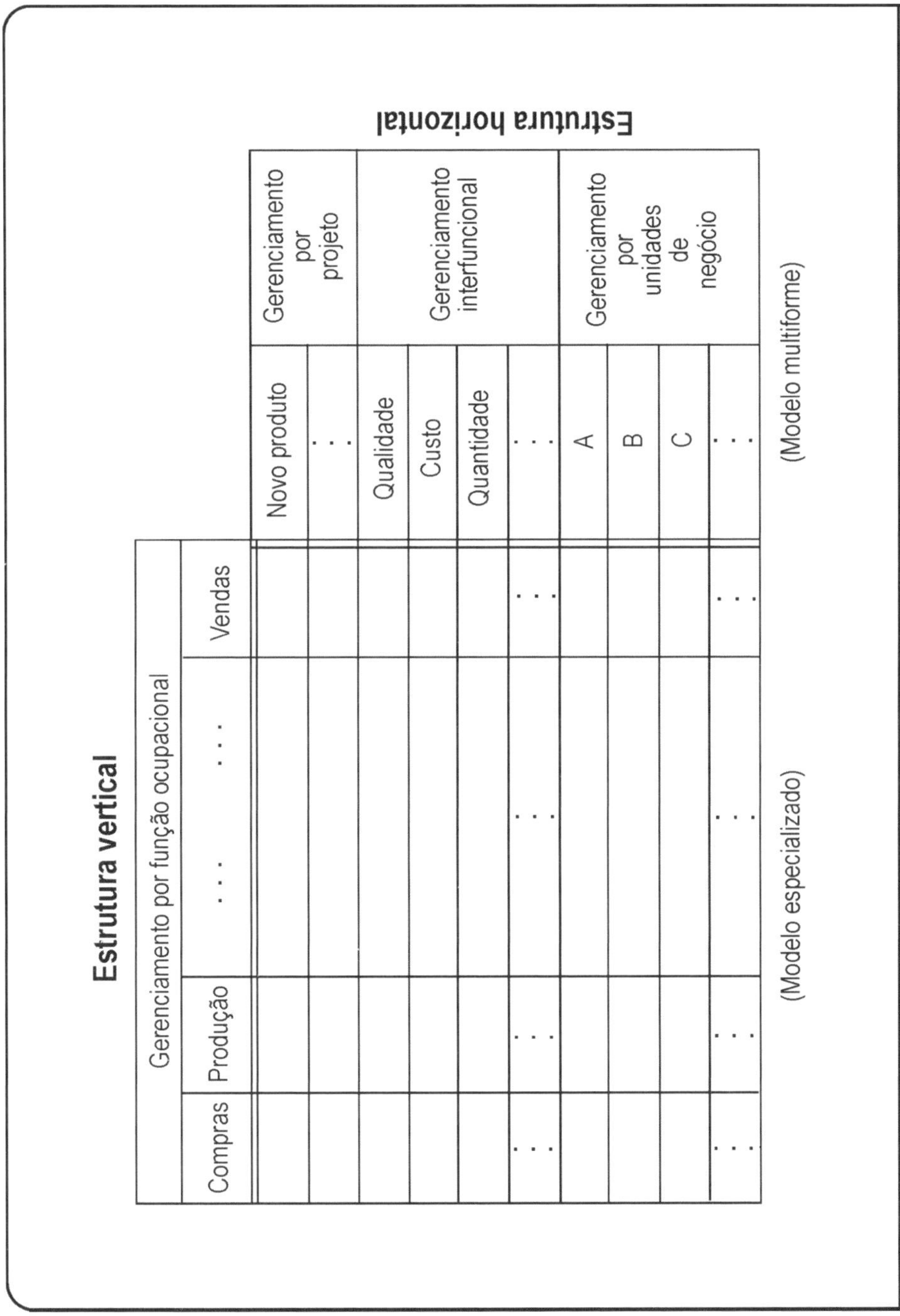

Introdução ao planejamento

Estrutura vertical

Gerenciamento por função ocupacional				
Compras	Produção	. . .	Vendas	
				Novo produto
				Qualidade
				Custo
				Quantidade
. . .	. . .	. . .	. . .	A
				B
				C
. . .	. . .	. . .	. . .	. . .

Coluna direita: **Estrutura horizontal** — Gerenciamento por projeto / Gerenciamento interfuncional / Gerenciamento por unidades de negócio

(Modelo especializado) — (Modelo multiforme)

FIGURA 3.6 - Alguns tipos de estrutura organizacional

61

j) Existem vários **tipos de estrutura horizontal**:

- **Organizações transitórias**

  - equipes de projeto;

  - equipes de força-tarefa ou grupos de trabalho;

  - equipes de controle da qualidade (algumas podem ser permanentes).

- **Organizações permanentes**

  - gerenciamento interfuncional;

  - gerenciamento do produto (desenvolvimento de produto);

  - gerenciamento por linha de produto (unidade estratégica de negócio);

  - organização matricial.

k) Várias dessas opções podem ser utilizadas conjuntamente. No entanto, é conveniente ressaltar que são apenas **formas de estruturar o trabalho**. Não são sistemas gerenciais. Sistema gerencial é um sistema voltado para atingir as metas necessárias à sobrevivência de uma organização, como o gerenciamento da rotina do trabalho do dia a dia e o gerenciamento pelas diretrizes.

l) Ainda existem pessoas que acreditam que podem melhorar uma organização apenas alterando a sua estrutura. A estrutura organizacional deve ser alterada constantemente para se adaptar às suas condições internas e ao ambiente externo. No entanto, o que irá, de fato, melhorar os resultados da empresa é o desenvolvimento da **competência em atingir metas**, por todas as pessoas da organização.

3.6.2 Condução do desdobramento

a) O desdobramento das diretrizes pode ser conduzido de duas maneiras:

- **Através da estrutura vertical**

  (obedecendo à hierarquia vertical);

- **Através da estrutura horizontal**

  (buscando maneiras mais eficientes de atingir as metas desafiantes impostas pelo mercado).

b) A FIG. 3.7 mostra a combinação dos **métodos** de desdobramento, descritos no item anterior, com os **tipos de estrutura**. O roteiro indicado na figura é utilizado neste texto:

- no estágio 1, **faixa branca**, o desdobramento é conduzido de forma vertical, através da organização, utilizando-se o método A;

- no estágio 2, **faixa marrom**, o desdobramento é conduzido de forma vertical, através da organização, utilizando-se o método B;

- no estágio 3, **faixa preta**, o desdobramento é conduzido por equipes de trabalho ligadas a organizações interfuncionais, de forma horizontal, utilizando-se o método B.

3.7 O gerenciamento pelas diretrizes e os CCQ

a) A filosofia básica[13] que rege os CCQ (círculos de controle da qualidade), como parte das atividades da GQT, é constituída de:

- contribuição para a melhoria estrutural e organizacional e para o desenvolvimento da empresa;

- criação de um ambiente de trabalho feliz, em que haja satisfação e respeito à natureza do ser humano;

- desenvolvimento das possibilidades infinitas da capacidade mental humana e viabilização de sua aplicação.

b) O maior objetivo dos CCQ é desenvolver a saúde mental[14] (motivação) das pessoas. Portanto, muito embora os CCQ contribuam para a competitividade da empresa, não deve ser essa a expectativa de sua atuação.

c) Devido a isso, não se devem desdobrar diretrizes até o nível dos CCQ.

d) No entanto, será observado que, ao longo do tempo, à medida que os CCQ se desenvolverem, eles irão naturalmente adotando temas ligados ao gerenciamento pelas diretrizes de **forma voluntária**.

3.8 Fatores para um bom planejamento

a) Em sua luta pela sobrevivência, o ser humano **precisa atingir metas**. Isso é verdade em qualquer tipo de trabalho, em qualquer organização humana (hospitais, escolas, fábricas, etc.).

b) Para que metas possam ser alcançadas, é necessário promover **mudanças** nos processos que determinam os resultados que desejamos alterar. Essas mudanças são as próprias ações contidas em planos de ação.

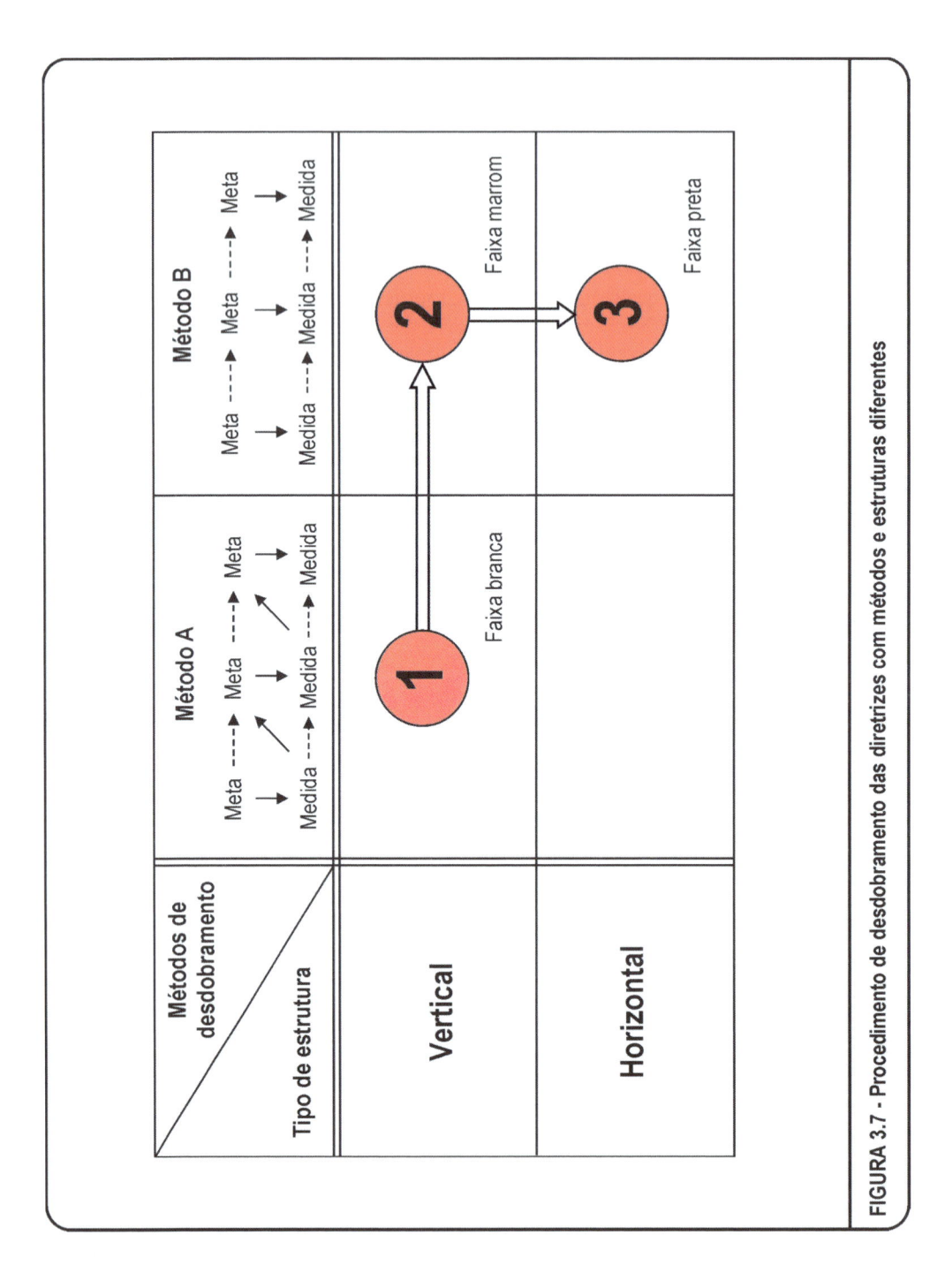

Gerenciamento pelas diretrizes

FIGURA 3.7 - Procedimento de desdobramento das diretrizes com métodos e estruturas diferentes

c) **Planejar é estabelecer esses planos de ação.** Através de bons planos de ação, metas são atingidas com mais eficácia. Listam-se abaixo alguns fatores que promovem um bom planejamento.

3.8.1 Conhecimentos das pessoas

a) **A análise é a essência do planejamento. O conhecimento é fundamental para a análise.**

b) Existem dois tipos de conhecimento:

- **Conhecimento técnico acumulado:** É aquela forma de conhecimento que não se altera muito ao longo do tempo e que vem sendo acumulado pelo ser humano e repassado através das gerações nas escolas (por exemplo: engenharia civil, medicina, advocacia, psicologia, economia, pedagogia, etc.),

- **Conhecimento dos fatores atuais do problema:** É aquela forma de conhecimento própria de um problema que está sendo estudado e que se altera ao longo dos anos, pois surgem novos tipos de problemas e desaparecem outros. Exemplos: estamos perdendo mercado de máquinas de lavar do tipo luxo nas cidades da Região Sul na classe A; a causa do excesso de quebras de mancal no equipamento é o seu desnivelamento. Esse tipo de conhecimento viabiliza a tomada de decisões precisas, mas não necessita ser transmitido através das gerações, pois deixa de ser importante assim que é usado.

c) Os dois tipos de conhecimento são necessários.

d) O primeiro tipo é conseguido pelo recrutamento, pela manutenção e pelo desenvolvimento de uma **equipe excelente**.

e) O segundo é conseguido pela prática da **análise** em:

- Informações (fatos e dados) do passado;
- Novas informações desenvolvidas através de experiências no atual processo ou produto;
- Novas informações desenvolvidas através de pesquisas em laboratório para explorar novas situações.

f) A FIG. 3.8 ilustra a origem e a utilização desses dois tipos de conhecimento.

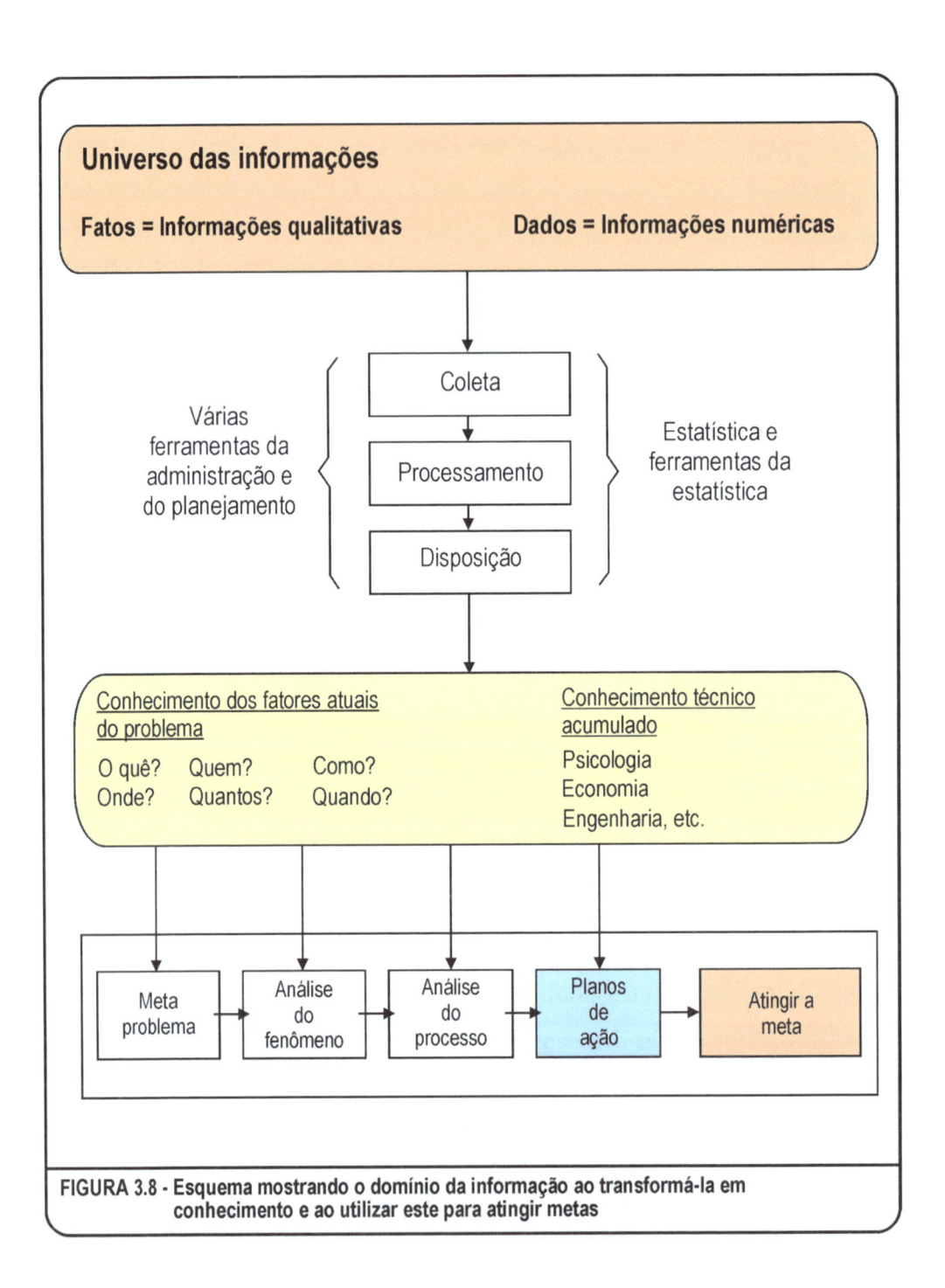

Gerenciamento pelas diretrizes

Universo das informações

Fatos = Informações qualitativas   Dados = Informações numéricas

Várias ferramentas da administração e do planejamento { Coleta → Processamento → Disposição } Estatística e ferramentas da estatística

Conhecimento dos fatores atuais do problema

O quê?   Quem?   Como?
Onde?   Quantos?   Quando?

Conhecimento técnico acumulado

Psicologia
Economia
Engenharia, etc.

Meta problema → Análise do fenômeno → Análise do processo → Planos de ação → Atingir a meta

FIGURA 3.8 - Esquema mostrando o domínio da informação ao transformá-la em conhecimento e ao utilizar este para atingir metas

g) Solicita-se a especial atenção do empresário brasileiro para o fato de que **suas empresas faturam cada vez mais esse conhecimento**, que está contido em seus produtos e processos.

h) **Nada substitui o conhecimento.**[15]

i) É preciso que o empresário entenda o processo cognitivo humano[16] e cuide da educação e do treinamento contínuos e para toda a vida de seus colaboradores. É exatamente na cabeça deles que esse conhecimento é acumulado.

j) Quanto melhor o gerenciamento (busca incessante do atingimento das metas), melhor a utilização da capacidade mental das pessoas. **Quando o gerenciamento é fraco, a capacidade mental é desperdiçada**.

3.8.2 Entusiasmo das pessoas

a) Durante o desdobramento das diretrizes, quando medidas criativas devem ser sugeridas, é necessário que as pessoas tenham **boas ideias** e fiquem **entusiasmadas** com o plano.

b) Esse entusiasmo é mostrado pela **participação** na apresentação de novas ideias e pelo **convencimento** da viabilidade das metas e medidas estabelecidas.

c) O **número de novas ideias** é um indicador do entusiasmo das pessoas.

d) Se as pessoas chegam às reuniões e comentam entre si: "*Mais um dia perdido. Todo ano é a mesma coisa!*", então o gerenciamento pelas diretrizes já é um fracasso.[4]

3.8.3 Tempo da alta administração

a) Durante a fase de planejamento, é necessária **muita discussão**, para que todos os pontos importantes fiquem bem esclarecidos.

b) Essas **reuniões são longas** e normalmente se usam ferramentas que permitem organizar e ordenar as ideias, de tal forma que se tenha um bom plano.

c) A alta administração deve **dedicar a esse esforço o tempo que for necessário**. É possível estimar o nível de importância atribuído ao planejamento pelas várias lideranças da empresa pelo tempo que dedicam a essa atividade.

3.8.4 Intuição e análise dos impedimentos

a) O gerenciamento pelas diretrizes implica profundas mudanças na organização para que as metas sejam atingidas. Essas mudanças são concretamente representadas pelas **medidas** constantes dos **planos de ação**.

b) Por outro lado, essas medidas são sugeridas nas reuniões de estabelecimento das diretrizes, através das **ideias criativas** das pessoas.

c) Para atingir a meta, existem várias medidas possíveis. É a **intuição** das pessoas que as fará recomendar aquela medida que poderá ser a melhor.

d) Após a sugestão da medida, deve vir um período de **meditação** e discussão, para que possam ser **clareados possíveis impedimentos** à sua concretização.

e) Por exemplo: uma medida que visa a redução do custo de um produto poderá provocar **efeitos secundários**, como a perda de mercado, redução do nível de segurança de seu uso, retardamento do processo de produção, etc.

f) Esses efeitos secundários devem ser considerados na meditação e poderão eventualmente impedir a inclusão da medida no plano de ação. Por outro lado, talvez seja possível criar **novas medidas que evitem esses efeitos secundários** e, assim, viabilizar a inclusão da medida no plano de ação.

3.8.5 Capacidade de solucionar problemas

a) A capacidade de solucionar problemas é a experiência na prática do PDCA. Quanto mais problemas uma pessoa resolve através do método, mais **experiência** e **autoconfiança** vai adquirindo.

b) O praticante experiente do método PDCA sabe que **não existe problema sem solução**. Sabe como conhecer os pontos críticos do problema através da análise do fenômeno e como determinar as causas fundamentais desses pontos críticos e, a partir daí, as medidas para eliminar essas causas.

c) O praticante experiente sabe utilizar o **conhecimento técnico** (finanças, contabilidade, eletricidade, química, psicologia, pedagogia, etc.) aliado aos **fatos** e **dados** para estabelecer excelentes planos de ação.

d) Quanto maior a **experiência** de todas as pessoas da empresa no método de solução de problemas (PDCA), melhores serão os resultados do gerenciamento pelas diretrizes. Isso não pode ser negligenciado.

3.8.6 Capacidade de negociar

a) A essência do planejamento são as **negociações verticais e horizontais** conduzidas para que as metas e as medidas sejam viabilizadas. Estas negociações são chamadas de **ajuste** (*catch ball*).

b) Estas negociações, se **conduzidas de forma habilidosa**, viabilizam uma boa cooperação intersetorial.

c) Esta "**forma habilidosa**" é a condução da negociação lastreada sempre no conhecimento advindo da análise de informações (fatos e dados). Por exemplo: dois setores, antes de negociarem, devem preparar os seus dados e organizá-los sob a forma de um Diagrama de Árvore, de um Diagrama de Relação, etc.

d) "**Negociar" é a prática de unir num só corpo estes conhecimentos**. Por exemplo: será feito um só Diagrama de Árvore a partir de dois diagramas; ou um só Diagrama de Relação a partir de dois diagramas.

3.8.7 Capacidade de concretizar

a) Existe o costume de pensar que, uma vez estabelecida a meta, é só cobrar para que ela seja atingida. Essa é uma forma muito primitiva de gerenciamento e inadequada para os dias de hoje.

b) Hoje um bom gerente sabe que uma meta só terá a chance de ser atingida se houver um bom plano de ação. Esse plano de ação é constituído de medidas concretas (5W 1H).

c) **Concretizar** um gerenciamento é lastreá-lo em **planos de ação**.

3.9 Planos de contingência

a) Estamos vivenciando uma **era de grandes incertezas** quanto ao futuro das organizações. Mudanças tecnológicas, novos materiais, novos produtos, câmbio altamente instável, etc. são fatores de incerteza numa economia internacionalizada.

b) Dessa forma, a organização precisa responder rapidamente às mudanças do ambiente. Em outras palavras, o seu planejamento deve contemplar **alternativas às mudanças**.

c) Essas alternativas são apresentadas dentro do planejamento como **planos de contingência** para enfrentar situações inesperadas.

d) Esses planos de contingência devem incluir três tópicos:

- **Identificação da situação inesperada:** Descrição do tipo de ocorrência que deve ser julgada como situação inesperada;

- **Previsão da medida:** Estabelecimento dos tipos de medidas a serem tomadas no caso de ocorrência de uma situação inesperada;

- **Estabelecimento de itens de controle:** Estabelecimento de um monitoramento preventivo para identificar antecipadamente a situação inesperada.

e) Esses planos de contingência são necessários não só na área comercial, onde as mudanças são grandes e constantes, mas também nas áreas técnicas de pesquisa e desenvolvimento e na solução de problemas crônicos difíceis, que apresentam situações inesperadas no processo de sua solução.

f) Quando o tema é importante, o responsável e sua equipe devem ser ajudados pelos melhores valores da empresa, de forma que se **concentre todo o poder de inteligência da organização** para estabelecer essas medidas alternativas às contingências.

g) O **PDPC** (Diagrama do processo decisório)[17,18] é uma ferramenta da GQT, que atende a necessidade de coletar e organizar as alternativas às contingências e será utilizada neste texto.

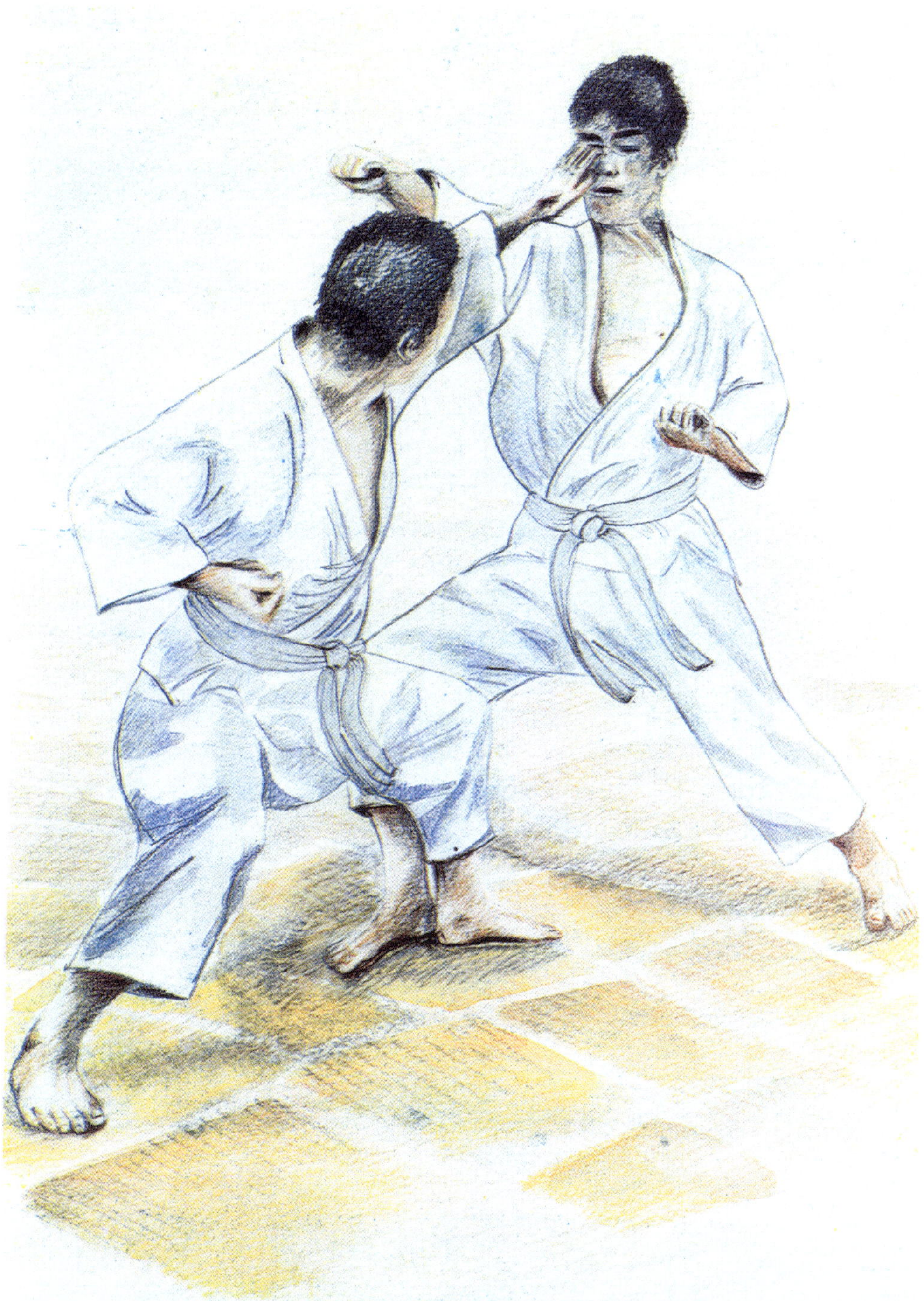

Estágio 1
Prática de golpes faixa branca

Objetivo deste estágio

Estabelecer um Sistema de Gerenciamento pelas Diretrizes e capacitar todos os participantes a trabalhar de acordo com o sistema.

Pré-requisito

Conhecimentos básicos de gestão pela qualidade total.

4.1 Passo 1 - Preparação do gerenciamento pelas diretrizes

a) O coordenador da gestão pela qualidade total deverá preparar um **padrão gerencial** (ou padrão de sistema, ou regulamento) a ser assinado pelo presidente da organização, estabelecendo as regras de trabalho dentro do sistema de gerenciamento pelas diretrizes.

b) Esse padrão gerencial **deverá conter**:

- Explicação dos objetivos do padrão;
- Definição dos termos utilizados;
- Documentos (regulamentos) correlatos;
- Planejamento do gerenciamento pelas diretrizes (desdobramento das metas e medidas);
- Acompanhamento e controle;
- Ações que serão executadas no final do ano;
- Um fluxograma do sistema de gerenciamento pelas diretrizes;
- Formulários que serão utilizados.

c) O Anexo C mostra um **modelo de regulamento.**[19] Faça um que se adapte à sua organização. Não é necessário fazer um regulamento exatamente igual ao modelo apresentado, que deve ser tomado apenas como referência.

d) Um **alerta** inicial: o sucesso do gerenciamento pelas diretrizes depende muito **do envolvimento, da dedicação e da capacidade técnica** do pessoal do escritório da GQT que conduzir toda a parte de suporte desse trabalho. Essas pessoas devem estudar bem este texto, conhecer o método PDCA e dominar as ferramentas necessárias para análise.[20]

4.2 Passo 2 - Como estabelecer a primeira meta anual

a) O processo de gerenciamento pelas diretrizes se inicia pelo estabelecimento das **metas anuais** da organização. Vamos denominar essas metas de **metas de sobrevivência**.

b) As **metas de sobrevivência** são escolhidas após a análise dos resultados do gerenciamento pelas diretrizes do ano anterior (reflexão anual) e da capacidade da organização de responder às necessidades previstas em seu plano de médio prazo e plano de longo prazo.

c) Quando a organização não dispõe de um plano de longo prazo nem do relatório de reflexão anual, como é comum no caso das empresas faixa branca, é necessário que a diretoria

- **Avalie a situação da organização**, visitando outras empresas e conhecendo informações do mercado e da concorrência;

- Estabeleça **uma única meta de sobrevivência** considerando a **maior fraqueza** da organização.

d) Alguns diretores e gerentes gostam de estabelecer várias metas, dificultando todo o processo gerencial.

e) O simples fato de **estabelecer metas não garante o seu atingimento**. É necessário entender que o atingimento das metas decorre de vários fatores[44]:

- **estágio avançado do gerenciamento da rotina do trabalho do dia a dia**[9],

- **competência no PDCA** por parte de todas as pessoas da empresa (do presidente aos operadores),

- **liderança** (capacidade de conduzir pessoas num processo de mudanças) **e dedicação** (acompanhamento frequente e formal de todo o processo ao longo do ano, como será mostrado neste capítulo) por parte de todas as chefias. Esse comprometimento é representado pela **vontade** de atingir a metas estabelecidas no planejamento estratégico da empresa e pela **convicção** de que isso pode ser feito pelas pessoas através dos métodos da gestão pela qualidade total,

- **bom sistema de informações gerenciais**.

f) **No primeiro ano, o objetivo é que o grupo gerencial aprenda a gerenciar pelas diretrizes**. Portanto, deve-se fazer tudo para simplificar e facilitar o processo. Deve-se estar ciente de que são necessários alguns anos para que se possa maturar um bom sistema de gerenciamento pelas diretrizes.

g) Os **critérios para a escolha da primeira meta de sobrevivência** são:

- Escolha uma **meta vital e interfuncional**;

- Escolha uma **meta que afete fortemente o desempenho da empresa**;

- Escolha **uma só meta**.

Gerenciamento pelas diretrizes

h) Algumas **sugestões de metas** de sobrevivência para o primeiro ano:

- Reduzir o número de reclamações de clientes para 40 casos por ano, até dezembro deste ano,

- Reduzir as não conformidades no faturamento em 70%, até junho,

- Reduzir em 50% o índice de não conformidades, até o final do ano,

- Reduzir os estoques em 50%, até o final do ano,

- Reduzir o índice de devolução de mercadorias em 50%, até o final do ano, etc.

i) Algumas **sugestões de metas** de sobrevivência (mais interfuncionais) para o segundo ano:

- Aumentar a disponibilidade dos equipamentos para 90%, até outubro;

- Reduzir as paradas de emergência em 50%, até setembro;

- Reduzir o *lead time* de fabricação em 20%, até dezembro.

j) **Aumentar a produtividade geral da empresa em 12% durante o ano de 1997** é um bom exemplo de **meta anual** para se iniciar o desdobramento, pois todos podem contribuir para aumentar a produtividade (produtividade = faturamento/custos) da empresa.

k) No entanto, é bom estar atento para **casos específicos**. Uma vez o diretor industrial de uma empresa me disse:

— *Professor, o que eu mais preciso e quero este ano é reduzir o meu índice de refugos, que está me matando!*

l) Embora o índice de refugos seja algo muito específico, que certamente apareceria no desdobramento da meta mencionada, deve-se **começar por aquilo que está afetando mais as pessoas**, de forma que o sistema de gerenciamento pelas diretrizes seja fortemente percebido como muito **prioritário**.

m) A meta anual assim estabelecida se constituirá no **tema anual** do gerenciamento pelas diretrizes (Tema do *Hoshin Kanri*).

n) O valor da meta deve ser atingível. No entanto, ele deve ser **rigoroso**. Não é tarefa fácil atingi-lo.

o) Aliás, do ponto de vista do crescimento das pessoas envolvidas, o valor da meta deve estar acima de suas capacidades atuais em atingi-lo, de maneira que precisem aprender mais e crescer no processo de atingir essa meta.

p) Nos anos seguintes, à medida que o corpo gerencial for ganhando prática, **pode-se aumentar para até três metas anuais** da organização.

q) O escritório da GQT deve levantar os dados referentes à meta escolhida, de modo que um **gráfico** possa ser desenhado para futuro acompanhamento dos resultados. A FIG. 4.1 mostra um modelo de um gráfico de item de controle.

r) Quanto mais **visível** a meta, melhor.

s) **Visível quer dizer** meta colocada por escrito para conhecimento de todos, gráfico do item de controle referente à meta devidamente desenhado, de preferência no tamanho de um papel *flip-chart*, com dados da situação atual levantados, bem como o valor e o posicionamento da meta. Tudo isso deve ser colocado num lugar onde todos possam ver.

4.3 Passo 3 - Como estabelecer a primeira diretriz do presidente

a) Existem várias maneiras de estabelecer a primeira diretriz do presidente. Nesse primeiro ano, o mais importante é que as pessoas compreendam que:

- O gerenciamento pelas diretrizes é um grande esforço de **solução de problemas**;
- Problema é a **diferença** entre a meta e a situação atual;
- É muito importante a consciência do relacionamento **causa-efeito** dentro de uma diretriz.

b) No estabelecimento da primeira diretriz do presidente devem **participar**: o presidente, os seus diretores, o coordenador da gestão pela qualidade total e, eventualmente, um consultor para orientar no método de conduzir a reunião.

c) O Quadro 4.1 mostra o **método de planejamento** utilizado nessa etapa para se estabelecer uma diretriz.

d) Terminada a reunião, o coordenador recolhe todo o material e leva para seu escritório. **Tudo deve ser passado a limpo**: a meta, o problema definido, todas as causas levantadas, as causas prioritárias e todas as medidas escolhidas. Esse material poderá ser útil para outras reuniões.

e) Nesse ponto, o coordenador vai verificar quais são as medidas desdobráveis e quais são as não desdobráveis. **As medidas não desdobráveis se constituirão no plano de ação do presidente**. O presidente poderá executá-las ele mesmo ou, em alguns casos, poderá transformar essas medidas não desdobráveis em projetos, atribuindo-as a grupos de trabalho.

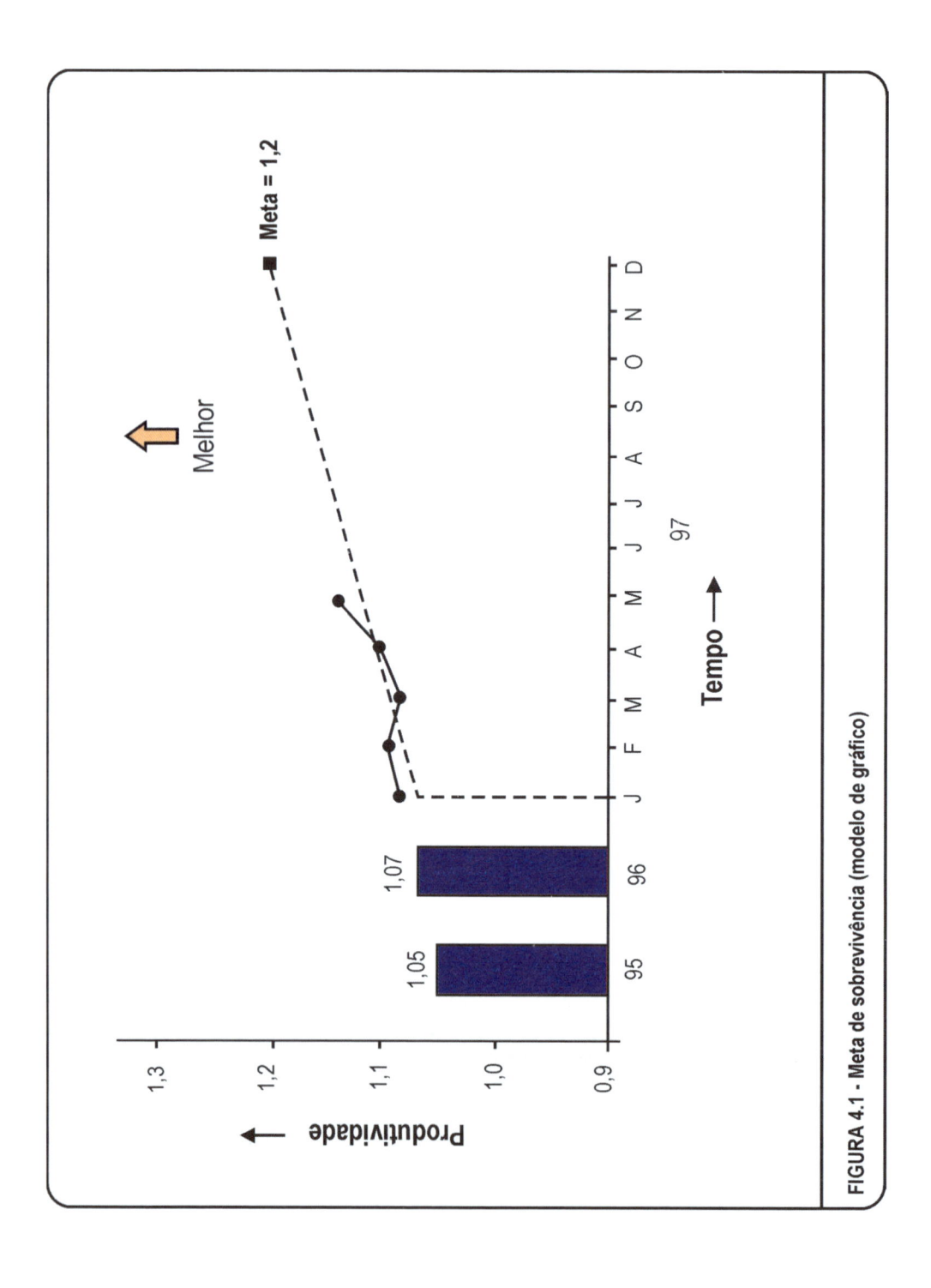

FIGURA 4.1 - Meta de sobrevivência (modelo de gráfico)

Estágio 1: Prática de golpes faixa branca

\multicolumn{2}{c}{**QUADRO 4.1**}
\multicolumn{2}{c}{Método para estabelecer uma diretriz}
Etapa do planejamento	**Procedimento de cada etapa**
Preparação	A reunião será preparada e coordenada pelo coordenador da GQT da empresa. No dia da reunião, preparar a sala e ter disponível papel *flip-chart*, caneta pincel atômico, papel *post-it* e fita crepe. Colocar na parede três folhas de papel *flip-chart* sobrepostas, como mostrado na FIG. 4.2, e fazer o desenho como indicado (diagrama de causa e efeito).
1. Conhecer a meta (problema), fins	No papel *flip-chart* sobre a parede, escrever claramente a meta de sobrevivência e definir o problema decorrente do estabelecimento da meta. Escrever claramente o problema dentro da caixa na cabeça do diagrama.
2. Analisar o fenômeno, fins	O coordenador da GQT deve levantar todas as informações possíveis sobre a meta (o problema) e preparar uma exposição aos diretores. Se a meta for custo, deve-se ter presente uma planilha. É recomendável usar o princípio de Pareto para priorizar. Organizar ainda um levantamento sobre as metas do ano anterior, os planos estabelecidos para atingi-las, os resultados obtidos, as causas do não atingimento de algumas metas e as proposições de ações a serem incorporadas no planejamento deste ano. Preparar uma exposição aos diretores. Promover a discussão.
3. Analisar o processo, meios	Logo abaixo da cabeça do diagrama, escrever a pergunta referente ao problema. Por exemplo: Vamos supor que o problema seja baixa produtividade. Então, a pergunta será: Quais são as **causas** de nossa baixa produtividade?. Instruir cada diretor a colocar uma resposta a essa pergunta em cada folha de papel *post-it*. Cada diretor poderá pensar em várias causas para o problema referido, podendo colocar uma em cada papel *post-it*. Cuidado! As pessoas têm a tendência de colocar no papel as **soluções** para o problema e não as causas. Prevenir o pessoal e não deixar isso ocorrer (pelo menos nesta etapa, pois mais tarde todos terão sua chance de propor soluções). Quando todos terminarem de escrever as suas causas (isso vai levar uns 20 minutos), o coordenador recolhe os papéis e começa a ler e analisar, uma por uma, junto com o grupo. As causas iguais são juntadas num único bloco. Se o grupo não entender alguma causa, o coordenador pedirá ao seu autor que explique o que ele quis dizer, até que todos entendam. Essas causas podem ser coladas sobre o papel *flip-chart* que está na parede, nas várias espinhas do diagrama de acordo com a família de assuntos. Por exemplo: uma espinha poderá conter todas as causas relativas a custo; a outra, todas as causas relativas a vendas e assim por diante (nessa fase, depois de juntar as causas semelhantes, podem-se ter no quadro quantas causas o grupo conseguiu juntar. No entanto, a prática mostra que esse número se situa entre 15 e 30). Neste ponto é conveniente o coordenador conduzir, com o grupo, uma **análise de consistência**, na qual, para cada causa, perguntará ao grupo: (a) Qual o impacto da eliminação dessa causa no resultado desejado? (b) Está no âmbito da autoridade de cada participante atuar sobre essa causa? (Neste ponto, se houver uma causa muito detalhada, o diretor logo perceberá que a autoridade sobre aquela causa não é dele mas de algum colaborador). Terminado esse processo de entendimento e classificação, o grupo poderá então passar à etapa de priorização. É evidente que, quanto mais informação a organização dispõe, melhores são os critérios de priorização. Na falta de informação, utiliza-se a que está na cabeça das pessoas presentes à reunião e simplesmente vota-se. A votação pode ser conduzida verbalmente, cada participante atribuindo uma nota a cada causa (5=vital; 3=importante; 1=pouco importante). O coordenador, para cada causa, pergunta a cada participante a sua nota, escreve a nota de cada um ao lado da causa, como mostra a FIG. 4.2. Terminada a votação de cada causa, o coordenador soma os pontos. Na priorização as pessoas deverão levar em conta a possível contribuição da eliminação de cada causa para o atingimento da meta, bem como a rapidez com que ela pode ser eliminada e a economicidade dessa operação. Após a votação, ficarão mais claras para o grupo as causas que poderão ser deixadas para o ano que vem. Dessa votação o grupo selecionará de três a cinco causas como prioritárias; este número poderá variar em função da complexidade da diretriz. Mesmo que uma causa tenha sido pouco votada, algum dos presentes poderá argumentar a seu favor, pedindo ao grupo para reconsiderar. Feito isso, ela poderá ser acolhida entre as prioritárias.
4. Estabelecer as medidas (Estabelecer o plano), meios	De posse das causas prioritárias, o grupo fará uma discussão para estabelecer as medidas que deverão ser tomadas para eliminar cada causa. Neste ponto, o grupo deve tomar o cuidado de não detalhar muito as medidas. Por exemplo: se a reunião for no nível dos diretores e se uma das causas for "custo operacional elevado", não se deve ficar perdido em pequenas medidas tais como "reduzir o consumo de materiais", "reduzir o consumo de energia", etc. Talvez, nesse caso, baste propor: "reduzir o custo operacional". Deixe que mais tarde as pessoas dos níveis gerenciais mais baixos detalhem com muito mais precisão essas medidas. Pode ocorrer que as pessoas sugiram várias medidas para cada causa prioritária. Nesse caso, deve haver uma discussão para clarear: qual a mais efetiva, a mais barata, a mais rápida, etc. Pode haver votação. Desse processo sairão as medidas prioritárias. Terminado o estabelecimento das medidas prioritárias (aquelas necessárias para eliminar as causas prioritárias), já se tem a diretriz estabelecida, pois se tem a meta e as medidas prioritárias e suficientes para se atingir a meta. O conjunto de medidas prioritárias constitui um plano.

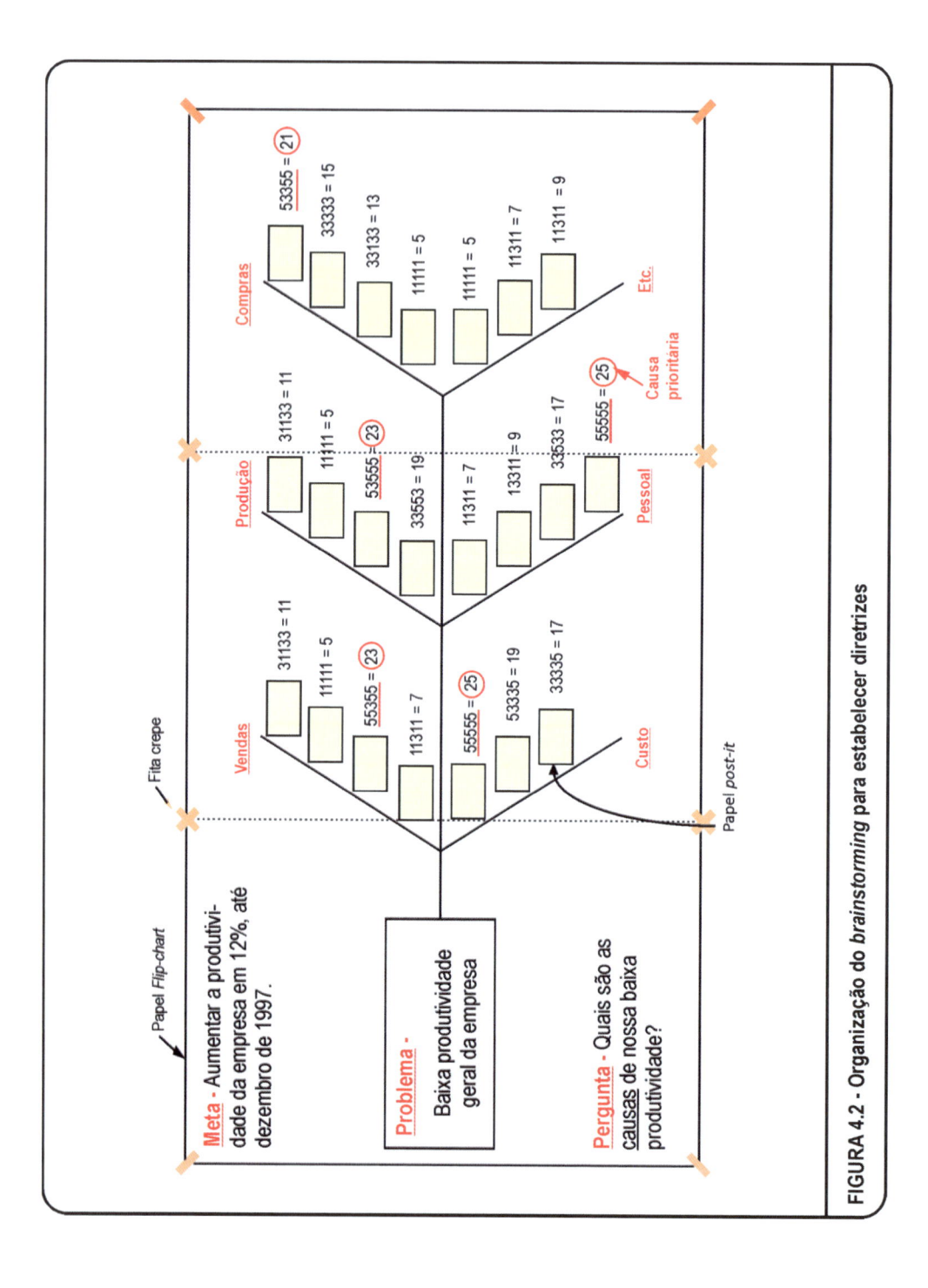

Gerenciamento pelas diretrizes

FIGURA 4.2 - Organização do *brainstorming* para estabelecer diretrizes

Estágio 1: Prática de golpes faixa branca

f) As medidas desdobráveis serão apresentadas aos diretores para que, baseados nelas, estabeleçam seus **objetivos gerenciais** e, como consequência, suas **metas**.

g) O coordenador colocará então a diretriz em **formulário próprio**, como mostrado na FIG. 4.3, levará para ser aprovada pelo presidente e distribuirá cópias aos participantes da reunião. **Está terminado o processo de estabelecimento da diretriz do presidente.**

h) A diretriz do presidente, que desencadeia todo o processo de desdobramento das diretrizes, deve vir acompanhada de um pequeno texto que explique as bases para o seu estabelecimento[21]. Essa parte é chamada de **princípios**, como mostra a FIG. 4.3.

i) O método mostrado no Quadro 4.1 corresponde à faixa branca e será utilizado somente por um ou dois anos, como treinamento para o quadro gerencial absorver a importância do relacionamento causa-efeito. Na verdade, no Quadro 4.1 está a sequência de planejamento do PDCA, na qual não foi possível dar a ênfase necessária às análises de fenômeno (etapa 2 - observação do problema) e de processo (etapa 3 - análise) porque nesse estágio a empresa ainda não possui os fatos e dados necessários.

j) No segundo ano, enquanto se consolida o sistema de gerenciamento pelas diretrizes, o procedimento mostrado no Quadro 4.1 poderá ser melhorado pela introdução dessas análises, baseadas em informações que certamente já estarão disponíveis (mesmo que ainda escassas).

k) Nesse caso, o escritório da GQT, seguindo o procedimento de planejamento do PDCA, poderá utilizar todas as informações disponíveis para, através da prática das análises de fenômeno e de processo, fazer um **projeto da diretriz do presidente**, consultando, nesse processo, o **plano de longo prazo** (se houver), os **relatórios de reflexão** (que já estarão disponíveis) e os **relatórios de auditoria** (que também já estarão disponíveis).

l) Esse projeto da diretriz do presidente é então apresentado em reunião da diretoria, para discussão e aprovação. Dessa maneira, fica estabelecida a **diretriz anual do presidente** (ou seja, no segundo ano poderá não haver a necessidade da reunião de *brainstorming* como foi descrito no Quadro 4.1).

m) Subsequentemente, cada diretor poderá estabelecer as suas diretrizes da mesma maneira, utilizando-se de assessores de sua área. Dessa forma, as diretrizes podem ser formuladas com base em fatos e dados, seguindo-se o método PDCA, em especial a sequência de planejamento.[2,20,22]

n) Após este estágio (quando sua organização mudar a cor da faixa), existem recursos mais precisos que serão descritos nos próximos capítulos.

Diretrizes anuais do presidente	Aprovado:

Página:

Ano de 1997

Princípios

Desde a abertura do mercado brasileiro, a partir de 1991, nossa empresa vem perdendo competitividade (perda de produtividade) principalmente em relação aos produtos da faixa popular, devido ao grande acréscimo na importação de produtos concorrentes do mercado chinês. Após análise dos ambientes externo e interno, decidimos orientar o nosso crescimento para a faixa de produtos mais nobres e que oferecem oportunidades não só no mercado nacional mas também nos EUA, Japão e Europa. Além disso, percebe-se que nossa empresa não tem conseguido extrair o máximo de seus investimentos, existindo ainda ampla margem de ganhos de produtividade através da atuação em fatores internos. No estabelecimento das metas anuais, recomendamos considerar que, ao longo deste ano, existe a possibilidade de que nossa empresa tenha que reduzir o preço em alguns produtos para permanecer no mercado.

Diretrizes Nº descrição	Valor da meta
Meta	
1. Aumentar a produtividade geral da empresa em 12%, até dezembro de 1997	1.2

Medidas

1.1. Reduzir o custo fixo.

1.2. Reduzir o custo variável.

1.3. Reduzir o número de reclamações de clientes.

1.4. Aumentar a produção.

1.5. Desenvolver novos produtos da faixa nobre.

1.6. Aumentar as vendas.

FIGURA 4.3 - Exemplo de diretriz anual do presidente

4.4 Passo 4 - Como conduzir o primeiro desdobramento das diretrizes

Nota: Nesta etapa está sendo utilizado o **método A** de desdobramento, como descrito no item 3.5.3 e na FIG. 3.3.

4.4.1 Como estabelecer as metas do nível hierárquico inferior

a) **As metas dos diretores são estabelecidas a partir das medidas desdobráveis da diretriz do presidente.**

b) O coordenador da GQT deverá estabelecer inicialmente uma **proposição de metas dos diretores** com base na diretriz do presidente e nas informações disponíveis.

c) **O coordenador da GQT deve procurar cada diretor** e discutir a sua contribuição para cada medida da diretriz do presidente. Por exemplo: a medida do presidente **reduzir os custos fixos** poderá gerar para o diretor industrial duas metas: **desativar a linha alfa até dezembro** e **reduzir os estoques em 20% até dezembro.** A mesma medida do presidente poderá gerar uma meta do diretor administrativo: **reduzir as despesas com aluguéis em 250.000 reais até dezembro.**

d) **Algumas medidas do presidente serão assumidas por um só diretor.** Por exemplo, a medida **aumentar as vendas** poderá ser transformada pelo diretor comercial numa meta: **Aumentar as vendas para 1.200 peças/mês até dezembro de 1997.** O diretor administrativo, por exemplo, poderia não estabelecer metas naquela medida.

e) Durante o estabelecimento das metas, deve-se observar o seguinte:

- Fazer uma análise da situação atual da empresa (ou da diretoria, ou da gerência, etc.) para que se possam estabelecer **metas realizáveis**;

- O estabelecimento das metas deve se basear na **necessidade** da organização (sobrevivência, permanência no mercado) e na **viabilidade** (Por exemplo: não adianta propor dobrar as vendas, num mercado recessivo);

- É importante que a meta seja **desafiante**, fora da rotina habitual, desde que realizável.

f) **O resultado do somatório de todas as metas de todos os diretores deve ser suficiente para atingir a meta do presidente**; do contrário, o coordenador da GQT volta e renegocia com cada diretor até isso acontecer.

g) Nem sempre essa conta fecha com muita precisão e, em casos especiais, o coordenador da GQT deve fazer uma estimativa e fechar. Por exemplo, é muito difícil estimar a extensão em que a redução das reclamações dos clientes poderá afetar o aumento da produtividade da organização. Nesse caso, deve-se fazer uma estimativa.

h) Cada diretor ou gerente deve **focalizar** sua atenção em poucas metas. O ideal seria o máximo de três. Se necessário, cinco. No entanto, cinco deve ser o máximo absoluto para empresas experientes no gerenciamento pelas diretrizes.[6, 24]

4.4.2 Como estabelecer as diretrizes do nível hierárquico inferior

a) Uma vez estabelecidas as metas de todos os diretores, inicia-se o processo de formação de suas diretrizes.

b) Agora, cada diretor se reunirá com seus gerentes e, seguindo o mesmo procedimento adotado pelo presidente (Quadro 4.1), estabelecerá as suas diretrizes.

c) Em cada reunião de estabelecimento de diretrizes deve haver espaço para **discussões profundas, máxima utilização de dados** (orientando-se por prioridades) e **entendimento mútuo**.

d) Esse entendimento mútuo é feito entre o gerente e seus pares (fornecedores e clientes), para que haja concordância geral naquilo em que a meta de um afeta o desempenho do outro. Esse entendimento também é feito entre o gerente e seu chefe e entre o gerente e seus colaboradores.

e) Por exemplo, uma meta de aumento de vendas de um certo produto irá depender de algumas perguntas: Existe capacidade de produção? É possível fazer a expedição desse acréscimo de produção? Existe capital de giro para financiar esse acréscimo de vendas?, etc.

f) Todo esse processo de busca de entendimento é denominado **ajuste** (chamado pelos japoneses de *catch ball*). A FIG. 4.4 mostra um esquema da maneira como esse processo é conduzido.

Estágio 1: Prática de golpes faixa branca

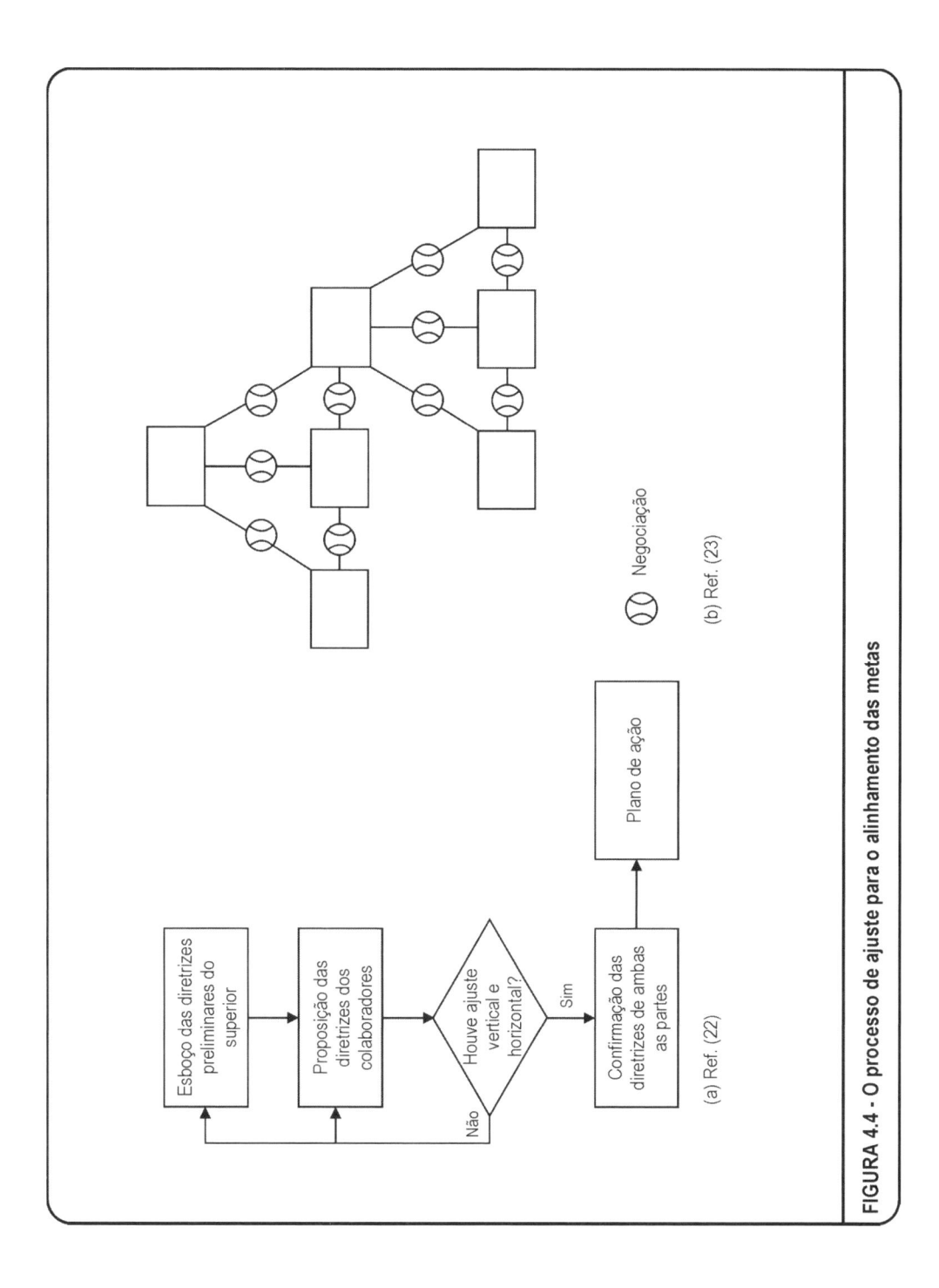

(a) Ref. (22)

(b) Ref. (23)

Negociação

FIGURA 4.4 - O processo de ajuste para o alinhamento das metas

g) No estabelecimento das medidas, em cada nível hierárquico devem ser considerados os seguintes aspectos:

- **Medidas prioritárias** desafiantes de **longo prazo**, mas que devem ser implementadas desde já;

- **Medidas prioritárias** que permitam aperfeiçoar e fortalecer cada vez mais os **pontos fortes** tradicionais da organização;

- **Medidas prioritárias** de **aperfeiçoamento da rotina** do dia a dia, que melhorem substancialmente o padrão de trabalho atual.

h) As diretrizes devem ser estabelecidas e executadas a partir de uma conscientização cada vez maior, por parte de todos, dos problemas de cada setor.

i) **O progresso da empresa deve ser visto como algo ligado diretamente à perseverança em dar solução completa a um grande número de pequenos problemas**. Uma empresa é uma **coleção de problemas**!

j) **Esse processo de desdobramento segue dessa maneira até o último nível gerencial** onde, finalmente, todas as medidas serão não desdobráveis e transformadas em planos de ação. Esse processo de desdobramento é esquematizado na FIG. 4.5.

k) Em cada desdobramento deve ser feita uma **comparação com as diretrizes formuladas por outros gerentes**:

- Existe redundância?

- Existem itens que afetam outros departamentos?

- Existem itens a serem exigidos de outros departamentos?

l) Após cada desdobramento, deve ser feito o **registro das diretrizes** consensadas com cada gerente, como mostra a FIG. 4.6, para o caso do diretor comercial. Cada nível deve redigir seus próprios princípios para suas diretrizes.

m) Algumas **diretrizes classificadas como secretas** devem ser registradas à parte, de forma a garantir o sigilo.

n) Quanto mais se desdobram as diretrizes, mais detalhadas vão ficando as medidas e, como consequência, as metas.

o) Um desdobramento só estará completo quando todas as diretrizes resultarem em **planos de ação** que são, de fato, as peças mais importantes de um planejamento.

Estágio 1: Prática de golpes faixa branca

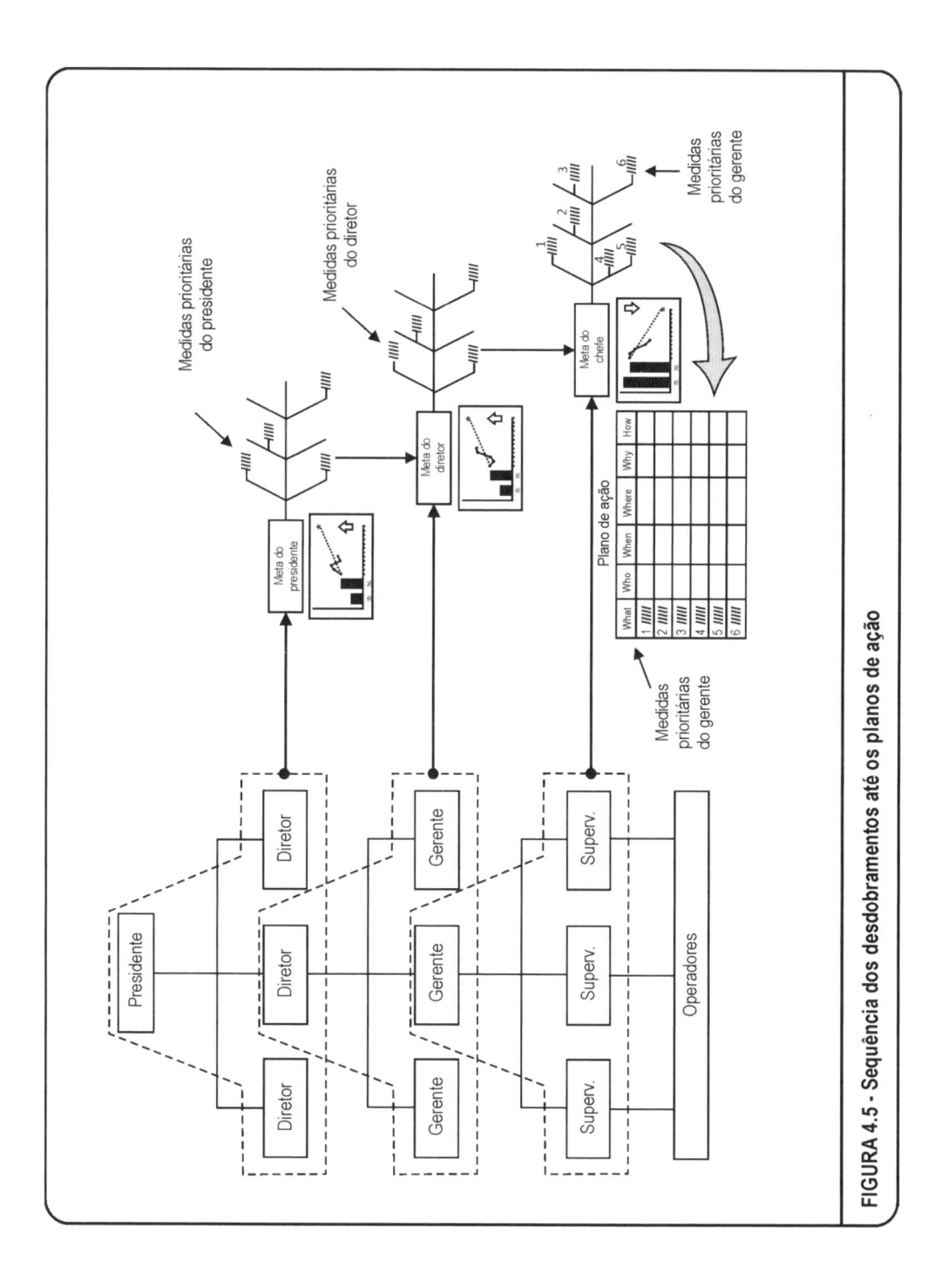

FIGURA 4.5 - Sequência dos desdobramentos até os planos de ação

Diretriz de 1997 Diretoria comercial	Aprovado:	Revisado: Revisado: Elaborado:		Página	
Diretriz do presidente	Diretriz do diretor comercial	Itens de controle	Valor e prazo	Gerentes responsáveis	
(1) Meta do presidente Aumentar a produtividade em 12% até dez. de 1997		Faturamento/custos	1,2/dez. 1997		
(1-6) Medida - aumentar as vendas	(1-6) Meta do diretor Comercial: Aumentar o faturamento em 15% até dez. de 1997	Faturamento anual total	R$ 230.000.000,00/ dez. 1997		
	(1-6-1) Medida - Abrir mercado na região norte	Faturamento anual da região norte	R$ 10.000.000,00/ nov. 1997	Gerentes de vendas da região norte	
	(1-6-2) Medida - Aumentar as vendas na região oeste em 50%	Faturamento anual da região oeste	R$ 24.000.000,00/ out. 1997	Gerentes de vendas da região oeste	
	(1-6-3) Medida - Expandir as vendas no setor de construção civil em 50%	Faturamento anual no setor de construção civil	R$ 36.000.000,00/ out. 1997	Todos os gerentes de vendas	

FIGURA 4.6 - Modelo de formulário de apresentação da diretriz de um diretor ou alta gerência

p) Durante o desdobramento, em cada nível hierárquico, as **medidas não desdobráveis** devem ser analisadas por seu responsável. Ele poderá executá-las ele mesmo, atribuí-las a algum departamento especializado ou ainda transformá-las em **projeto** e atribuir a sua condução a um grupo de trabalho.

q) Os formulários mostrados nas figuras deste capítulo são simplificados e são apenas uma sugestão para uma empresa iniciante. Normalmente, **cada empresa cria seus próprios formulários**, em função de suas necessidades.

4.4.3 Como estabelecer os planos de ação

a) **Os planos de ação colocam o gerenciamento em movimento**.

b) Os planos de ação viabilizam a **ação concreta** no gerenciamento.[25]

c) As diretrizes são desdobradas através da hierarquia, como mostrado nos itens anteriores, até chegar ao nível de chefe de seção (unidade gerencial básica) e supervisor, onde são estabelecidas apenas medidas não desdobráveis.

d) **A maioria dos planos de ação fica no nível da unidade gerencial básica** (chefe de seção), mesmo porque neste nível trabalham mais de 98% das pessoas das empresas.

e) Nesse nível, o planejamento pode ser muito bem feito desde que o chefe da seção tenha todos os seus itens de controle estabelecidos, os dados levantados (situação atual dominada) e os principais problemas muito bem conhecidos, com as devidas **análises de fenômeno e análises de processo já previamente realizadas** (isso equivale ao seu trabalho de reflexão sobre seus problemas, que dá origem ao relatório de reflexão).

f) Como esse definitivamente não é o caso de uma empresa faixa branca, sugere-se que, para o estabelecimento dos planos de ação de cada unidade gerencial básica, sejam seguidas as instruções abaixo.

g) O chefe de seção deverá receber algumas metas já muito concretas, por exemplo: **reduzir o índice de refugo das peças usinadas em 50%, até dezembro de 1997; reduzir o tamanho das filas no caixa para no máximo três pessoas, dentro de seis meses; reduzir o prazo de concessão de carteiras de identidade para 24 horas, dentro de seis meses**, etc.

Gerenciamento pelas diretrizes

h) **A partir dessas metas, o chefe de seção poderá tomar a iniciativa de estabelecer os seus planos de ação** seguindo um procedimento análogo àquele detalhado no Quadro 4.1, que mostra o método de estabelecer uma diretriz. Não poderia ser de outro jeito, pois **uma meta e o plano de ação para atingir essa meta constituem a própria diretriz do chefe de seção**.

i) Outras metas de caráter mais amplo poderão, através de mais um desdobramento como aquele mostrado no Quadro 4.1, ser transformadas em duas, três ou quatro metas. Por exemplo: expandir as vendas no setor de construção civil em 50%.

j) Muito embora o método para definir um plano de ação seja igual ao do Quadro 4.1, é conveniente listá-lo outra vez porque, nesse caso, algumas pequenas modificações são importantes. O método de estabelecimento do plano de ação está mostrado no Quadro 4.2.

k) **De posse das medidas prioritárias, o chefe da seção formulará o seu plano de ação estabelecendo, junto com sua equipe, o 5W 1H para cada medida**. O plano de ação terá um aspecto semelhante ao mostrado na FIG. 4.7.

l) Os planos de ação devem conter também o orçamento, que irá se somar ao orçamento da empresa.

m) Deve-se procurar uma **integração** entre o sistema de gerenciamento pelas diretrizes e o sistema de orçamentação o mais rapidamente possível. Essa integração é necessária porque, sendo o sistema de orçamentação já integrado na empresa, o sistema de gerenciamento pelas diretrizes não será considerado como algo a mais.

n) **Haverá um desses planos de ação para cada meta**, e cada chefe de seção deve preencher um documento com seus planos de ação e o cronograma para realizá-los, como mostra a FIG. 4.8.

o) Esses planos de ação mostram detalhadamente o que cada pessoa na organização deve fazer para que a meta de sobrevivência da empresa seja alcançada.

p) **Qualquer diretriz pode ser alterada a qualquer momento** quando se descobrir que é inadequada ou que algum fator externo importante sofreu mudanças.

q) Mais tarde, assim que o corpo gerencial adquirir prática e tiver seu gerenciamento da rotina do trabalho do dia a dia mais completo, podem ser utilizados **métodos mais abrangentes e precisos** para estabelecer as diretrizes dos gerentes.

Estágio 1: Prática de golpes faixa branca

\	QUADRO 4.2 Método para o estabelecimento do plano de ação
Método do planejamento	**Procedimento de cada etapa**
Preparação	A primeira reunião será preparada e coordenada pelo coordenador de GQT da organização. No dia da Reunião, preparar a sala e ter disponível papel *flip-chart*, caneta pincel atômico, papel *post-it* e fita crepe. Colocar na parede três folhas de papel *flip-chart* sobrepostas, como mostrado na FIG. 4.2, e fazer o desenho como indicado (diagrama de causa e efeito). Procurar identificar pessoas dentro ou fora de sua organização que entendam do problema ou que já tenham tido experiência no assunto. Convide-os para a reunião. Existe algum consultor especialista no problema? Contrate-o para esta reunião.
1. Conhecer a meta (conhecer o problema), fins	Estabelecer o item de controle. Montar um gráfico que mostre os resultados obtidos até o presente, o posicionamento da meta no gráfico e, se possível, o melhor valor que você conhece no mundo (*benchmark*). Fazer uma avaliação do que será ganho com o atingimento da meta. Explicar a todos a meta, os resultados obtidos até agora, o que se pode ganhar com a solução do problema. Promover uma discussão. É esse de fato o PROBLEMA? A meta está num bom valor? Após a discussão, escrever claramente a META no papel *flip-chart* sobre a parede. Escrever claramente o PROBLEMA dentro da caixa na cabeça do diagrama.
2. Analisar o fenômeno, fins	Levantar todas as informações possíveis sobre a meta (o problema) e preparar uma exposição aos presentes. Fazer uso do princípio de Pareto para priorizar. Se necessário, levar as pessoas ao local onde ocorre o problema. Promover a discussão. Por exemplo: No caso de filas, elas ocorrem mais de manhã, de tarde ou de noite? No começo da semana ou no fim? Nas férias escolares ou no período de aulas? Em dias de sol ou dias de chuva?
3. Analisar o processo, meios	Feito isso, estabelecer a pergunta a ser feita. Por exemplo, no caso das filas: "**por que ocorre excesso de fila, na parte inicial das manhãs das segundas e terças-feiras, durante o período de aulas?**". É evidente que, quanto mais bem feita for a análise do fenômeno, mais específica será a pergunta a ser feita e melhor será a análise de processo posterior a ser feita por todos. No caso da impossibilidade absoluta de fazer uma análise do fenômeno, logicamente a pergunta seria simplesmente: "**por que ocorrem filas?**". Distribuir papel *post-it* para todos e pedir-lhes para colocarem em cada folha uma causa do problema. Após uns 20 ou 30 minutos, recolher as folhas de papel *post-it* e ler uma a uma junto com o pessoal de forma que todos entendam a causa que está sendo lida e possam discuti-la. Juntar as causas iguais ou semelhantes e ir colando sobre as folhas de papel *flip-chart* separando, se possível, por tema (custo, equipamento, vendas, pessoal, etc.). Estabelecer agora as **causas prioritárias** por votação verbal entre os participantes. O coordenador da reunião lerá de novo cada causa remanescente no quadro e pedirá a cada participante da reunião para dar uma nota (5 = vital; 3 = importante; 1 = menos importante) em função da maneira como a causa afeta o problema que está sendo analisado. O coordenador anotará essas notas ao lado de cada causa e soma ao final da votação de cada causa.
4. Estabelecer as medidas (Estabelecer o plano), meios	Após a votação, o grupo escolherá as causas prioritárias, que vão corresponder a, aproximadamente, de três a cinco causas. Mesmo que uma causa não tenha sido bem votada, se algum participante da reunião quiser defendê-la, deve fazê-lo; se os outros participantes concordarem, a causa será incorporada às prioritárias. Feito isso, o coordenador da reunião pedirá ao grupo para estabelecer as **medidas** necessárias para eliminar cada causa prioritária. Cada medida deverá ser amplamente discutida pelo grupo, de forma que as medidas sejam as melhores que o grupo possa recomendar. Poderá haver uma ou mais medidas para cada causa. Definida a última medida, o coordenador da reunião agradecerá a todos os participantes e encerrará a reunião.

Plano de ação

Projeto: Redução do tempo de entrega de produtos
Meta: Reduzir o tempo de entrega para três dias até junho de 1997

Aprovado: **Página:**

Medida (What)	Responsável (Who)	Prazo (When)	Local (Where)	Razão (Why)	Procedimento (How)
1. Redimensionar o estoque de produtos	Sr. Souza	15/07/1997	Belo Horizonte	Para evitar a falta do produto	Fazer um levantamento das encomendas dos últimos dois anos e, através da estatística, determinar o estoque mínimo para uma confiabilidade de 95% de certeza de atendimento
2. Estabelecer um procedimento operacional padrão da distribuição	Srta. Ana	15/05/1997	São Paulo	Para reduzir o tempo e o custo da distribuição	Estabelecer o fluxograma atual, criticar em reunião com chefia e apoio técnico e estabelecer novo fluxograma simplificado
3. Estabelecer um sistema de comunicação rápida com a clientela	Sr. Calixto	30/06/1997	Porto Alegre	Para detectar as necessidades dos clientes de forma rápida	Contratar a Microsofitis Ltda., colocando um inspetor para acompanhar a implantação
4. Renovar os caminhões com mais de dez anos de uso	Sr. Demóstenes	25/01/1997	Salvador	Para reduzir a incidência de quebras com perda de tempo na distribuição	Realizar a especificação técnica do tipo de caminhão, estabelecer as bases da concorrência e publicar o edital
5. Estabelecer um sistema de definição do roteiro em função da programação da distribuição	Sra. Regina	15/06/1997	Rio de Janeiro	Para reduzir o tempo de atendimento, economizar tempo e combustível e utilizar melhor a frota	Utilizar o Software disponível no mercado

FIGURA 4.7 - Exemplo de um plano de ação

Gerência de vendas da região central (UGB)

Diretrizes do ano de 1997

Aprovado:

Diretriz do diretor comercial	Diretriz da gerência de vendas da região central	Referente ao objetivo gerencial	Referente ao valor	Referente ao prazo	Responsável	Cronograma J F M A M J J A S O N D
(1-6) Meta do diretor comercial: Aumentar o faturamento em 15% até dezembro de 1997		Faturamento Total	R$ 230 milhões	Dezembro de 1997		
...	(1-6-3) Meta: Expandir as vendas no setor de construção civil em 50%	Faturamento no setor de construção civil	R$ 36 milhões	Outubro de 1997		
	(1-6-3-1) Medida: Reduzir o tempo de entrega de produtos	Tempo de entrega	3 dias	Julho de 1997	Sr. Augusto	
	(1-6-3-2) Medida: Introduzir um monitoramento diário dos preços no mercado			Fevereiro de 1997	Sr. Souza	
...	(1-6-3-3) Medida: Visitar todas as empresas de construção civil	Número de empresas visitadas no mês	10	Agosto de 1997	Sr. Meirelles	

FIGURA 4.8 - Exemplo de disposição das diretrizes de um gerente

4.4.4 Como estabelecer os itens de controle e os itens de verificação

a) Durante o processo de desdobramento, são geradas várias metas. Cada **meta** equivale a um **item de controle**, como mostra esquematicamente a FIG. 4.5.

b) Um **item de controle** (que também poderia ser chamado de item de gerenciamento) deve ter os seguintes componentes:

- **Objetivo do gerenciamento** (o que se espera ao girar o PDCA neste item);
- **Nível do gerenciamento** (meta expressa numericamente);
- **Faixa do controle** (definição dos limites fora dos quais são necessárias análise e ação);
- **Ciclo do gerenciamento** (periodicidade de verificação dos resultados);
- **Ação gerencial** (o que cada pessoa deve fazer quando o item estiver fora da faixa de controle);
- **Documento de gerenciamento** (relatório de anomalias do gerenciamento pelas diretrizes, gráficos, tabelas, etc.);
- **Responsabilidade do gerenciamento** (quem é responsável pelo item de controle).

c) Na reunião de desdobramento, são também estabelecidas várias **medidas** para cada meta.

d) **Sobre cada uma dessas medidas é estabelecido um item de verificação**. Assim, cada item de controle gera alguns itens de verificação no desdobramento, como mostra a FIG. 4.9.

e) Portanto, existe um **relacionamento causa-efeito** entre os itens de controle (efeitos) e os itens de verificação (causas).

f) Assim, dentro de uma diretriz existem um item de controle e alguns itens de verificação. O item de controle e seus itens de verificação são chamados de **pontos de controle de uma diretriz**.

g) Em um sistema de informações gerenciais, é necessário que cada gerente tenha **acesso imediato a todos os seus pontos de controle**. Portanto, ele deve ter acesso aos seus itens de controle e aos itens de verificação correspondentes.

Estágio 1: Prática de golpes faixa branca

FIGURA 4.9 - Relacionamento entre itens de controle e itens de verificação

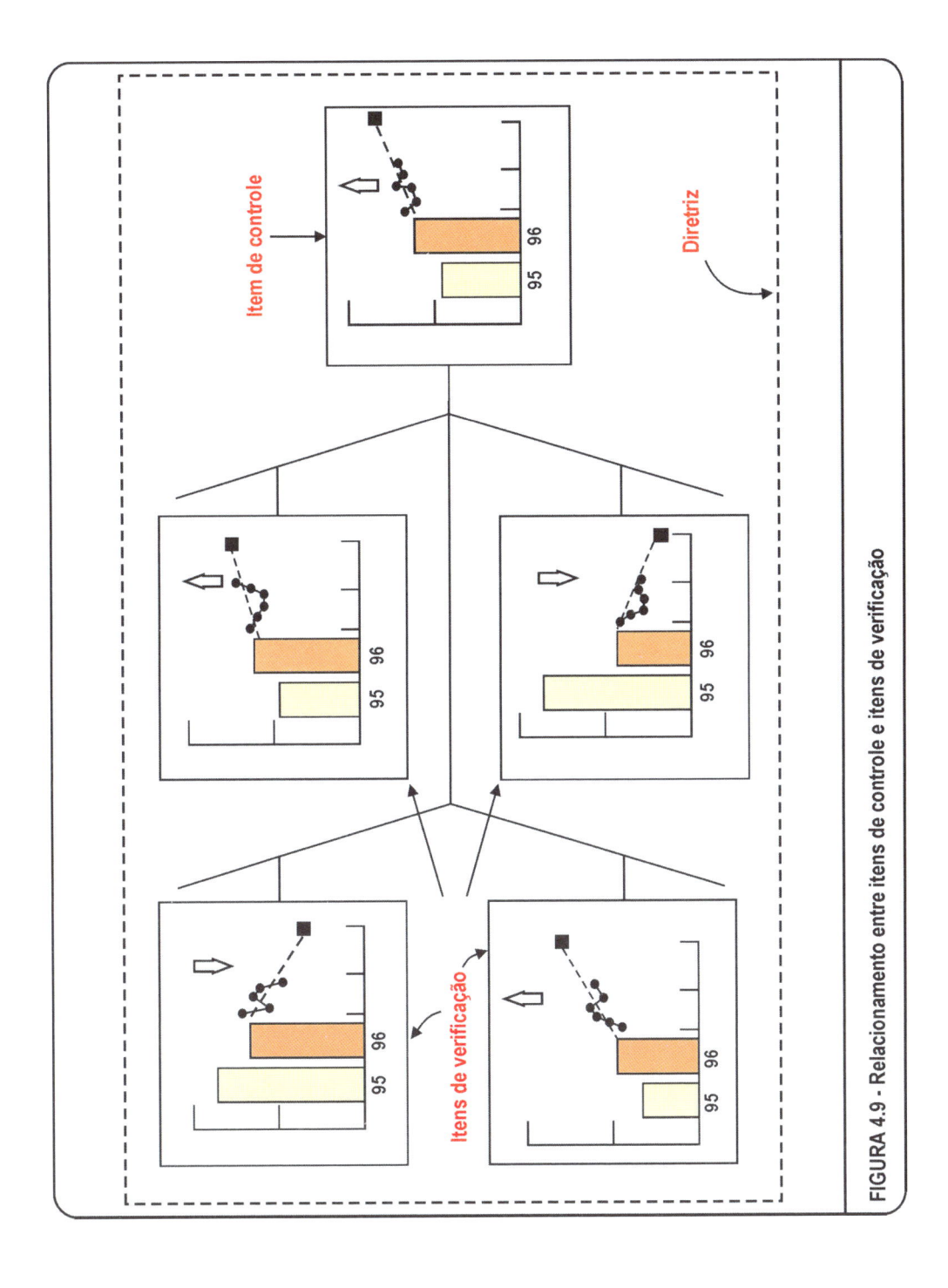

h) Esses itens de verificação também podem ser estabelecidos:

- **Em função do tempo** - Exemplo: Resultado semanal que irá influenciar o resultado trimestral;

- **Em função de tarefas** - Exemplo: Resultado de cada linha de produção que irá afetar o resultado da fábrica;

- **Em função da medida** - Exemplo: Controle do avanço de cada melhoramento para saber o efeito de cada um no resultado final.

i) Esses **itens de verificação** poderão ser **itens de controle** nos níveis hierárquicos mais baixos ou nos processos fornecedores.

j) Dessa maneira, todo ano é renovado, de forma descentralizada, o **sistema de informações gerenciais**.

k) Esse **sistema de informações gerenciais** é constituído dos itens de controle de todos os executivos da organização, que são de três tipos:

- Itens de controle estabelecidos exclusivamente durante o gerenciamento pelas diretrizes;

- Itens de controle estabelecidos durante o gerenciamento pelas diretrizes mas que já faziam parte dos itens de controle do gerenciamento da rotina do trabalho do dia a dia;

- Itens de controle estabelecidos exclusivamente para o gerenciamento da rotina do trabalho do dia a dia.

l) Esse sistema de informações gerenciais pode ainda incluir toda a documentação de gerenciamento, tais como relatórios de três gerações ou relatórios de anomalias, registros de treinamento, relatórios de diagnóstico, relatórios de reflexão anual, etc.

m) Hoje, com a facilidade cada vez maior de se utilizar o computador, várias empresas brasileiras têm desenvolvido *softwares* desses Sistemas de Informações Gerenciais. Esses *softwares* são muito importantes porque levam rapidamente a informação aonde ela é necessária.

n) É necessário preparar para cada gerente um **quadro de pontos de controle**, como mostra o Quadro 4.3.

o) Os gráficos desses pontos de controle, bem como os diagramas de barra de acompanhamento dos planos de ação referentes a cada item de controle, devem estar dispostos num **painel de controle**.

QUADRO 4.3
Exemplo de quadro de pontos de controle

Produto (ou função)	Item de controle	Unidade de medida	Prioridade (A,B,C)	Frequência	Método de controle	
					Quando atuar	Como atuar
Vendas	"Market share" do produto "X"	Porcentagem das vendas sobre total de vendas, de produto similar	A	1 vez/mês	Sempre que for inferior a 50%	Convocar reunião dos gerentes, vendedores da área e assistência técnica. Determinar causas e tomar ações.
	Etc.					

p) Esse painel de controle deve ser exposto no local de trabalho e faz parte da **gestão à vista**. Essa exposição, ao externar os pontos problemáticos, aumenta a consciência e a participação de todos.

4.5 Passo 5 - Como conduzir a execução das medidas

a) Chefias que são avaliadas somente pelos **resultados** prestam mais atenção aos resultados finais, negligenciando o **processo** que produz os resultados.

b) Para obter resultados favoráveis, o gerente deve **estar sempre atento** ao **processo** de atingir as metas, nos seguintes pontos:

- O que aconteceu de errado (fenômeno) - praticar a **análise de fenômeno**;

- Por que aconteceu errado (causa) - praticar a **análise de processo**.

Essa é a essência do **processo de reflexão gerencial**.

c) **Nunca fuja** das atividades de melhoria forçando essas atividades sobre membros de sua equipe.

d) Se a responsabilidade pelas melhorias é do chefe de seção (primeiro nível gerencial acima do supervisor), as atividades de melhoria têm que ser **lideradas pelo próprio chefe de seção**.

e) Mesmo que o diretor ou gerente tenha desdobrado suas diretrizes entre os membros de sua equipe, **ele continua sendo o responsável pelos resultados** (a responsabilidade é indelegável).

f) Quanto mais **competente** no método PDCA for a sua equipe, tanto para manter como para melhorar (SDCA e PDCA), melhores serão os resultados alcançados.

g) Garanta que sua equipe domina o **método** (SDCA e PDCA).

h) **A habilidade em solução de problemas é a condição mais importante** no gerenciamento pelas diretrizes.

i) O gerente (acima do chefe de seção) também deve **liderar** atividades de melhoria.

j) Caso ocorram projetos que atinjam várias seções, ele deve assumir o papel de **líder de projeto interdepartamental** ou nomear um líder de projeto.

k) A **tarefa crítica de qualquer gerente** em qualquer nível é tomar providências para que as atividades de melhoria, constantes dos planos de ação, efetivamente ocorram, ajudando a equipe e buscando os recursos necessários.

4.6 Passo 6 - Como verificar o atingimento das metas

4.6.1 Por que verificar o atingimento das metas

a) **Se o planejamento fosse perfeito**, as ações constantes do plano de ação deveriam ser suficientes para atingir a meta. Se isso fosse sempre verdade, **não haveria necessidade de verificar o atingimento das metas**.

b) **Nem sempre é possível prever todas as ações necessárias**, prioritárias e suficientes para atingir a meta, por melhor que seja a capacidade de planejamento da equipe.

c) Por essa razão, **é necessário verificar continuamente** os itens de controle, para se certificar de que a meta está sendo atingida.

d) Caso o item de controle indique que a meta não está sendo atingida, é sinal de que podem existir **outros fatores importantes** no processo, que afetam o resultado desejado e que não foram considerados. Esses fatores **precisam ser encontrados através da análise de processo**.

e) É por isso que se diz que os processos de uma empresa são gerenciados **através dos itens de controle**. Sua função é **sinalizar a necessidade de nova análise para identificar as causas** do não atingimento da meta. Gerenciar é atuar nessas causas.

4.6.2 Como localizar os desvios da meta

a) O **acompanhamento** do gerenciamento pelas diretrizes é feito levando-se em conta:

- A situação de **atingimento das metas**;
- A situação de **execução das medidas** constantes dos planos de ação.

b) É importante que se faça uma boa identificação do efeito da execução de cada medida sobre o resultado alcançado, como mostra a FIG. 4.10.

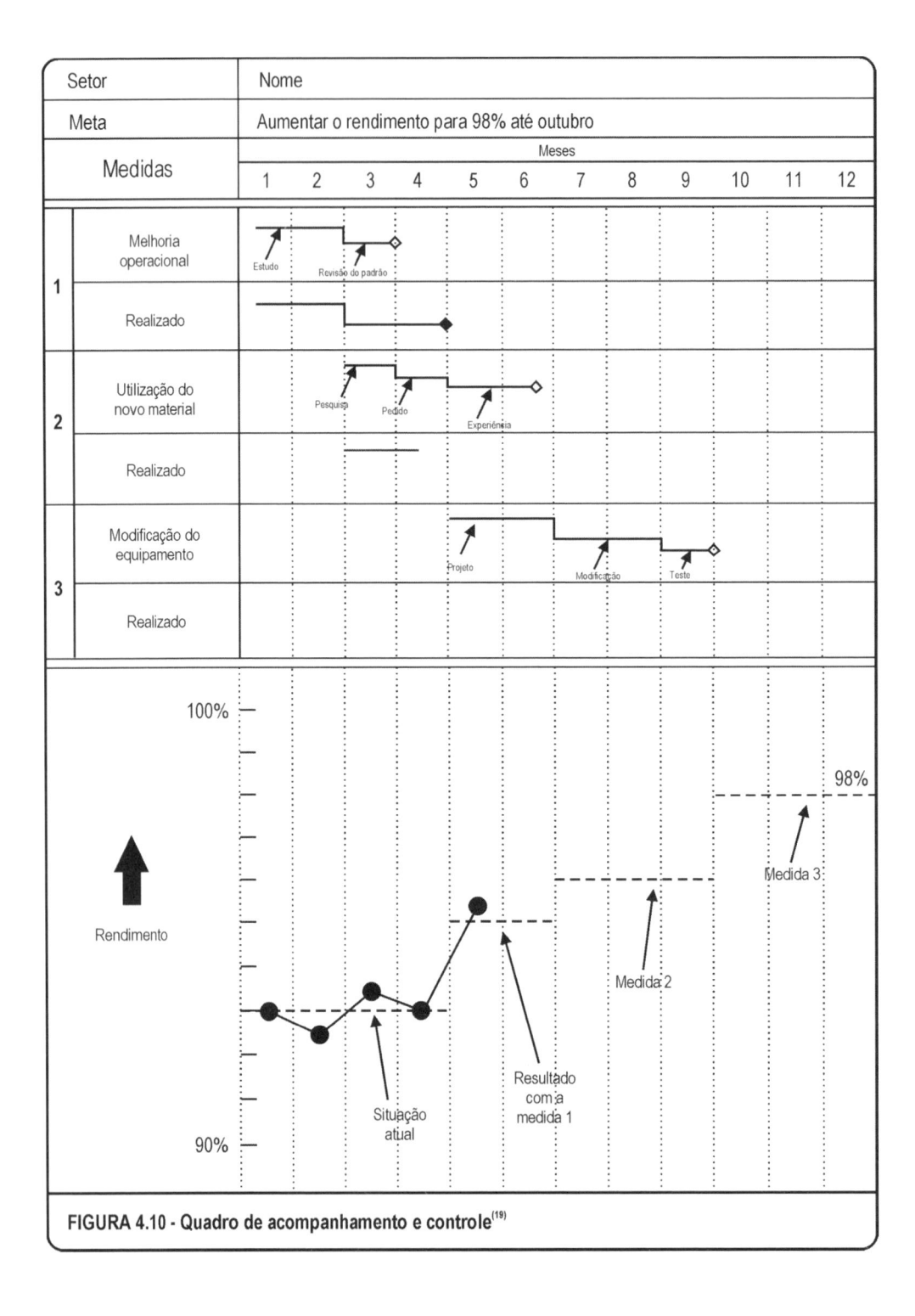

Setor	Nome											
Meta	Aumentar o rendimento para 98% até outubro											
Medidas	Meses											
	1	2	3	4	5	6	7	8	9	10	11	12

1	Melhoria operacional	Estudo — Revisão do padrão
	Realizado	
2	Utilização do novo material	Pesquisa — Pedido — Experiência
	Realizado	
3	Modificação do equipamento	Projeto — Modificação — Teste
	Realizado	

FIGURA 4.10 - Quadro de acompanhamento e controle[19]

c) No gerenciamento pelas diretrizes, uma **anomalia** é uma meta não atingida, como mostra a FIG. 4.11.

d) A questão é: **em que circunstância deve-se atuar corretivamente?** Muitas vezes, um resultado que não atinge a meta é apenas uma variação ocasional do processo. No mês seguinte, mesmo sem nada adicional ter sido feito, a situação pode voltar às condições do plano.

e) Se o item de controle que está sendo acompanhado possui os **limites estatísticos de controle** já avaliados, então adota-se esses limites como critério de tomada de ação.

f) Se não, adota-se uma regra prática de admitir uma **tolerância de 5 ou 10%** de variação do **valor absoluto mensal**, como mostra a FIG. 4.11.

g) Por exemplo (tomando-se o caso de 10%): se a meta é reduzir o índice de refugo para 500 ppm em julho, a faixa de tolerância vai de 450 a 550 ppm. **Dentro dessa faixa, abaixo ou acima da linha meta, o resultado é considerado de acordo com o planejado e não exige nenhuma ação adicional.**

h) Quando o valor mensal está fora da faixa de valores admissíveis, então deve ser tomada uma ação corretiva sobre o **desvio**, seja ele positivo, seja negativo.

i) Em gráficos de valores acumulados, deve-se observar que a tolerância é admitida sobre o valor absoluto mensal, e não sobre o valor acumulado.

4.6.3 Como atuar nas anomalias

a) Acompanhando pela FIG. 4.12, observa-se que até o mês de julho ia **tudo bem; nesse caso, basta mostrar o resultado** do item de controle e o progresso do plano durante a reunião de acompanhamento.

b) No mês de agosto, houve uma **anomalia** no item de controle do chefe de seção (A). Tanto o chefe de seção (B) quanto o chefe de departamento não acusaram anomalias em seus itens de controle. **Nesse caso, cabe ao chefe de seção (A), após avisar ao chefe de departamento, analisar essa anomalia, encontrar a causa do desvio, atuar e fazer o relatório.** Este chefe de seção poderá pedir ajuda à assessoria técnica nessa análise.

c) Acompanhando ainda a FIG. 4.12, observa-se que ocorreram **anomalias** em outubro com os dois chefes de seção, cujo efeito se refletiu no resultado do chefe de departamento.

d) Naturalmente, os dois chefes de seção devem avisar ao chefe de departamento e proceder à análise, atuar sobre a causa do desvio e apresentar um relatório. **Nesse caso, o chefe de departamento também participará da tomada de ação, orientando seus colaboradores na análise e ação.**

Gerenciamento pelas diretrizes

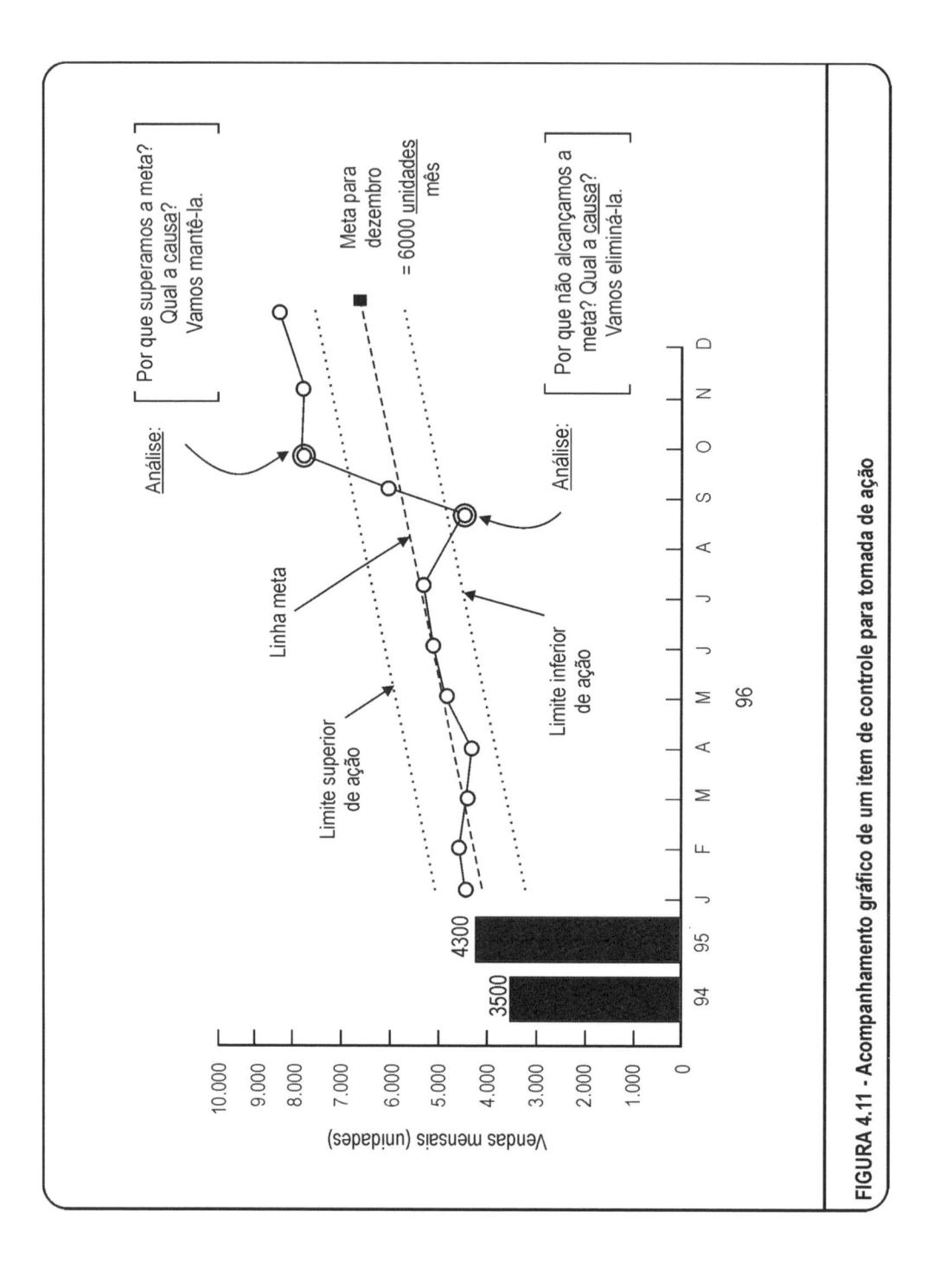

FIGURA 4.11 - Acompanhamento gráfico de um item de controle para tomada de ação

Estágio 1: Prática de golpes faixa branca

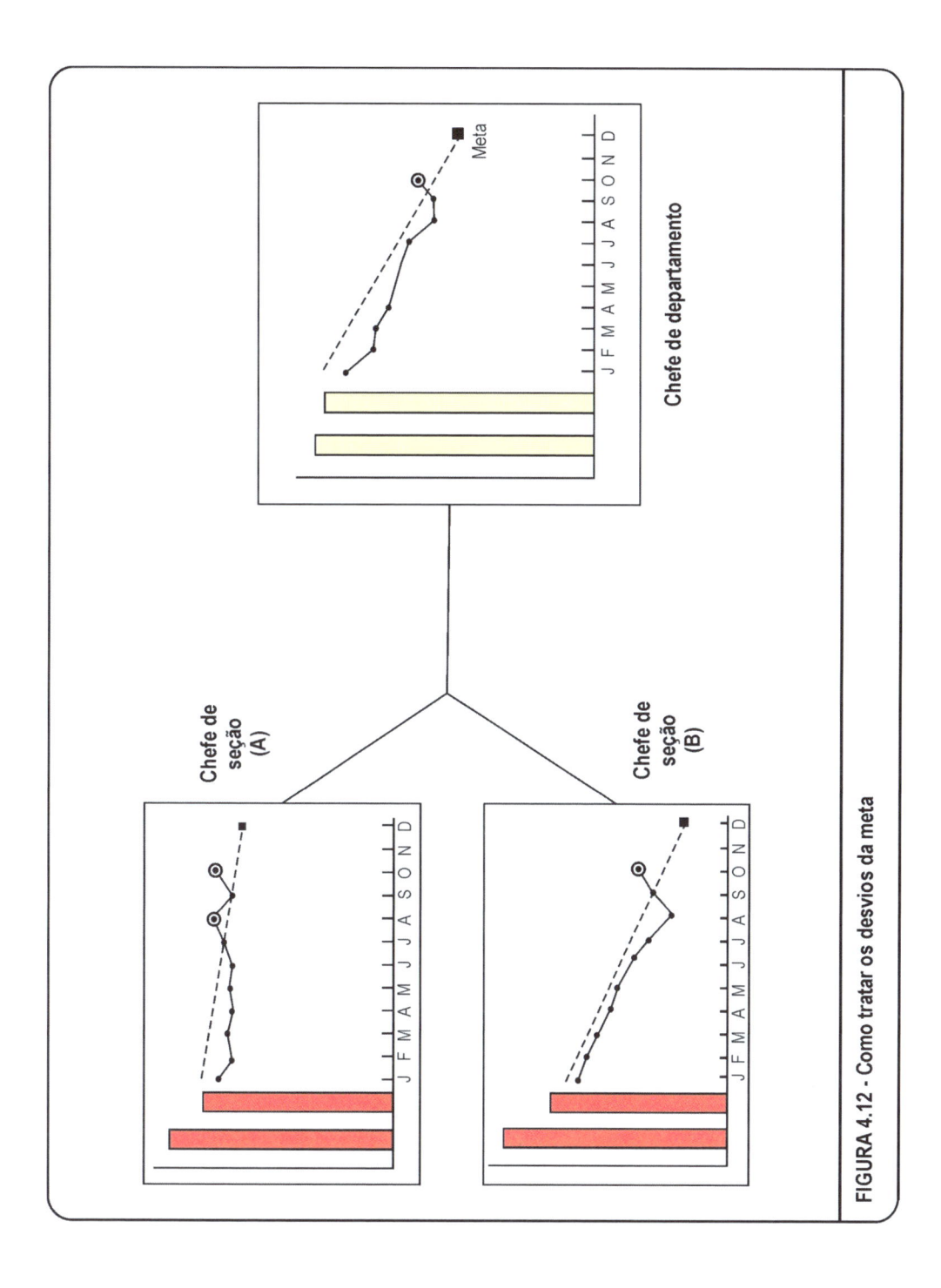

FIGURA 4.12 - Como tratar os desvios da meta

e) Deve-se **respeitar a delegação de autoridade,** que inclui a busca da causa do **desvio**. Caberá ao chefe de departamento apenas orientar no método de atuação.

f) O ponto importante a ser guardado é que **o item de controle é utilizado para girar o PDCA** (ou seja, gerenciar), e não apenas para cobrar os resultados e dar bronca em caso de desvio.

g) O **desvio** entre o valor atingido e o valor objetivado deve ser **analisado**, para determinar a sua causa. **Essa análise deve ser feita utilizando-se a estatística para tratar os dados.**

h) Ao perceber que o seu plano de ação não vai proporcionar o resultado desejado, o gerente sabe que vai ter que reforçar o plano ou fazer outro. Isso significa que foi feito um plano de ação (P), esse plano foi executado (D), o resultado foi verificado (C) e, não tendo sido atingido o resultado esperado, será necessário dar outro giro no PDCA (A).

i) **A cada giro do PDCA**, o gerente deve, outra vez, reunir o máximo de informações sobre o tema, convocar o grupo e conduzir uma análise. Nessa reunião, ele pergunta: **por que não está dando certo?** e reinicia todo o processo de análise, até que tenha um outro plano de ação.

j) Ele vai, então, mostrar as medidas do seu plano anterior, bem como o que foi feito em cada medida, a situação atual do item de controle relativo à sua meta, e procurar com sua equipe as causas do não atingimento de sua meta, estabelecendo as medidas (plano de ação) propostas para eliminar aquelas causas, para que a meta possa ainda ser atingida.

k) Esse esforço deve ser registrado num relatório, como mostrado na FIG. 4.13 (esse **relatório de anomalias** também pode ser chamado de relatório das três gerações).

l) **Lembre-se de que um plano de ação nada mais é do que uma proposta de alteração de um procedimento operacional padrão**. Se deu certo, padronize. Se não deu, faça outra proposta (outro plano de ação).

m) **Essa análise é importante por duas razões**:

- **Entender o efeito de cada medida** no resultado alcançado e como tomar as ações corretivas;
- **Planejar o futuro** com base nessas informações. Isso é a base do relatório de reflexão que, por sua vez, é a base do planejamento da empresa.

Estágio 1: Prática de golpes faixa branca

Relatório de anomalias (Gerenciamento pelas diretrizes)				
Departamento de Operações	**Data:** 14/03/96			**Responsável:** Sr. Augusto de Souza
Meta: Aumentar a tonelagem de carga transportada em 20% sem aumentar o número de caminhões				
Situação atual: Valor da meta para janeiro: 22000 ton Limite de aceitação : 21000 ton Resultado atual :19000 ton				
Medidas do plano		**Situação atual de execução**		
1. Conduzir treinamento de motoristas 2. Conduzir treinamento de mecânicos 3. Instalar esteira móvel para carregamento 4. Instalar novo socorro ambulante por rota		1. Treinamento realizado 2. Treinamento realizado 3. Esteira instalada 4. Socorro ambulante já funcionando		
Análise				
Baixa tonelagem transportada → Excesso de tempo parado por quebra; Muita fila de caminhões na oficina; Cabine desconfortável; Falta peça no almoxarifado da oficina; Baixo tempo de resposta no socorro; Péssimas condições da rodovia; Elevado tempo de tramitação de papéis; Localização indevida da oficina; Falta telefone nos pontos de carregamento				
Causas prováveis	**Contramedidas adicionais**		**Respons.**	**Prazo**
1. Muita fila de caminhões na oficina 2. Falta peça no almoxarifado da oficina	1. Estabelecer programação de manutenção preventiva 2. Redimensionar o estoque de peças		Almeida Castro	10/8 12/9
FIGURA 4.13 - Exemplo de um relatório de anomalias do gerenciamento pelas diretrizes (caso imaginado)				

n) **Essa análise é crítica** no gerenciamento pelas diretrizes, pois é importante saber as razões tanto do sucesso quanto do fracasso. Somente assim é possível aprender a gerenciar melhor.

o) **Deve ser estabelecido um procedimento operacional padrão para tratamento destas anomalias.**

4.6.4 Como documentar o processo de verificação

a) No processo de verificação do gerenciamento pelas diretrizes, são indispensáveis alguns documentos. Exemplo:

- **Planos de ação**;

- **Gráficos de controle** do resultado (meta);

- **Gráficos de barra** (para o controle da situação de implementação do plano);

- **Relatórios de anomalias** (ou relatórios de três gerações, que devem incluir fatos, causas e contramedidas).

b) Esses documentos devem **começar bem simples**, para que as pessoas possam se acostumar com eles. Com o tempo, poderão ser cada vez mais completos.

c) O **conteúdo desses documentos** deve ser planejado com antecedência pelo escritório da GQT, iniciando-se pela listagem dos itens. Exemplo:

- Nome do elaborador;

- Nome de quem promove a sua circulação;

- Nome de quem aprova;

- Lista de circulação;

- Data de elaboração;

- Data de correção;

- Diretriz do cargo de nível superior;

- As metas e seus itens de controle;

- Lista das medidas e seus itens de verificação;

- Listagem dos limites de controle (valor da meta + limite de ação);

- Frequência de verificação dos itens de controle e dos itens de verificação;

- Formas de ação a serem tomadas contra as anomalias;
- Materiais de controle (gráficos, tabelas, etc.);
- Cronogramas;
- Observações.

d) Cada empresa terá seus próprios documentos para atender as suas necessidades. Alguns poderão estar contidos no **sistema de informações gerenciais** da organização e informatizados, outros estarão no papel.

e) Nós, brasileiros, somos muito informais, resistimos à documentação, que chamamos de burocracia. Se isso ocorresse, e nossas organizações fossem as mais competitivas do mundo e o nosso povo muito rico, seria ótimo. Não sendo o caso, vamos nos profissionalizar e documentar o nosso processo gerencial, assumindo cada um as suas responsabilidades **por escrito**.

f) Esses documentos devem ser padronizados em nível corporativo.

4.6.5 Como conduzir as reuniões de acompanhamento

a) São necessárias **reuniões periódicas de acompanhamento** em todos os níveis hierárquicos.

b) O coordenador da GQT deve fazer um **cronograma** para realização dessas reuniões, para que elas aconteçam na sequência de baixo para cima (um diretor só deve se reunir com seus gerentes depois que eles tiverem se reunido com suas equipes).

c) Cada gerente da organização deve reunir-se com seus chefes de seção (unidade gerencial básica ou primeiro nível gerencial acima de supervisor) **uma vez por mês, para acompanhar o andamento dos planos** e analisar, em conjunto, os relatórios de três gerações.

d) Muito embora haja um acompanhamento contínuo do processo de melhoria, deve ser feita uma reunião mensal por três motivos principais:

- **Ação** - confirmar as ações efetivadas (contramedidas) imediatamente após a ocorrência do desvio;
- **Comunicação** - manter uma boa comunicação entre os diversos níveis hierárquicos;
- **Reflexão** - registrar, analisar e discutir as ocorrências para que possa ser feita uma melhor reflexão de todo o processo.

e) Essas reuniões devem ser, num primeiro momento, organizadas pelo coordenador da GQT, pois **cada participante deve apresentar seus resultados ruins** seguindo-se o formato do PDCA *(QC Story)*, na sequência:

- A sua **meta**;
- O **problema** que está sendo abordado;
- O **plano de ação** proposto;
- A **situação de implementação** do plano de ação;
- Os **resultados** obtidos até o momento;
- A **análise** feita devido ao não atingimento ou superação da meta, bem como as causas encontradas;
- O **novo plano de ação** para garantir o atingimento das metas.

Repare o leitor que esse é o formato de um relatório de anomalias ou relatório das três gerações, como mostrado na FIG. 4.13.

f) Para essa reunião, são necessários no mínimo dois tipos de registro:

- Um **gráfico do item de controle**, para verificar o alcance da meta, mostrando a relação entre o desempenho atual e a meta e entre o desempenho atual e as medidas já implementadas; para verificar os critérios de tomada de ação; para confirmar os efeitos das ações corretivas sobre os desvios, etc.;
- Um **relatório gráfico de progresso do plano de ação**, para que o processo em cada medida possa ser visto e os atrasos possam ser visualizados claramente.

g) Da mesma forma, deve haver reuniões periódicas entre os gerentes e os diretores (uma vez a cada trimestre) e entre os diretores e o presidente (uma vez a cada semestre), para o acompanhamento das diretrizes.

h) Nessas reuniões, cada pessoa deve apresentar as suas metas (focalizando os resultados ruins) e responder a perguntas (cada apresentador deve levar dados suficientes para dar suporte às suas respostas).

i) A **atitude do gerente** não deve ser a de ficar apenas comodamente cobrando resultados. Ele deve assumir a sua responsabilidade e **ajudar o seu colaborador que está tendo dificuldades para atingir a meta**.

4.7 Passo 7 - Como conduzir o diagnóstico das diretrizes

4.7.1 Conceito de diagnóstico

a) O **diagnóstico** se assemelha ao trabalho de um médico ao procurar **constatar os sintomas** de um doente e **localizar as causas** desses sintomas para subsequente tratamento.

b) Existem vários **tipos de diagnóstico**:

- Diagnóstico realizado pelo presidente;
- Diagnóstico realizado por outros membros da alta administração;
- Diagnóstico interno (dentro de um mesmo departamento);
- Diagnóstico mútuo (de um departamento pelo outro);
- Diagnóstico externo (realizado por um consultor);
- Diagnóstico de fornecedores, etc.

c) Neste texto será tratado apenas o diagnóstico realizado pelo presidente.

d) O diagnóstico feito pelo presidente no local de trabalho é conduzido em princípio para que o presidente possa **verificar o nível de atingimento das metas decorrentes da diretriz do presidente e se o gerenciamento pelas diretrizes está sendo promovido de forma efetiva.**

4.7.2 Objetivos e consequências do diagnóstico do presidente

a) Existem três **objetivos** no diagnóstico do presidente:

- Verificar o nível de atingimento das metas relativas ao gerenciamento pelas Diretrizes;
- Melhorar a comunicação entre a diretoria e a sua equipe gerencial;
- Perceber as dificuldades enfrentadas por sua equipe gerencial.

b) Como o diagnóstico do presidente ocorre no final do ano, seu **principal interesse** será verificar o **nível de cumprimento das metas** pela unidade que está sendo visitada.

c) Nesse diagnóstico será dada **ênfase à observação da utilização correta, pela unidade, dos métodos da GQT** para atingir as metas e solucionar os problemas.

d) Durante o processo de diagnóstico, a alta administração deve procurar **melhorar a comunicação com sua equipe gerencial**, compartilhando sua visão do negócio, a realidade administrativa da organização, as ameaças contingenciais, etc.

e) A ocasião do diagnóstico oferece à alta administração a oportunidade de **perceber as dificuldades enfrentadas por sua equipe gerencial**, para permitir, de sua parte, a adoção de medidas que possam ajudá-la.

f) O preparo e condução do diagnóstico do presidente apresentam um grande desafio, não só ao escritório da GQT mas também aos locais visitados, trazendo muitas **consequências positivas**:

- Promoção do alcance das metas;
- Difusão da prática dos métodos da GQT;
- Elevação da capacidade de solução de problemas da equipe gerencial;
- Promoção do estudo da GQT por parte da alta administração, etc.

g) Se os diagnósticos forem promovidos todos os anos de forma sistemática, cada chefe, ao estabelecer suas diretrizes, pensará no diagnóstico (e na presença da alta administração), e isso o levará naturalmente a procurar **estabelecer metas e medidas mais concretas**.

h) Para que isso possa de fato ocorrer, é imperioso aumentar a **capacidade de análise** da equipe gerencial e de seu *staff*, para que os problemas (diferença entre resultados atuais e resultados que precisam ser atingidos para vencer a concorrência) da unidade possam ser conhecidos, e as medidas necessárias para resolvê-los serem bem estabelecidas.

i) Para aumentar a capacidade de análise, é necessário dominar o PDCA e as **ferramentas básicas de análise**.[17, 20, 26]

j) O aumento dessa capacidade de análise se dá ao longo dos anos. Parece não haver uma solução muito mais rápida para isso. A elevação dessa capacidade de análise é o próprio **aumento da capacidade de solução de problemas da equipe gerencial**.

k) Como é de qualquer tipo de diagnóstico a etapa **C** do PDCA do gerenciamento pelas diretrizes, o giro desse ciclo, ano após ano, irá propiciar à equipe gerencial uma crescente competência em analisar as diferenças entre o resultado atual e as metas estabelecidas, em estabelecer as próprias metas e em definir as medidas mais apropriadas para atingir essas metas.

l) Durante a sessão de diagnóstico, os membros da alta administração deverão fazer perguntas para verificar se os **métodos da GQT** estão sendo corretamente aplicados.

m) Um membro da alta administração poderá perguntar, por exemplo:

— Os arranhões na pintura têm sido o principal motivo de refugo nos últimos 5 meses. O que tem sido feito para combatê-los?

n) A resposta poderia ser:

— Já foi feita a identificação da causa, e a contramedida foi tomada na semana passada.

Nesse caso, a alta administração poderá perceber que não está havendo boa compreensão da GQT. Deverá então fazer recomendações de aprofundamento da abordagem.

o) No entanto, se a resposta for:

— Foi feita a identificação da causa, a contramedida foi tomada, o procedimento operacional padrão foi alterado, e houve o treinamento no trabalho. Além disso, foi estabelecido um item de controle, e o resultado está sendo acompanhado numa carta de controle.

Nesse caso, a alta administração perceberá que o nível de entendimento é muito elevado.

p) Isso significa que, num diagnóstico, se analisa o **processo** de resolver os problemas reais da empresa. Essa é a **ocasião de aprender de fato os métodos da GQT**. Portanto, o diagnóstico não é uma oportunidade para a busca aleatória de falhas e nem para fazer pressão sobre a equipe gerencial.

q) O diagnóstico é a oportunidade ideal para se transmitir de forma prática aos diretores, gerentes, chefias e *staff*, os métodos da GQT.

r) Os membros da alta administração, ao se preparar para o diagnóstico, devem ter suas perguntas prontas. Duas são as preocupações:

- Que tipo de perguntas fazer?
- Em que ordem se deve fazer as perguntas?

s) Para que boas perguntas sejam feitas e boas conclusões possam ocorrer, é necessário que os membros da alta administração entendam os métodos da GQT e tenham a experiência de tê-los aplicado. Assim, **é necessário que o diagnosticador estude mais que o diagnosticado.**

t) Como nos primeiros anos o conhecimento e a experiência em GQT por parte das pessoas da organização ainda são baixos, sugere-se contratar um consultor para:

- Ajudar o coordenador da GQT a preparar o diagnóstico (inclusive a preparar as perguntas a serem feitas pelos diagnosticadores);

- Presenciar o diagnóstico (sem perguntar ou opinar), emitindo um relatório final para o coordenador da GQT com comentários e sugestões de melhorias. Os diretores devem ler esse relatório.

4.7.3 Organização do diagnóstico do gerenciamento pelas diretrizes

a) A organização e condução do diagnóstico do gerenciamento pelas diretrizes são um processo que deve ser gerenciado (SDCA e PDCA). Portanto, é necessário estabelecer um **sistema de diagnóstico das diretrizes**.

b) Esse sistema tem um fluxograma similar ao da FIG. 4.14.

c) O coordenador da GQT é o responsável por estabelecer esse sistema e gerenciá-lo (no sentido de manter e melhorar) através do PDCA.

d) Os itens seguintes seguem o fluxograma da FIG. 4.14, explicando cada uma de suas partes.

4.7.3.1 Programação anual dos diagnósticos

a) A **programação anual dos diagnósticos** para toda organização é feita pelo coordenador da GQT, analisando quais setores serão diagnosticados, quando diagnosticar e quais diretores deverão participar.

b) Além do presidente, que é a pessoa central do diagnóstico, **participam outros dois ou três membros da diretoria**. Na **escolha dessas pessoas**, é conveniente atentar para alguns detalhes:

Estágio 1: Prática de golpes faixa branca

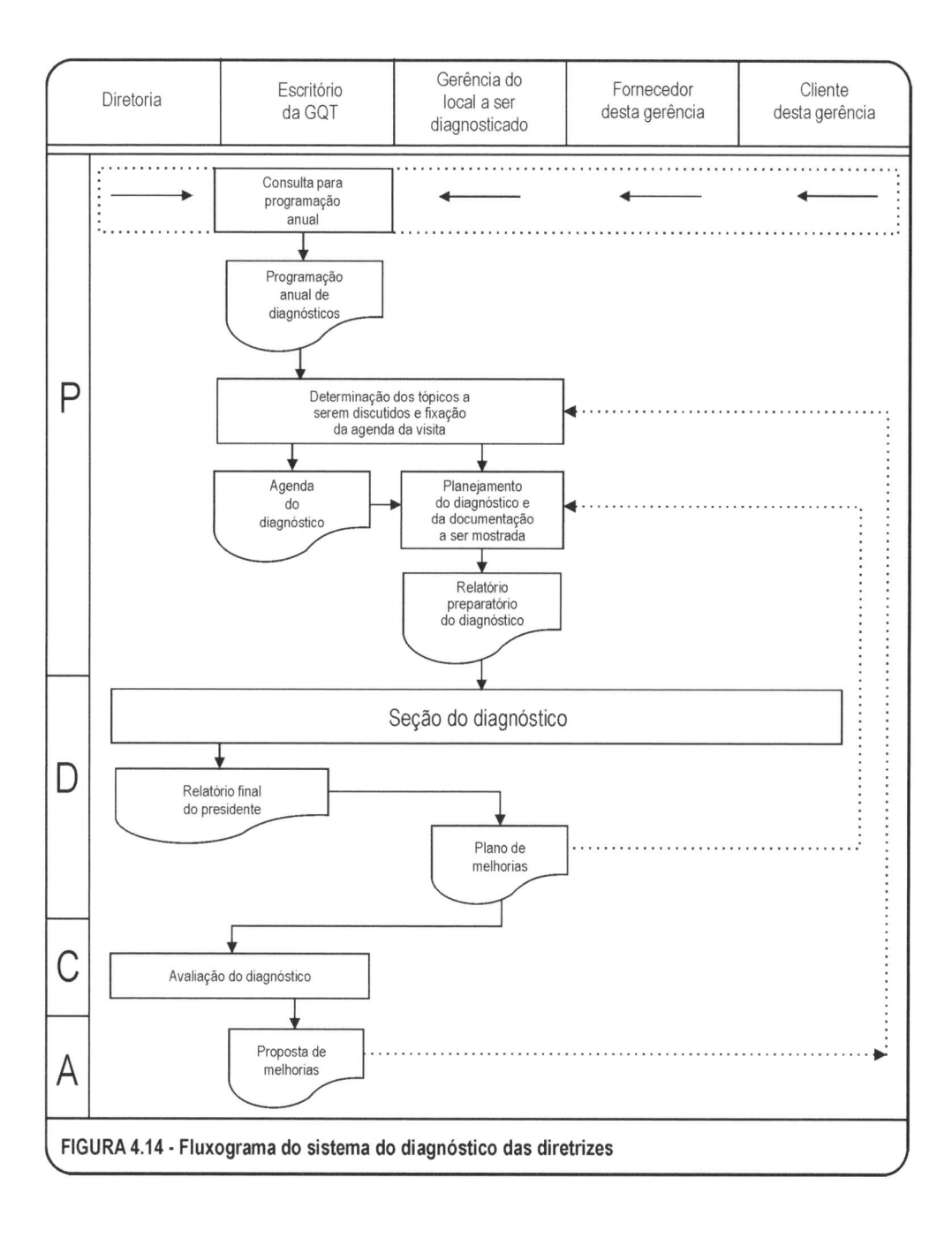

FIGURA 4.14 - Fluxograma do sistema do diagnóstico das diretrizes

- Deve-se sempre misturar pessoas da área técnica com pessoas da área administrativa. O fato de o diagnóstico ser na fábrica não justifica incluir apenas pessoas da área técnica;

- Pelo menos uma dessas pessoas deve ter participado do diagnóstico desse mesmo setor no ano anterior. As outras, de preferência, devem ser pessoas que tenham diagnosticado outros setores no ano anterior. Nunca se deve incluir alguma pessoa que tenha efetivamente trabalhado no ano anterior no setor que está sendo diagnosticado;

- Na composição do grupo de diretores, deve-se associar aqueles que conhecem bem os métodos com aqueles que não conhecem, aqueles que são entusiastas com a GQT com aqueles que resistem, etc.

c) As datas dos diagnósticos devem ser marcadas segundo a conveniência do presidente, mas, sempre que possível, deve-se discutir com as partes interessadas. A FIG.4.15 mostra um exemplo de um programa anual de diagnósticos.

d) Essa programação deve ser feita para que **todos os diagnósticos do presidente estejam terminados três meses antes do término do ano**. Isso é necessário para que os resultados do diagnóstico se façam refletir no estabelecimento das diretrizes do próximo ano.

e) Uma vez terminada, a programação anual de diagnósticos deverá ser distribuída a todos os setores interessados, logo após ser aprovada em reunião de diretoria. A simples distribuição dessa programação já provoca uma aceleração na implementação das medidas e alcance das metas.

4.7.3.2 Escolha do tema

a) Não é necessário que a área a ser diagnosticada organize material informativo sobre todas as atividades de melhorias que estão sendo conduzidas; basta fazê-lo para um **tema prioritário**.

b) Normalmente, esses temas prioritários são escolhidos entre as prioridades do setor. No entanto, quando há **alterações nas diretrizes** por motivos contingenciais, os temas prioritários são escolhidos entre esses, na maioria das vezes.

c) O escritório da GQT deve examinar as propostas de temas prioritários apresentados, verificar sua **adequação com as diretrizes do presidente e com as prioridades da organização**, concluindo sobre sua adequação como tema prioritário para aquele setor.

d) Caso o tema escolhido como prioritário pelo setor não esteja adequado, o escritório da GQT deverá **negociar** com o gerente do setor a sua alteração.

Estágio 1: Prática de golpes faixa branca

Empresa X S.A	Programa anual de diagnósticos	Escritório Central da GQT
		Aprovado em ___/___/___

Legenda:
◯ - Diagnosticador presente este ano
● - Diagnosticador presente ano passado

Número	Unidades a serem diagnosticadas	Data	Presidente	Dir. financeiro	Dir. superintend.	Dir. superintend.	Dir. superintend.	Dir. administ.	Dir. logística	Superint. operações	Superint. operações	Superint. operações	Total de diagnosticadores por diagnóstico
1	Superintendência geral de produção	8/9 (Sexta)	◯	●◯			●	●	◯	●	●◯	◯	4
2	Superintendência técnica	12/9 (Terça)	●◯			●	◯	◯		◯	●	●	4
3	Superintendência de logística	19/9 (Terça)	●◯	●	●◯	◯	●		●◯	●			4
4	Fábrica	22/9 (Sexta)	●◯	◯	◯	◯	◯	◯	●				4
5	Setor administrativo	25/9 (Segunda)	◯	◯	●	◯	●◯	●◯	●◯	●	◯	●◯	5
6	Setor de assistência técnica	28/9 (Quinta)	●◯	●	●			●◯	●		◯		4
Total de dias por diagnosticador			5	3	2	2	2	3	2	2	2	2	

FIGURA 4.15 - Exemplo de programa anual de diagnósticos

4.7.3.3 Elaboração da agenda

a) **A agenda do diagnóstico do presidente** deve ser apresentada pelo gerente da unidade a ser visitada até duas semanas antes do evento.

b) Essa agenda pode ter o **conteúdo** sugerido no Quadro 4.4.

c) No preparo da agenda deve-se tomar o cuidado de reservar 2 a 3 **tempos de debate** para cada tempo de explanação.

d) Se o local para realização do diagnóstico tiver instalações onde trabalhem pessoas, devem ser reservados 60 a 90 minutos para uma **visita do presidente à área**.

e) O escritório central da GQT deverá **verificar a agenda** de acordo com os princípios descritos e fazer os acertos finais com o facilitador da GQT local.

4.7.3.4 Relatório preparatório do diagnóstico

a) O setor a ser diagnosticado deverá fazer um **relatório preparatório do diagnóstico**, que servirá para que os diagnosticadores, inclusive o presidente, se preparem para as perguntas.

b) Esse relatório preparatório do diagnóstico deverá conter:

- Uma **ata** do diagnóstico realizado no ano anterior destacando os itens apontados e que foram realizados.

- O **tema prioritário** apresentado na ordem do PDCA (QC Story), ou seja:

  - A sua **meta**;

  - O **problema** que está sendo abordado;

  - Um sumário da **análise** conduzida;

  - O **plano de ação** proposto;

  - A **situação** de implementação do plano de ação;

  - Os **resultados** obtidos até o momento do diagnóstico;

  - As **causas** do não atingimento da meta e as **contramedidas** para a eliminação destas causas;

  - Os **problemas** remanescentes e novas medidas que estão sendo consideradas.

QUADRO 4.4
Agenda do diagnóstico do presidente

Empresa "X" S.A.	Agenda do diagnóstico	Setor da GQT da Fábrica Aprovado em __/__/__ Distribuído em __/__/__
Dia: 19/09/1997 (sexta-feira) Horário: 9:00 - 16:00 Local: Auditório da fábrica		Tema prioritário do ano - "Aumento do Market-Share pelo domínio da qualidade." Subtemas: 1. Melhoria da qualidade de conformidade 2. Desenvolvimento de novo produto

Horário	Conteúdo	Responsável
9:00 - 9:03	**Abertura do diagnóstico**	Chefe da fábrica
9:03 - 9:18	Palavras do presidente	Presidente
9:18 - 9:28	Situação atual em relação ao diagnóstico do ano anterior	Gerente de produção
9:28 - 9:40	**Perguntas e respostas**	
9:40 - 9:48	Melhorias no fornecimento	Gerente de compras
9:48 - 9:56	Melhorias na estampagem	Gerente da estampagem
9:56 - 10:04	Melhorias na pintura	Gerente da pintura
10:04 - 11:00	**Perguntas e respostas**	
11:00 - 11:15	< Intervalo >	
11:15 - 11:23	Melhorias na montagem de componentes	Ger. de componentes
11:23 - 11:31	Melhorias na montagem final	Ger. de montagens
11:31 - 11:39	Melhorias na inspeção e expedição	Ger. de expedição
11:39 - 12:30	**Perguntas e respostas**	
12:30 - 13:30	< Intervalo >	
13:30 - 13:35	Locomoção até a fábrica	
13:35 - 14:35	Visita à fábrica (a) Apresentação da nova tecnologia de processo. (b) Demonstração do teste de fabricação. (c) Apresentação dos preparativos para produção. (d) Demonstração dos novos materiais utilizados.	Chefe da fábrica e Gerente técnico
14:35 - 14:40	Locomoção até o Auditório	
14:40 - 14:55	< Intervalo >	
14:55 - 15:03	Situação geral do desenvolvimento do novo produto	Gerente técnico
15:03 - 15:11	Situação do mercado e produtos alternativos	Gerente de vendas
15:11 - 15:43	**Perguntas e respostas**	
15:43 - 15:51	Melhoria dos custos fixos	Chefe da fábrica
15:51 - 15:59	Melhoria dos custos no desenvolvimento de novos produtos	Gerente técnico
15:59 - 16:45	**Perguntas e respostas**	
16:45 - 16:53	Avaliação geral dos trabalhos	Coord. da GQT local
16:53 - 16:55	Agradecimentos pelo diagnosticado	Chefe da fábrica
16:55 - 17:00	Palavras finais do presidente	Presidente

- **Planos futuros** da unidade quanto aos seus resultados (Q, C, E, M, S).

- **Iniciativas** que as pessoas do local de trabalho esperam da alta administração.

c) O presidente e os diretores deverão **ler esse relatório previamente** e escrever anotações em sua margem, para que possam fazer perguntas no dia do diagnóstico. Deverão também estudar os itens da GQT que são correlatos aos pontos anotados para pergunta.

4.7.3.5 Reunião do diagnóstico

a) Normalmente, quem **coordena a reunião** é a pessoa encarregada da implantação da GQT no local que está sendo auditado.

b) Ao iniciar o encontro, o coordenador explica a **agenda da reunião** e pergunta aos diagnosticadores se veem alguma necessidade de alteração.

c) O coordenador deve criar um **ambiente propício** para que os gerentes mais jovens expressem sua opinião aos diretores presentes.

d) As chefias devem **levar seus materiais gerenciais** e suas anotações da mesma forma como são utilizados no seu dia a dia, para os exibir diante de alguma pergunta por parte dos diagnosticadores.

e) As **apresentações podem ser feitas por várias pessoas**:

- O gerente da unidade que está sendo diagnosticada deve fazer uma apresentação baseada no relatório preparatório do diagnóstico, mas aumentada com mais dados e gráficos;

- Grupos de trabalho (gerentes e técnicos) que estejam conduzindo projetos prioritários;

- Grupos de CCQ que tenham abordado temas relacionados com o gerenciamento pelas diretrizes;

- Qualquer pessoa da equipe que tenha feito uma contribuição especial às metas do gerenciamento pelas diretrizes.

f) Após algumas apresentações, deverá haver uma **seção de perguntas e respostas**. Durante as respostas, devem ser **apresentadas informações adicionais** com fatos e dados, documentos, registros e procedimentos operacionais padrão.

g) O coordenador da reunião deverá preparar com antecedência um esquema que possa ser trazido rapidamente qualquer material adicional necessário.

h) Uma reunião de diagnóstico é equivalente a uma **operação de certificação**.

i) As **perguntas são feitas pelos diretores visitantes**, que já devem tê-las preparado com antecedência; as respostas são dadas pelo apresentador ou por outras autoridades locais.

j) O coordenador da reunião, após as perguntas dos diretores, **incentiva toda a plateia a fazer perguntas,** e ele mesmo indica quem, na própria plateia, deve responder.

k) Ao **término da reunião, o presidente emite a sua opinião**, tecendo elogios aos pontos positivos do que foi apresentado e fazendo algumas recomendações gerais. O presidente nunca deverá fazer críticas, pessoalmente, durante o diagnóstico.

4.7.3.6 Ata do diagnóstico

a) O setor diagnosticado deverá redigir uma **ata de reunião** e distribuí-la para os setores interessados.

b) Essa ata deverá ser utilizada na determinação das diretrizes para o próximo ano.

c) O coordenador-geral da GQT deverá reunir todas estas atas e selecionar os itens que influenciarão na formação das diretrizes do presidente e dos setores para o próximo ano.

d) Cabe ao coordenador-geral da GQT verificar a inclusão desses temas no planejamento do próximo ano. Somente assim o diagnóstico poderá contribuir de fato para o melhoramento contínuo da empresa.

4.7.3.7 Gerenciamento do diagnóstico

a) Após algum tempo, o presidente envia ao gerente do local visitado o **relatório final do presidente**, que é um relatório de recomendações para o futuro, tendo em vista o que ele viu durante o diagnóstico. O coordenador-geral da GQT ajuda o presidente a fazer esse relatório.

b) Como decorrência deste relatório, o gerente local deve estabelecer um **plano de melhorias** (sobre os assuntos indicados pelo presidente e sobre os percebidos pelo próprio gerente), que deve ser enviado ao presidente.

4.7.4 Observações sobre o diagnóstico [5, 10, 24]

a) Durante o diagnóstico, o presidente pode questionar ou se informar mas **nunca julgar**. O objetivo é o **aprimoramento** da unidade que está sendo diagnosticada.

b) O presidente pode **ouvir bem** e **ver bem**. Se ele quiser falar, deve fazê-lo através do coordenador da GQT, pois sua fala pode ser interpretada como uma ordem.

c) A pergunta nunca deve ser feita para embaraçar o apresentador. Pelo contrário, **deve ser feito um grande esforço para prestigiar o apresentador**.

d) Os pontos negativos observados devem ser anotados e entregues ao coordenador da GQT, para que sejam incluídas recomendações no **relatório final do presidente**.

e) Mesmo que a meta não tenha sido alcançada, a diretoria deve procurar **valorizar o esforço** que foi feito e os pontos positivos.

f) Como as metas em sua maioria são muito desafiantes, é natural que grande parte delas não seja alcançada. Se houver uma bronca para cada meta não alcançada, haverá muitas broncas, e as pessoas ficarão cansadas.

g) Deve-se analisar o processo (as medidas) de alcançar a meta desejada.

h) As perguntas que não puderem ser respondidas devem ser anotadas pelo coordenador da GQT para que sejam respondidas por escrito após o evento e enviadas à diretoria.

4.7.5 Recomendações aos diagnosticadores

a) Os diagnosticadores devem aproveitar essa experiência para **melhorar a sua própria maneira de gerenciar** (Por exemplo: As diretrizes fixadas foram boas? Quais as diferenças entre setores que tiveram bons resultados e os que não tiveram?).

b) Deve ser observado pelos diagnosticadores o relacionamento **interfuncional** existente.

c) Durante o diagnóstico, se aparecerem problemas referentes ao próprio gerenciamento pelas diretrizes, os diagnosticadores deverão tomar as providências.

d) É recomendável **diagnosticar pelo menos uma vez por ano** a situação de cada unidade.

e) Deve-se diagnosticar o mais profundamente possível a **situação real** das áreas de produção.

4.7.6 Recomendações aos diagnosticados

a) Ser **sincero** no diagnóstico: não esconder, em hipótese alguma, seus pontos negativos nem procurar mostrar um quadro irreal da situação.

b) **Utilize sempre a sequência do PDCA** (*QC Story*) para apresentar o seu trabalho de busca de suas metas. Evite dar explicações improvisadas de forma verbal.

c) Divulgue todos os aspectos importantes, seja positivos, seja negativos. **Realce o seu esforço.**

d) Mostre os **documentos e gráficos** na mesma forma utilizada no seu trabalho diário. Não procure enfeitar a apresentação. Procure mostrar as coisas como elas são.

e) Sua apresentação não deve se resumir em resultados. Procure **mostrar o que foi feito**: os sistemas (processos) desenvolvidos, os procedimentos e sua maneira de trabalhar.

f) Mostre os seus **projetos futuros** e aquilo que você espera obter em sua área.

4.8 Passo 8 - Como fazer a reflexão

Nota: O conteúdo deste passo é de fundamental importância no gerenciamento pelas diretrizes. **Não existe gerenciamento pelas diretrizes sem a prática da reflexão.**

a) Cada diretor ou gerente é **responsável** pelos seus itens de controle estabelecidos sobre as características (qualidade, custo e entrega) dos **produtos** de sua área e (moral e segurança) das **pessoas** de sua equipe.[2]

b) Portanto, é importante fazer uma **reflexão** sobre os resultados que vêm sendo obtidos nesses itens de controle. Essa reflexão nada mais é do que girar o CAPD:

- Identifique os **pontos problemáticos.** Compare, para cada item de controle, seu resultado com a meta da diretoria, ou com o desempenho das empresas concorrentes, ou com empresas com departamentos similares, ou dentro de sua própria empresa, etc. As diferenças entre os seus resultados e as situações ideais são seus pontos problemáticos (ou seus problemas). Veja a FIG. 4.16;

- Identifique as **características importantes** desses problemas. A análise do fenômeno irá mostrar quais as partes importantes (características importantes) desses problemas (Veja a FIG. 4.17);

Gerenciamento pelas diretrizes

Responsabilidade gerencial	Dimensão gerencial	Item de controle		Pontos problemáticos
Produto 1 Produto 2 ⋮ Produto n Pessoal	Qualidade	% Refugo		🔴
	Custo	R$/unid.		🟢
	Entrega	Produção t/mês		🔴
	Moral	Absenteísmo		🟢
	Segurança	Número de acidentes		🟢

FIGURA 4.16: Esquema mostrando a identificação de pontos problemáticos

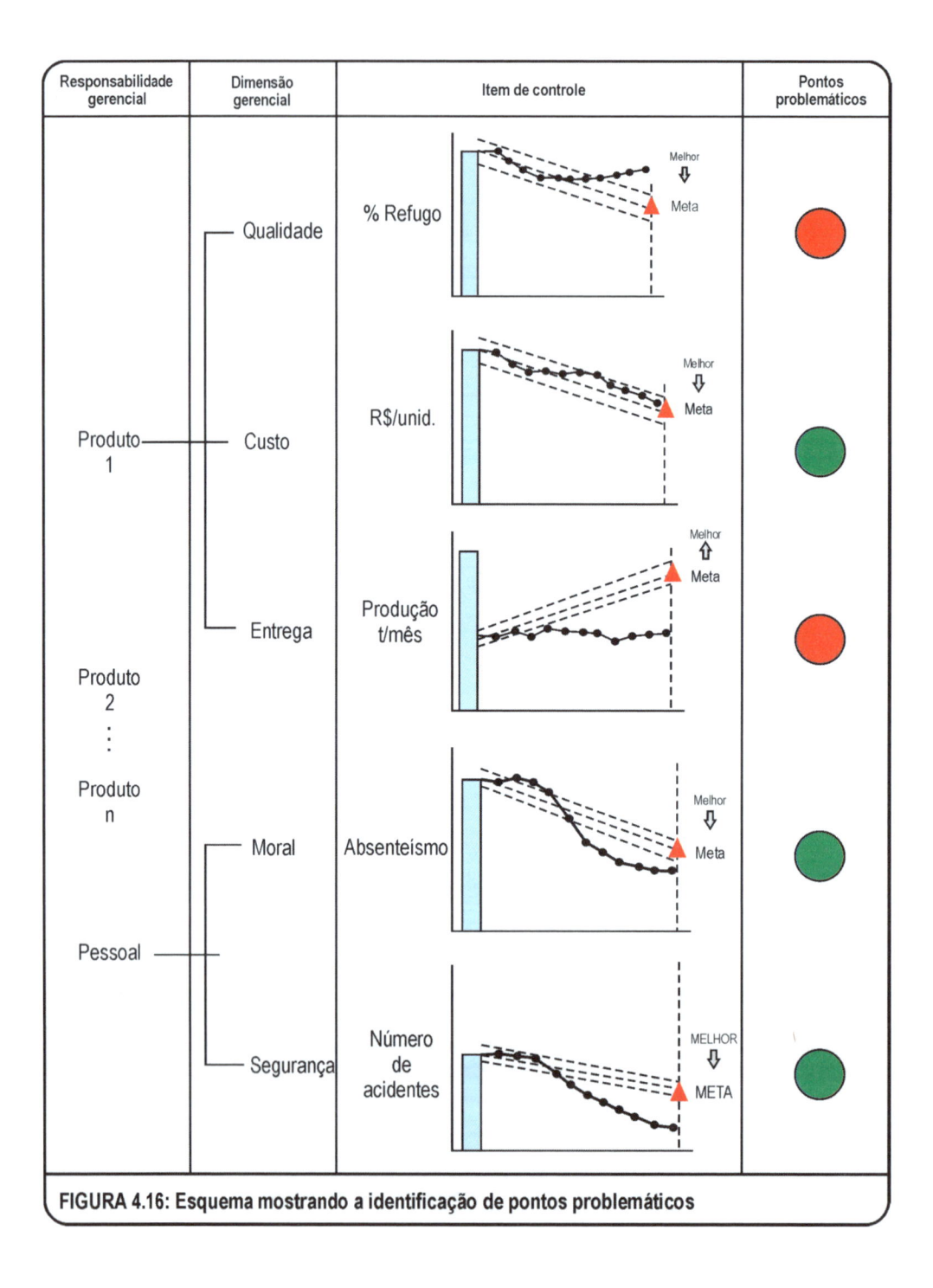

122

Estágio 1: Prática de golpes faixa branca

Ponto problemático = Baixo nível de produção

Identificação das características importantes
(Análise do fenômeno)

Características importantes do ponto problemático

Características do fenômeno

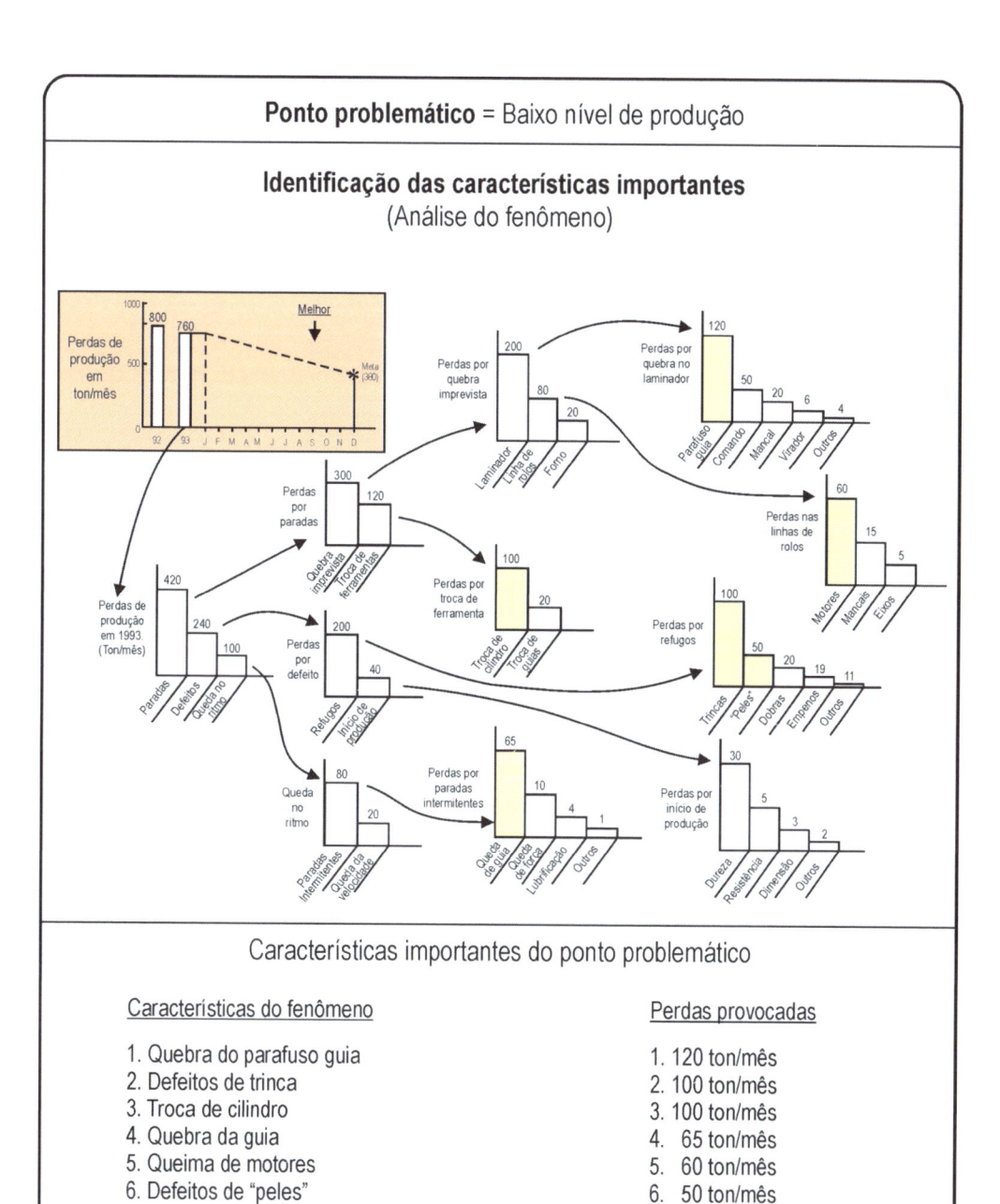

1. Quebra do parafuso guia
2. Defeitos de trinca
3. Troca de cilindro
4. Quebra da guia
5. Queima de motores
6. Defeitos de "peles"

Perdas provocadas

1. 120 ton/mês
2. 100 ton/mês
3. 100 ton/mês
4. 65 ton/mês
5. 60 ton/mês
6. 50 ton/mês

FIGURA 4.17 - Esquema exemplificando a identificação das características importantes dos pontos problemáticos (análise de fenômeno)

- Identifique as **causas importantes** destas características importantes. Para cada característica importante deve ser feita uma análise de processo (diagrama de causa e efeito) para identificar as causas. Pergunte "por quê?" várias vezes. Depois, cada causa deve ser avaliada numericamente, para se determinar quais são as que mais afetam o resultado (Veja a FIG. 4.18);

- Estabeleça as **medidas**, ou itens de execução prioritária, para eliminar essas causas importantes. Escolha as medidas mais econômicas, as mais urgentes, as mais simples, as mais rápidas, etc. (Veja a FIG. 4.18). As medidas que forem de responsabilidade de outros setores deverão ser comunicadas a eles por ocasião do desdobramento das diretrizes.

- Estabeleça **itens de controle** sobre esses pontos problemáticos e **itens de verificação** sobre as medidas.

Dessa maneira, inicia-se o processo de **reflexão**.

c) Na **análise** acima, é necessário **verificar a eficiência das medidas** propostas no ano anterior, pois corre-se o risco de tomar medidas ineficientes outra vez esse ano. Essas **medidas ineficientes** ocorrem porque, em alguns casos, as medidas são propostas sem que se faça uma análise profunda baseada em informações mas baseadas no bom senso ou na experiência, como se fosse um tiro no escuro.

d) Por outro lado, surgem **causas positivas** e **causas negativas**, inesperadas e desconhecidas, que provocam alterações positivas e negativas no resultado final. Essas causas precisam ser conhecidas para que seja possível melhorar o conhecimento do processo e a capacidade de planejamento para o próximo ano.

e) Essa **busca das medidas ineficientes e das causas positivas e negativas** é essencial para a **reforma da prática gerencial**, promovendo a construção de um **gerenciamento científico**, voltado para o rompimento das práticas atuais e para a obtenção de resultados revolucionários (*breakthrough*).

f) Para entender a prática dessa análise, observe antes o Quadro 4.5 e localize em qual caso seu item de controle se enquadra.

g) **Caso 1** - (Ver Quadro 4.5)

Muito embora as medidas tenham sido implementadas, a meta não foi atingida. É possível que tenha surgido durante o período uma causa negativa (pode ter sido uma causa externa devido a variações na situação econômica, por exemplo). Nesse caso, é necessário identificar essa causa negativa, reavaliar a situação de alcance da meta e a necessidade de outras medidas.

Estágio 1: Prática de golpes faixa branca

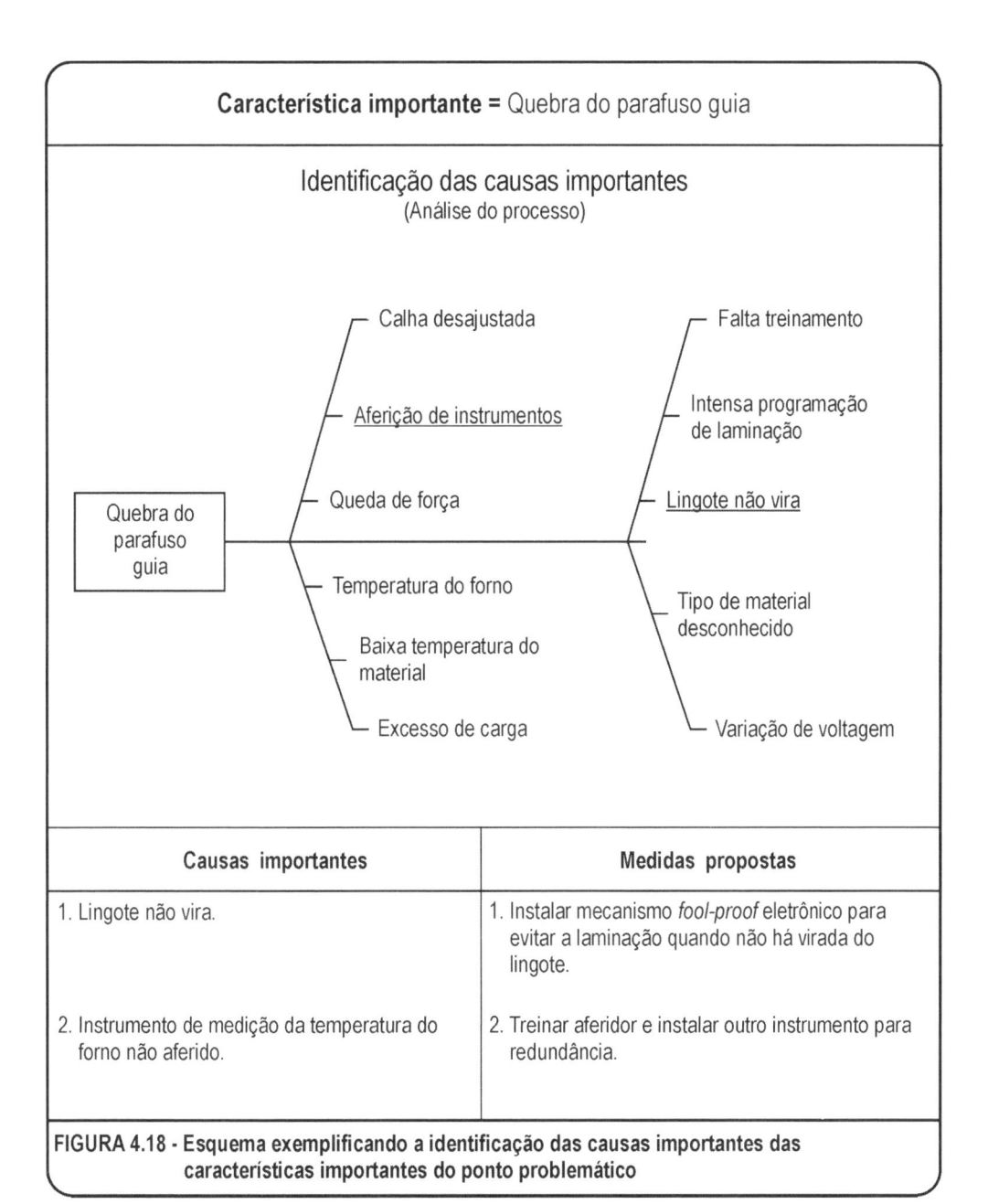

Característica importante = Quebra do parafuso guia

Identificação das causas importantes
(Análise do processo)

```
                    Calha desajustada              Falta treinamento

                    Aferição de instrumentos       Intensa programação
                                                   de laminação

  Quebra do         Queda de força                 Lingote não vira
  parafuso
    guia            Temperatura do forno           Tipo de material
                                                   desconhecido
                    Baixa temperatura do
                    material
                    Excesso de carga               Variação de voltagem
```

Causas importantes	Medidas propostas
1. Lingote não vira.	1. Instalar mecanismo *fool-proof* eletrônico para evitar a laminação quando não há virada do lingote.
2. Instrumento de medição da temperatura do forno não aferido.	2. Treinar aferidor e instalar outro instrumento para redundância.

FIGURA 4.18 - Esquema exemplificando a identificação das causas importantes das características importantes do ponto problemático

QUADRO 4.5
Orientação básica para o processo de reflexão

Medidas / Meta	Resultado não atingiu a meta	Resultado atingiu a meta	Resultado superou a meta
Foram executadas	Caso 1	Caso 3	Caso 5
Não foram executadas	Caso 2	Caso 4	Caso 6

h) **Caso 2** - (Ver Quadro 4.5)

Não foi possível executar as medidas, e a meta não foi atingida. Nesse caso, é necessário esclarecer os motivos que impossibilitaram a execução das medidas. Não basta uma explicação. É preciso esclarecer por que não foram tomadas contramedidas aos motivos que impossibilitaram a execução das medidas e por que não foram tomadas medidas alternativas.

i) **Caso 3** - (Ver Quadro 4.5)

As medidas foram executadas e as metas atingidas. Mesmo nesse caso, é necessário fazer uma análise. Primeiro deve ser verificado se a meta foi alcançada 100% devido às medidas implementadas; caso contrário, deve-se verificar:

- Por que as medidas propostas foram fracas?
- Quais foram as outras causas positivas que provocaram o atingimento da meta?

j) **Caso 4** - (Ver Quadro 4.5)

A meta foi alcançada sem que as medidas tenham sido implementadas. Nesse caso, é necessário identificar a causa positiva que provocou o atingimento da meta além de, como no caso 2, ser necessário esclarecer por que não foram tomadas contramedidas aos motivos que impossibilitaram a execução das medidas e por que não foram tomadas medidas alternativas.

k) **Caso 5** - (Ver Quadro 4.5)

As medidas foram executadas, e o resultado superou a meta. O primeiro passo a ser feito na análise é verificar se as medidas executadas foram 100% eficientes. Se não foram, deve-se analisar o motivo. Além disso, deve-se analisar as causas positivas que provocaram a superação da meta, independentemente da eficiência das medidas.

l) **Caso 6** - (Ver Quadro 4.5)

O resultado superou a meta sem que tenha sido possível executar todas as medidas. É preciso verificar:

- Por que não foi possível executar todas as medidas? Quais foram os impedimentos? Por que não se atuou na causa desses impedimentos? Por que não foram adotadas medidas alternativas?
- Quais foram as causas positivas que provocaram a superação da meta?

m) O relato dessa análise, feita por todos os níveis gerenciais da empresa, é o conteúdo do **relatório de reflexão**. Esse relatório também é denominado, na literatura, de relatório da situação atual, relatório de revisão anual, relatório de análise dos erros e acertos, etc.

n) É importante conduzir essa **análise dos pontos problemáticos** a partir dos cargos de hierarquia inferior até os níveis superiores. Essa reflexão é feita pela pessoa que estabeleceu o plano de ação e o implementou.

o) **A cada três meses deve ser feito um relatório de reflexão**. Se algo não vai bem, os planos devem ser alterados e mais recursos alocados de forma que as metas possam ser alcançadas.

p) Finalmente, os resultados e experiências do ano corrente são resumidos no **relatório de reflexão anual**.

q) **Esse relatório é obrigatório. Ele deve ser feito por todos os diretores e gerentes**, em todos os níveis hierárquicos, para relatar o seu esforço de melhoria: as suas metas, as que foram alcançadas, as que não foram alcançadas, por que não foram alcançadas e **o que se pretende fazer no próximo ano para que sejam alcançadas**.

r) Esse relatório deve conter então:

- Uma apreciação, mostrando fatos e dados, do relacionamento entre as metas e as medidas, focalizando a eventual **contribuição e suficiência das medidas para as metas não alcançadas**;

- Apreciações sobre as **diferenças de opinião** entre aqueles que estabeleceram as metas e os que implementaram as medidas;

- **Sugestões concretas para a formulação das diretrizes do próximo ano**.

s) A FIG. 4.19 mostra um exemplo de um trecho de um relatório de reflexão anual.

t) A análise, que é a base desse relatório, contribui de forma significativa para o **acúmulo de *know-how* e o crescimento das pessoas na habilidade de conduzir análises**, que é a essência do gerenciamento.

u) O relatório de reflexão anual geral, feito pelo escritório da GQT, deve estar pronto até meados de setembro, para que possa ser utilizado no estabelecimento das diretrizes do próximo ano. Os resultados do último trimestre devem ser estimados e, caso haja algum grande desvio, as correções poderão ser feitas no início do ano.

Estágio 1: Prática de golpes faixa branca

Relatório de reflexão anual	Gerência de Vendas da Região Central		Elaborado em: 12/01/1997	Página:
Diretrizes	Resultados		Pontos problemáticos	Sugestões de medidas para o próximo ano
Meta: Expandir as vendas no setor de construção civil em 50%	% Da meta — gráfico Jan-Dez, Melhor ↑		* Faltou produto B pela sua demanda sazonal. A demanda esteve forte como previsto. A tendência é continuar. | PRODUTO	PLANEJ	RESULTADO | |---|---|---| | A | 72 | 58 | | B | 68 | 27 | | C | 81 | 81 | | D | 38 | 51 |	1. Aumentar a produção do produto B, prevendo estocagem para suportar a demanda sazonal. 2. Eliminar o problema de trincas no produto A.
Medidas: Redução do tempo de entrega dos produtos	Tempo de entrega (dias) — gráfico Jan-Dez, Melhor ⇩, Meta		* Desempenho do produto A não foi bom por problemas de qualidade. Reclamações do produto A: Trinca, Risco, Cor	3. Promover a venda do produto D nas construtoras de menor porte em todo o País.
Introduzir monitoramento diário de preços no mercado			* O grande sucesso do produto D foi nas construtoras de menor porte pelo fator preço.	4. Desenvolver produto que substitua, com vantagens, o produto F importado.
Visitar todas as empresas de construção civil	% Nº de visitas — gráfico Jan-Dez, MELHOR ⇩		* Durante as visitas às construtoras percebeu-se grande ansiedade pelo produto F, importado, ainda não fabricado no Brasil.	

FIGURA 4.19 - Relatório de reflexão anual (obrigatório)

129

v) Esse esforço gerencial de reflexão é chamado de **abordagem analítica**. O esforço gerencial de criar cenários futuros e propor projetos para garantir a competitividade de sua organização é denominado **abordagem por projetos**. As duas abordagens serão consideradas no estabelecimento das diretrizes do ano seguinte.

4.9 Passo 9 - Como incorporar os resultados do gerenciamento pelas diretrizes no gerenciamento da rotina do trabalho do dia a dia

a) Para incorporar os resultados do gerenciamento pelas diretrizes no gerenciamento da rotina do trabalho do dia a dia, deve-se atentar para dois pontos.[27]

- Transferência do resultado de atingimento da **meta**;
- Transferência do conteúdo da execução da **medida**.

b) No que se refere à **meta** atingida, quando o item de controle específico não estiver incluído no gerenciamento da rotina, deve-se adotar o novo item de controle, considerando o valor do resultado alcançado como o novo nível de controle.

c) Se o item de controle já pertencer ao gerenciamento da rotina, basta alterar o valor de seu nível de controle para o novo valor atingido no gerenciamento pelas diretrizes.

d) No que se refere às **medidas** que foram 100% eficazes no atingimento das metas, deve-se padronizá-las, alterando os procedimentos operacionais padrão, os padrões técnicos de processo ou os padrões gerenciais. Em seguida, deve-se dar o devido treinamento no trabalho ao pessoal envolvido nessas medidas.

4.10 Passo 10 - Como padronizar o sistema de gerenciamento pelas diretrizes

a) O sistema de gerenciamento pelas diretrizes é um processo como outro qualquer, tendo um fluxograma como mostrado na FIG. 4.20, produtos e itens de controle e de verificação.

b) Portanto, todo esse processo tem o seu próprio gerenciamento da rotina do trabalho do dia a dia.

c) O fluxograma mostrado na FIG. 4.20 deverá **refletir o estilo da organização**. Observando-se esse tipo of fluxograma de várias organizações japonesas, não se consegue encontrar dois iguais.[28, 29, 30]

Estágio 1: Prática de golpes faixa branca

FIGURA 4.20 - Fluxograma do sistema de gerenciamento das diretrizes para uma empresa faixa branca

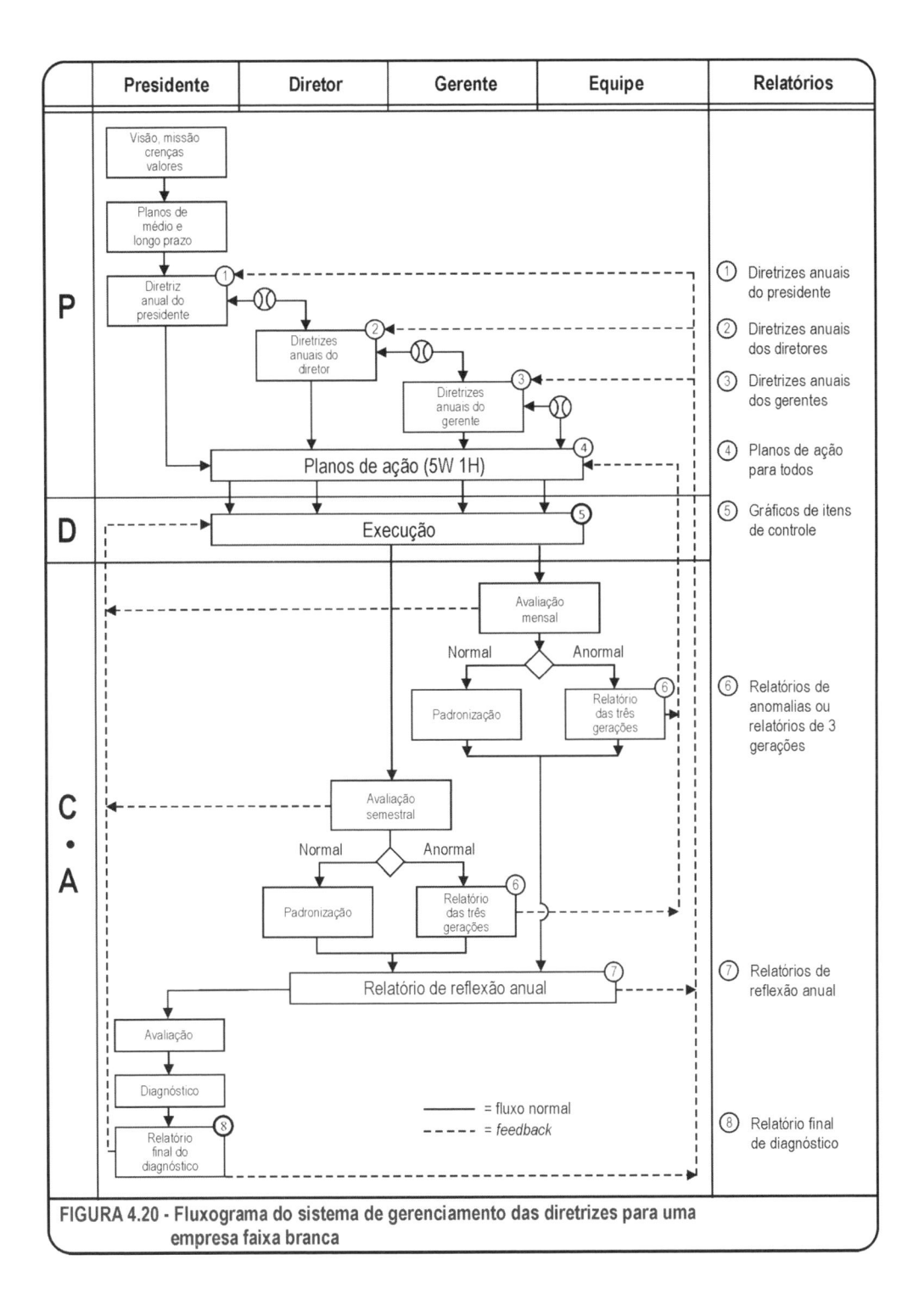

d) Cada caixa desse fluxograma pode ser desdobrada em outro fluxograma e redigido um procedimento operacional padrão. Portanto, o conjunto desses documentos é que se constitui no **manual do gerenciamento pelas diretrizes**.

e) **Isso significa que teremos um SDCA e um PDCA do próprio gerenciamento pelas diretrizes**.

f) É necessário padronizar todo esse processo. Isso equivale a estabelecer um **manual do gerenciamento pelas diretrizes** com um conteúdo semelhante ao mostrado no Quadro 4.6.

g) O coordenador da GQT deve estabelecer alguns **indicadores numéricos** para avaliar o desempenho do processo. Por exemplo:

- Porcentagem de atingimento das metas;
- Índice de cumprimento do cronograma, etc.

h) O manual de gerenciamento pelas diretrizes deve ser estabelecido inicialmente de forma bem **simples** e na linguagem da empresa, para que as pessoas se disponham a usá-lo.

i) Se necessário, ele poderá ser **melhorado todo ano** para refletir o avanço da organização no domínio do gerenciamento pelas diretrizes.

j) O cronograma do planejamento deve ser estabelecido de tal forma que seu término coincida com o fechamento do **orçamento** da organização e deve constar no manual.

k) O **relatório de reflexão anual** sobre os resultados do próprio gerenciamento pelas diretrizes deve estar pronto no início do ciclo de planejamento.

l) O ciclo de desdobramento das diretrizes e preparo do **planejamento anual** deve tomar aproximadamente **três meses** (é possível que no primeiro ano tome mais tempo por despreparo do pessoal).

m) Assim, se o orçamento deve estar pronto até dezembro, o processo de planejamento anual deve se iniciar no máximo até setembro.

4.11 Recomendações finais ao coordenador da GQT

a) Após ter seguido fielmente os **dez passos** propostos nesse capítulo, resta ao escritório da GQT o passo final. O escritório precisa fazer uma **avaliação geral** do gerenciamento pelas diretrizes (corresponde ao C do PDCA do escritório da GQT), para permitir as correções de rumo para o próximo ano.

QUADRO 4.6
Sugestão para o conteúdo do manual do sistema de gerenciamento pelas diretrizes

1. Definição dos diversos termos utilizados no gerenciamento pelas diretrizes.

2. Como estabelecer as diretrizes anuais.

3. Como desdobrar as diretrizes anuais.

4. Como estabelecer os pontos de controle.

5. Como conduzir as reuniões de acompanhamento e sua frequência.

6. Como tratar as anomalias.

7. Como conduzir os diagnósticos.

8. Como fazer o relatório de reflexão anual.

9. Documentos utilizados no gerenciamento pelas diretrizes.

10. Fluxograma básico do sistema de gerenciamento pelas diretrizes.

Obs.: Este livro contém as informações necessárias para que esse manual seja montado.

b) Essa avaliação geral se baseará:

- Nos **itens de controle** referentes ao sistema de gerenciamento pelas diretrizes;
- No acompanhamento do **processo de implantação**.

c) O acompanhamento dos itens de controle é óbvio para o pessoal do escritório da GQT (localizar os desvios, determinar as causas, apresentar ao comitê da GQT a ação proposta).

d) Para o acompanhamento do processo de implantação do sistema, sugere-se ao escritório da GQT:

- A observação do *check-list* do Quadro 4.7;
- Que, no início do mês de agosto, reúna os gerentes e diretores numa sala e faça um *brainstorming*, para uma **autoanálise do gerenciamento pelas diretrizes**. Organize esse *brainstorming* como um diagrama de relações e procure extrair daí as causas fundamentais dos problemas.

e) A FIG. 4.21 mostra uma análise desse tipo conduzida no primeiro ano do gerenciamento pelas diretrizes numa empresa japonesa. Nessa figura, observa-se:

- Em **amarelo:** o problema principal que está sendo analisado;
- Em **verde:** os quatro subtemas escolhidos para esse problema;
- Em **vermelho:** as causas apontadas pelos gerentes como mais importantes;
- Em **azul**: as causas fundamentais.

f) Repare o leitor que as setas grossas unem cada subtema às causas apontadas pelos gerentes (vermelho) e dessas às causas fundamentais (azul).

g) Essa análise equivale à **reflexão** do escritório da GQT sobre os resultados do ano anterior. As causas fundamentais encontradas são temas para os quais devem ser propostas contramedidas a serem incorporadas no planejamento do próximo ano.

h) Como resultado dessa avaliação e reflexão, o escritório da GQT poderá localizar:

- Necessidades gerais de educação e treinamento;
- Necessidades de educação e treinamento para pessoas ou grupos de pessoas específicos;
- Necessidades de maior apoio do escritório para gerentes específicos;

QUADRO 4.7
Check-list para a avaliação geral do sistema de gerenciamento pelas diretrizes[4,11]

P A. Pré-condições para o gerenciamento pelas diretrizes

1. Houve demonstração de falta de conhecimento básico da concepção de gerenciamento na GQT, desconhecimento das bases do gerenciamento pelas diretrizes dentro da GQT e da importância do planejamento?
2. Foi percebida falta de percepção de autoridade e responsabilidade (definição do negócio[2]) por parte de diretores e gerentes?
3. Ainda persiste, entre diretores e gerentes, o costume de exigir resultados sem se importar com os processos que geram esses resultados?
4. Existe o domínio no método PDCA pelos diretores e gerentes? Existe a compreensão de que o PDCA é um método de gerenciamento de processos e de que é importante a busca das causas que geram os resultados indesejáveis?
5. Ainda existe o mau costume de propor melhorias sem identificar corretamente os verdadeiros problemas do sistema?

P B. Fase de estabelecimento das diretrizes

1. Existe relação clara entre as diretrizes do presidente (ou diretrizes anuais da empresa) e os planos de longo e médio prazos? Foi considerado o relatório de reflexão anual?
2. Havendo ou não o planejamento de longo prazo, as metas anuais foram estabelecidas com consistência? Houve análise de mercado e concorrência?
3. Os problemas internos da organização estão bem conhecidos?
4. Houve bom entendimento e aceitação das diretrizes do Presidente?

P C. Fase de desdobramento das diretrizes

1. O desdobramento foi totalmente realizado até o nível de planos de ação que possibilitam ações concretas por parte das pessoas?
2. O trabalho de desdobramento foi bem organizado, havendo bom aproveitamento do tempo do pessoal?
3. Houve coordenação entre os departamentos e entre os níveis hierárquicos (*catch ball*)?
4. Houve boa difusão das intenções da alta administração através de toda a hierarquia?
5. O processo de estabelecimento das medidas das diretrizes foi bem conduzido? Elas são medidas concretas ou apenas afirmações conceituais e superficiais? Elas foram estabelecidas como produto de análise?

P D. Fase de estabelecimento dos itens de controle

1. Os itens de controle foram claramente identificados (cada diretriz tem seu item de controle e seus itens de verificação)?
2. Houve boa diferenciação entre itens de controle da rotina e itens de controle do gerenciamento pelas diretrizes?
3. As metas foram todas bem expressas (objetivo + valor + prazo)? Os documentos de controle foram bem utilizados? Necessitam revisão de formato?

D E. Fase de execução

1. Houve entusiasmo para atingir as metas?
2. Houve comprometimento de todas as chefias (todos os chefes lembraram-se o tempo todo de suas diretrizes prioritárias)?
3. Como foi o cumprimento do cronograma?

C F. Fase de verificação

1. Cada gerente tem condição de identificar o grau de atingimento de suas metas?
2. Houve boa frequência de verificação do atingimento das metas para tomada de ação?
3. As reuniões de acompanhamento foram conduzidas conforme programado pelo escritório da GQT?
4. A programação anual de diagnósticos foi cumprida?
5. Houve problemas na condução dos diagnósticos? Houve boa percepção dos objetivos do diagnóstico?

A G. Fase de ação e reflexão

1. Como resultado do processo de avaliação acima, houve busca das causas dos resultados ruins e consequente tomada de ação?
2. A reflexão sobre os resultados do gerenciamento pelas diretrizes foi bem conduzida por todos os gerentes?
3. Houve boa utilização de fatos e dados e de ferramentas da estatística?
4. Como está o padrão dos relatórios de reflexão?

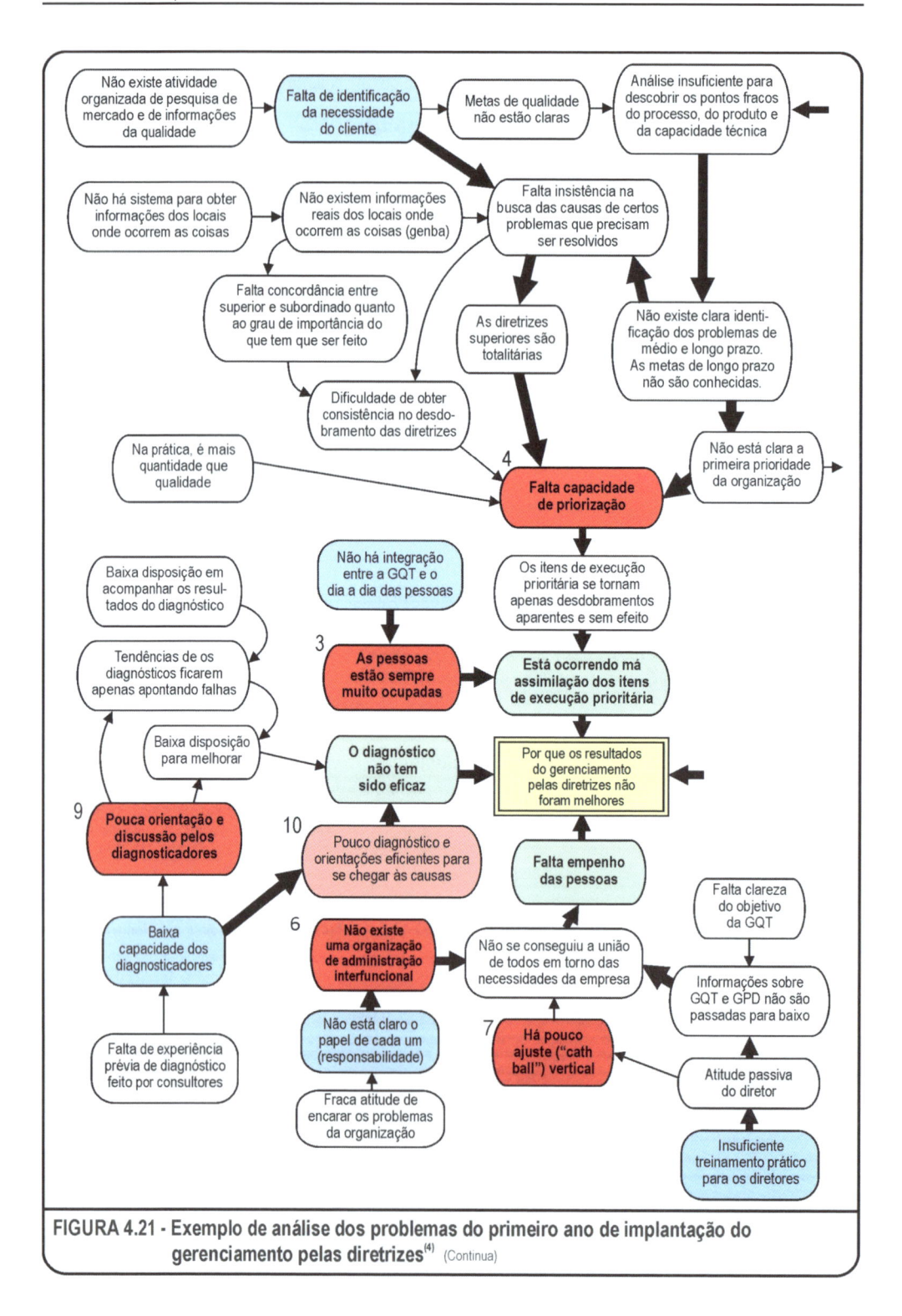

Gerenciamento pelas diretrizes

FIGURA 4.21 - Exemplo de análise dos problemas do primeiro ano de implantação do gerenciamento pelas diretrizes[4] (Continua)

Estágio 1: Prática de golpes faixa branca

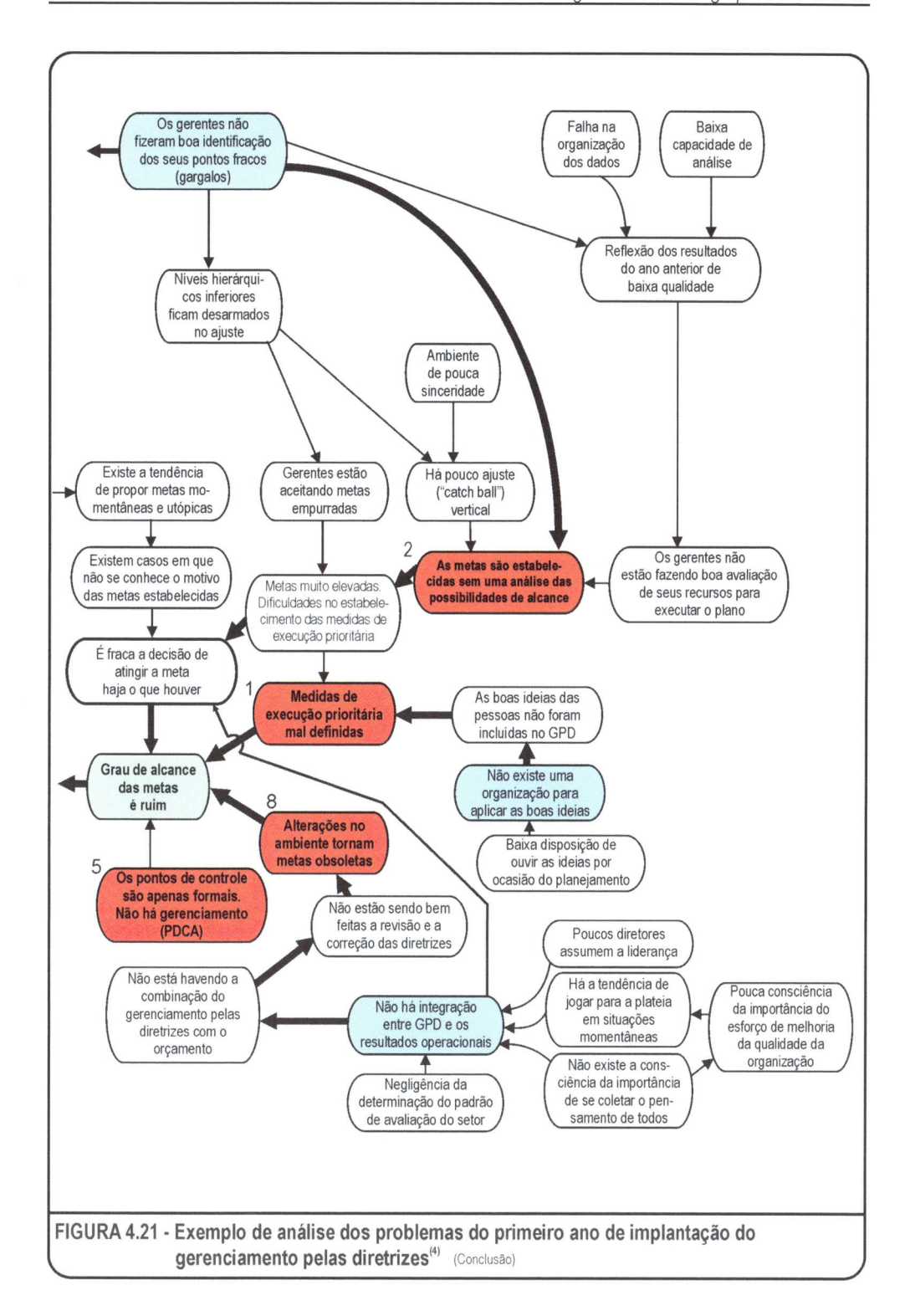

FIGURA 4.21 - Exemplo de análise dos problemas do primeiro ano de implantação do gerenciamento pelas diretrizes[4] (Conclusão)

- Necessidades de educação e treinamento em técnicas específicas (por exemplo: como fazer uma reflexão sobre os resultados, como priorizar as suas medidas, como estabelecer as suas metas, etc.).

i) Lembre-se: se você quiser provocar qualquer tipo de mudanças em qualquer lugar deste mundo, com qualquer tipo de pessoas, dois pré-requisitos são necessários:

- Liderança;

- Educação e treinamento.

j) Portanto, se você estiver tendo dificuldades em alguma área e depois de educar, treinar e dar apoio as coisas permanecerem do jeito que estão, então está faltando **liderança**. Comunique ao comitê da GQT para que outras providências possam se tomadas.

k) Paralelamente a isso, sugiro-lhe manter uma pressão constante para o aprimoramento do gerenciamento da rotina do trabalho do dia a dia dos diretores e gerentes. Lembre-se:

Nenhum gerente ou diretor jamais chegará à faixa preta sem um excepcional gerenciamento de sua própria rotina do trabalho do dia a dia.

l) **Não prossiga** no estudo e aplicação dos próximos capítulos sem que você tenha a certeza de que seu **sistema** de gerenciamento pelas diretrizes está **funcionando perfeitamente** dentro do método proposto neste capítulo e que seu Manual do Gerenciamento pelas diretrizes está atualizado e registra perfeitamente o que está de fato ocorrendo.

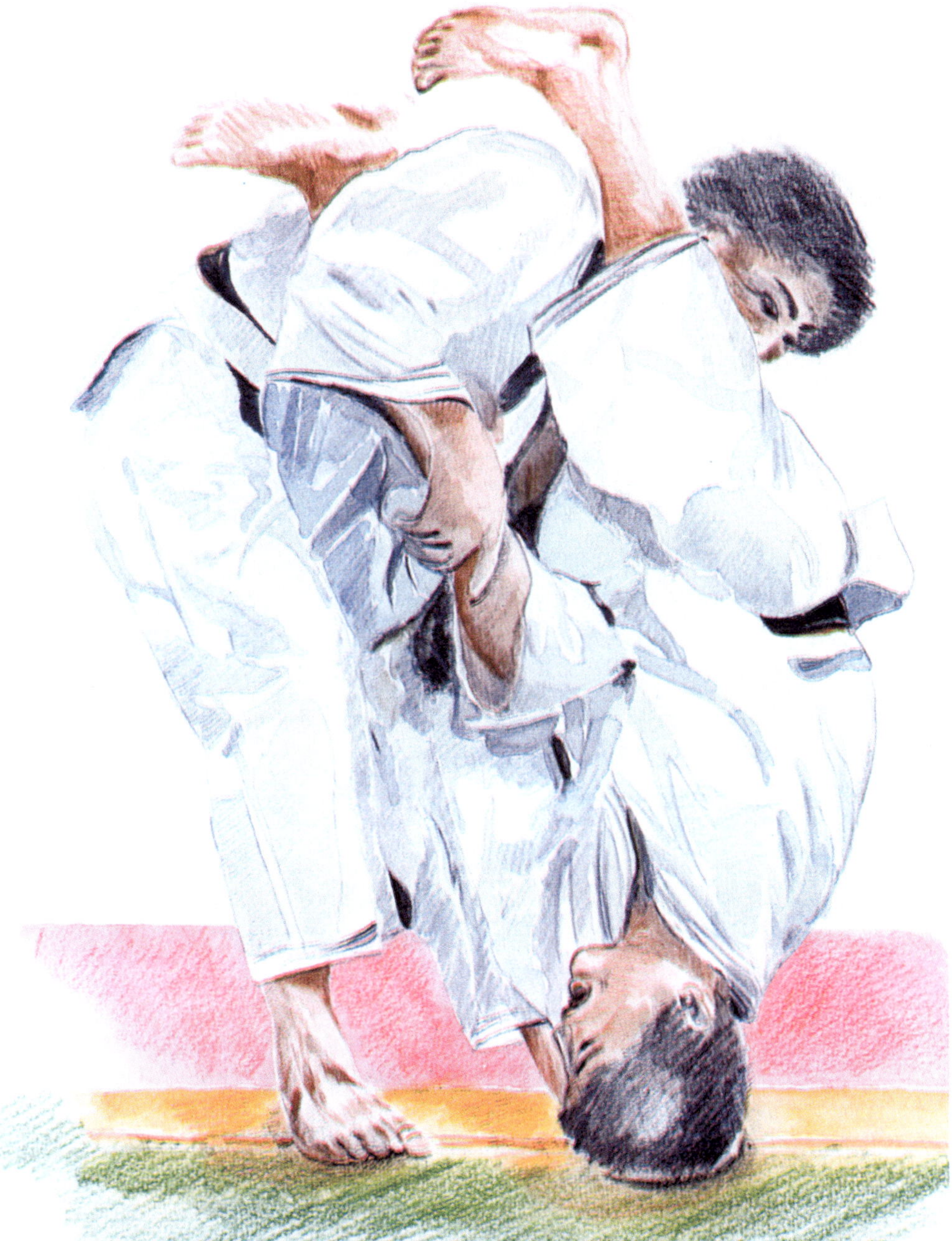

Estágio 2

Prática de golpes faixa marrom

Objetivo deste estágio

Aprofundar a capacidade de planejamento do corpo técnico e gerencial da empresa, melhorando o nível de certeza de se atingirem as metas.

Pré-requisito

Ter todo o sistema de gerenciamento pelas diretrizes implantado, padronizado (o manual pronto e atualizado), documentado e já estabelecida alguma forma de plano de longo prazo.

5.1 Introdução à faixa marrom

5.1.1 Pré-requisitos à prática da faixa marrom

a) **Praticou** os golpes do nível faixa branca.

b) **Tem praticado o gerenciamento da rotina do trabalho do dia a dia** em todos os níveis gerenciais, principalmente na alta gerência e diretoria, a saber:

- Itens de controle para manter e melhorar bem definidos em todos os níveis gerenciais (boa definição de autoridade e responsabilidade);

- Razoável nível de coleta, processamento e disposição da informação (capacidade de transformar a informação dispersa em conhecimento);

- Bom nível de estabelecimento de metas;

- Os grandes processos da organização estão bem conhecidos (padronizados) e dominados.

c) Já **possui prática razoável do PDCA** (competência na solução de problemas).

d) As assessorias que cuidarão da coordenação do trabalho de planejamento, o escritório da GQT devem ter uma **competência prática** razoável nas seguintes ferramentas do planejamento da qualidade[17, 18, 20, 31]:

- Diagrama de relações;

- Diagrama de afinidades;

- Diagrama de árvore;

- Diagrama de matriz;

- Diagrama de matriz de priorização;

- Diagrama de setas;

- PDPC (diagrama do processo decisório);

- Outras ferramentas básicas do controle da qualidade.

A FIG. 5.1 mostra um esquema das ferramentas mencionadas bem como um resumo de suas utilidades. É possível planejar sem o uso dessas ferramentas. A utilidade das ferramentas é organizar e registrar, tornando visível o processo de planejamento. É **melhor** planejar com elas. O **domínio prático** dessas ferramentas ocorre ao longo dos anos.

Diagrama de afinidades
(a) Identifica a natureza de um problema e clareia um problema confuso.
(b) Coleta a intuição de todos.
(c) Organiza as ideias.

Diagrama de relações
(a) Identifica a natureza de um problema e clareia um problema confuso.
(b) Dá uma sequência lógica ao relacionamento causa-efeito e organiza as ideias.
(c) Desdobra metas e medidas.

Diagrama de árvore
(a) Desdobra metas e medidas.
(b) Dá uma sequência lógica ao relacionamento causa-efeito e organiza as ideias.

Diagrama de matriz
(a) Organiza metas e medidas.
(b) Prioriza metas e medidas.
(c) Permite a visualização.

Diagrama de setas
(a) Organiza eventos seguros em ordem cronológica.
(b) Organiza, em sequência de tempo, plano de ação.

Diagrama do processo decisório (PDPC)
(a) Organiza eventos incertos em ordem cronológica.
(b) Organiza, em sequência de tempo, plano de ação.
(c) Incorpora informações contingenciais para melhorar o plano.

Diagrama de afinidades	Organização causa - efeito
Diagrama de relações / Diagrama de árvore	Desdobramento das diretrizes
Diagrama de matriz	Organização das diretrizes
Diagrama de setas / Diagrama do processo decisório (PDPC)	Plano de ação

FIGURA 5.1 - Algumas ferramentas úteis ao planejamento e sua utilidade

5.1.2 Como avançar nas faixas

a) No nível de faixa branca, o objetivo principal foi **estabelecer o sistema de gerenciamento pelas diretrizes**, com todos os procedimentos e documentação.

b) Não adianta querer sofisticar o gerenciamento pelas diretrizes quando não se tem uma base operacional que estabeleça uma certa **disciplina** das reuniões, datas, documentos, diagnósticos, reflexão, etc.

c) Essa disciplina é conseguida através do aperfeiçoamento do gerenciamento da rotina do trabalho do dia a dia do próprio sistema de gerenciamento pelas diretrizes, como foi proposto no estágio anterior.

d) A característica principal do avanço no gerenciamento pelas diretrizes é um **aperfeiçoamento cada vez maior da fase de planejamento**.

e) Observando-se a FIG. 3.7, ao passar para a faixa marrom, os seguintes pontos importantes devem ser observados:

- Será adotado progressivamente o **método B** de desdobramento;

- A cada ano de avanço deverão ser utilizados cada vez mais a **informação** e o **conhecimento técnico**. Como consequência, a maior parte do trabalho de análise será realizada por **grupos de trabalho de técnicos**, muito embora a liderança, cada vez mais vigorosa, continue sempre com a alta administração.

f) O estabelecimento dos planos de médio e longo prazos também se aperfeiçoará pela utilização crescente da informação e do conhecimento.

5.2 Fluxograma do gerenciamento pelas diretrizes

a) Um fluxograma detalhado do gerenciamento pelas diretrizes deve variar de empresa para empresa, para atender suas próprias necessidades.

b) No entanto, a espinha dorsal deverá permanecer a mesma. Seria benéfico para todas as organizações brasileiras se nós pudéssemos manter um mesmo fluxograma básico e, principalmente, a mesma terminologia.

c) O Quadro 5.1 apresenta um fluxograma básico do processo de gerenciamento pelas diretrizes na faixa marrom, que será detalhado neste estágio.

Estágio 2: Prática de golpes faixa marrom

QUADRO 5.1
Processo de gerenciamento pelas diretrizes (faixa marrom)

1. Estabeleça as **metas anuais da empresa** a partir de:
    1.1 - Planos de médio e longo prazos.
    1.2 - Análise dos fatores externos.
    1.3 - Reflexão da empresa do ano anterior.

2. Estabeleça o **projeto das diretrizes do presidente** criando as medidas necessárias e suficientes para atingir as metas.
    2.1 - Inclua um orçamento.
    2.2 - Faça uma revisão dos planos de médio e longo prazos da empresa e de cada unidade.

3. Estabeleça as **metas da unidade.**
    3.1 - Estabeleça as metas em função das diretrizes do presidente.
    3.2 - Promova o ajuste das metas entre as unidades.

4. **Desdobre as metas anuais da unidade.**
    4.1 - Promova o ajuste das metas.
    4.2 - Priorize as metas.

5. Estabeleça as **medidas de execução prioritária.**
    5.1 - Promova o ajuste das medidas.
    5.2 - Priorize as medidas.

6. Estabeleça os **itens de execução prioritária.**
    6.1 - Desdobre cada medida de execução prioritária.
    6.2 - Priorize os itens de execução resultantes.
    6.3 - Estabeleça os planos de ação.

7. **Execute as diretrizes.**

8. **Reveja constantemente o conteúdo de suas diretrizes.**
    8.1 - Considere as mudanças contingenciais.
    8.2 - Considere os resultados dos diagnósticos.
    8.3 - Considere novos problemas.
    8.4 - Considere o aparecimento de pontos problemáticos nas medidas executadas.

9. **Acompanhe os resultados e o progresso da execução das medidas.**

10. Conduza a **reflexão** em sua unidade.

11. Conduza os **diagnósticos** do gerenciamento pelas diretrizes.

12. O escritório da GQT faz a reflexão do próprio sistema de gerenciamento pelas diretrizes e atualiza e melhora esse sistema.

5.3 Passo 1 - Como estabelecer as metas anuais da empresa

a) As metas são sempre estabelecidas sobre as duas grandes **responsabilidades** de qualquer chefe (do presidente ao chefe de seção):

- **Produtos** (bens ou serviços) resultantes do seu trabalho e de sua equipe: Metas sobre qualidade desses produtos, custo, prazo de entrega, precisão da entrega, quantidade produzida, etc.;

- **Pessoas** que trabalham em sua equipe: Metas sobre os fatores que determinam o crescimento das pessoas (moral e educação e treinamento) e a sua segurança.

b A FIG. 5.2 mostra um **fluxograma do estabelecimento das metas anuais** da empresa. Quatro fontes são consideradas:

- Planos de médio e longo prazos;

- Análise da situação externa atual;

- Reflexão do ano anterior;

- Relatórios de diagnósticos.

c) Como os resultados dos diagnósticos podem ser analisados dentro do escopo da reflexão, poderá haver de fato somente três origens para as metas.

d) O **plano de longo prazo** contempla todas as estratégias necessárias para a realização de sua visão de futuro. As metas anuais são estabelecidas como marcos (*milestones*) nessas estratégias.

e) A **análise da situação externa** é feita continuamente e contempla:

- **Ambiente:** Análise da situação política, econômica e social do ambiente que envolve os negócios da organização (poderá envolver outros países),

- **Empresas concorrentes:** Análise de informações relativas a tecnologia, materiais, produtos, mercado, finanças, etc.;

- **Mercado:** Análise das transformações da estrutura do mercado, do comportamento da demanda, etc.

f) Fatos novos no ambiente externo poderão promover a necessidade do atingimento de novas metas.

g) O procedimento para fazer a **reflexão** sobre os resultados do ano anterior foi razoavelmente coberto no capítulo anterior. Essa reflexão poderá incorporar os pontos problemáticos levantados nos **diagnósticos**.

Estágio 2: Prática de golpes faixa marrom

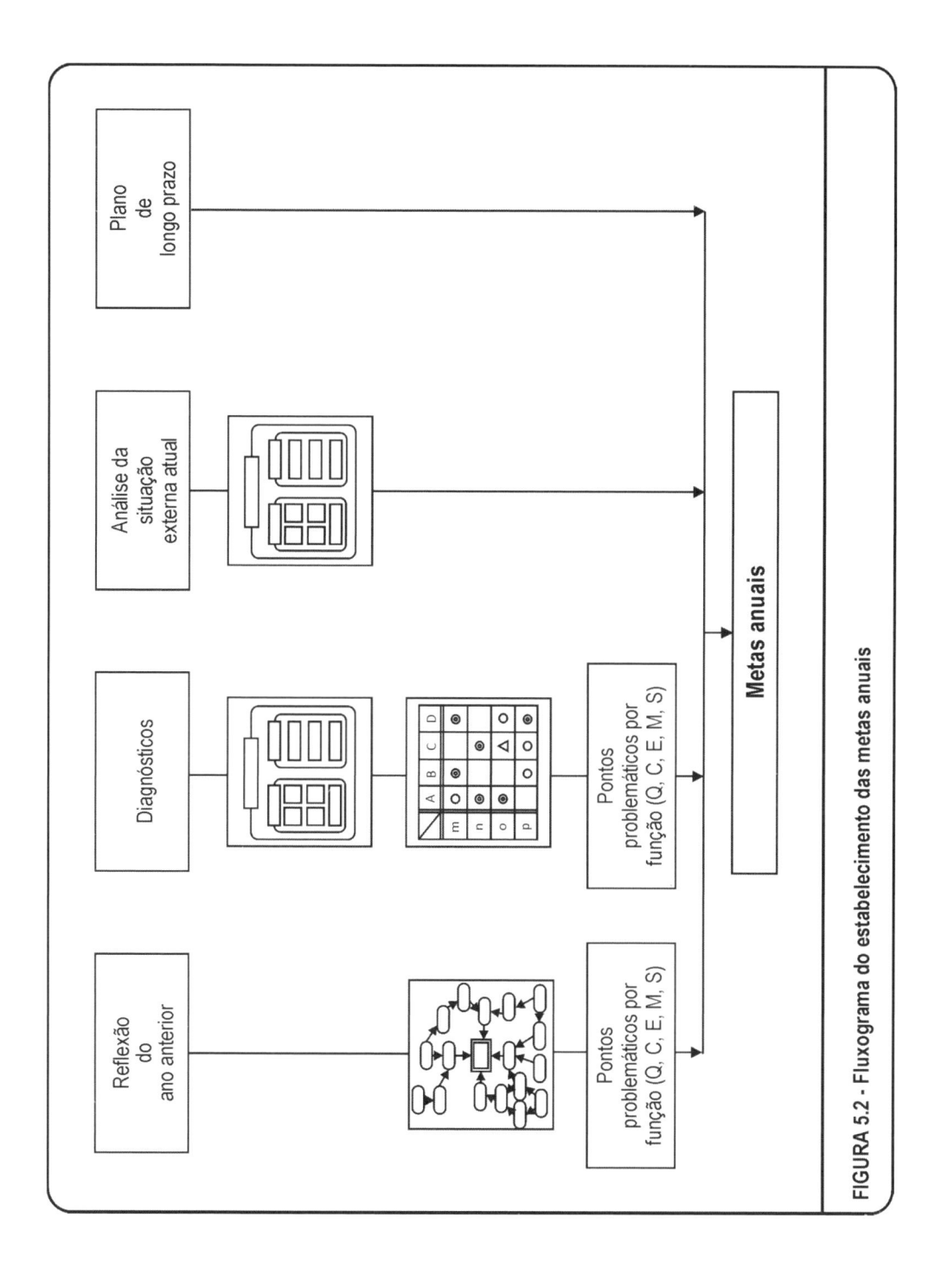

FIGURA 5.2 - Fluxograma do estabelecimento das metas anuais

Gerenciamento pelas diretrizes

h) Esses **pontos problemáticos** levantados no ano anterior precisam ser resolvidos e, portanto, novas metas devem ser estabelecidas sobre eles.

i) **As metas devem ser estabelecidas de maneira racional**. No entanto, para que possam garantir a sobrevivência da organização, **devem ser muito desafiantes**. O valor da meta deve ser tal que demande **muito esforço** para o seu atingimento.

5.4 Passo 2 - Como estabelecer o projeto das diretrizes do presidente

a) Para o estabelecimento das diretrizes anuais da empresa, a diretoria solicita ao escritório da GQT ou ao setor de planejamento, no final de julho, o estabelecimento do **projeto das diretrizes**.[32]

b) A FIG. 5.3 mostra um **fluxograma para a determinação do projeto das diretrizes do presidente**.

c) Cada uma das **metas anuais**, como estabelecidas no item anterior, serão agora analisadas para se estabelecer as medidas necessárias e suficientes para atingir essas metas.

d) Essas **medidas** incluem desenvolvimento de novos produtos, melhoramento da engenharia de produção, incremento das exportações, racionalização da logística, desenvolvimento de fornecedores, etc.

e) A FIG. 5.3 sugere a utilização do diagrama de relação para o estabelecimento das medidas e o diagrama de árvore para a organização e disposição dessas medidas.

f) Como mostra a FIG. 5.4, uma medida poderá afetar somente uma meta ou mais de uma meta. Portanto, é necessário estudar todas as medidas em conjunto com todas as metas.[33]

g) Isso poderá ser feito através do diagrama de matriz, com a finalidade de:

- Eliminar duplicação de medidas;
- Priorizar medidas para garantir o atingimento das metas;
- Evitar omissões.

h) Concluída essa etapa, é conduzida uma **revisão do plano de médio prazo e do plano de longo prazo** da empresa e de cada setor.

i) É recomendável que seja feito paralelamente um **orçamento** que dê suporte às diretrizes estabelecidas.

Estágio 2: Prática de golpes faixa marrom

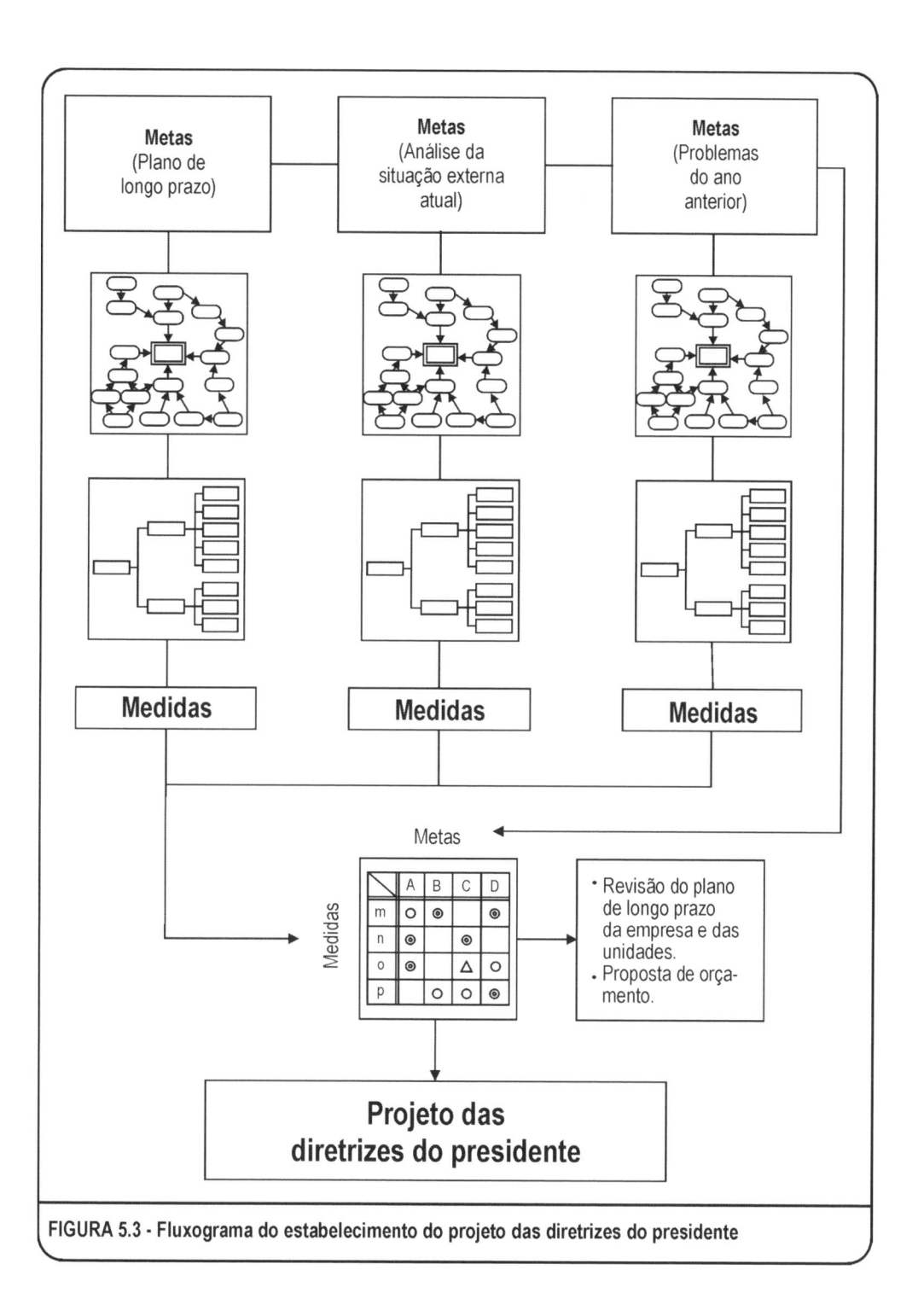

FIGURA 5.3 - Fluxograma do estabelecimento do projeto das diretrizes do presidente

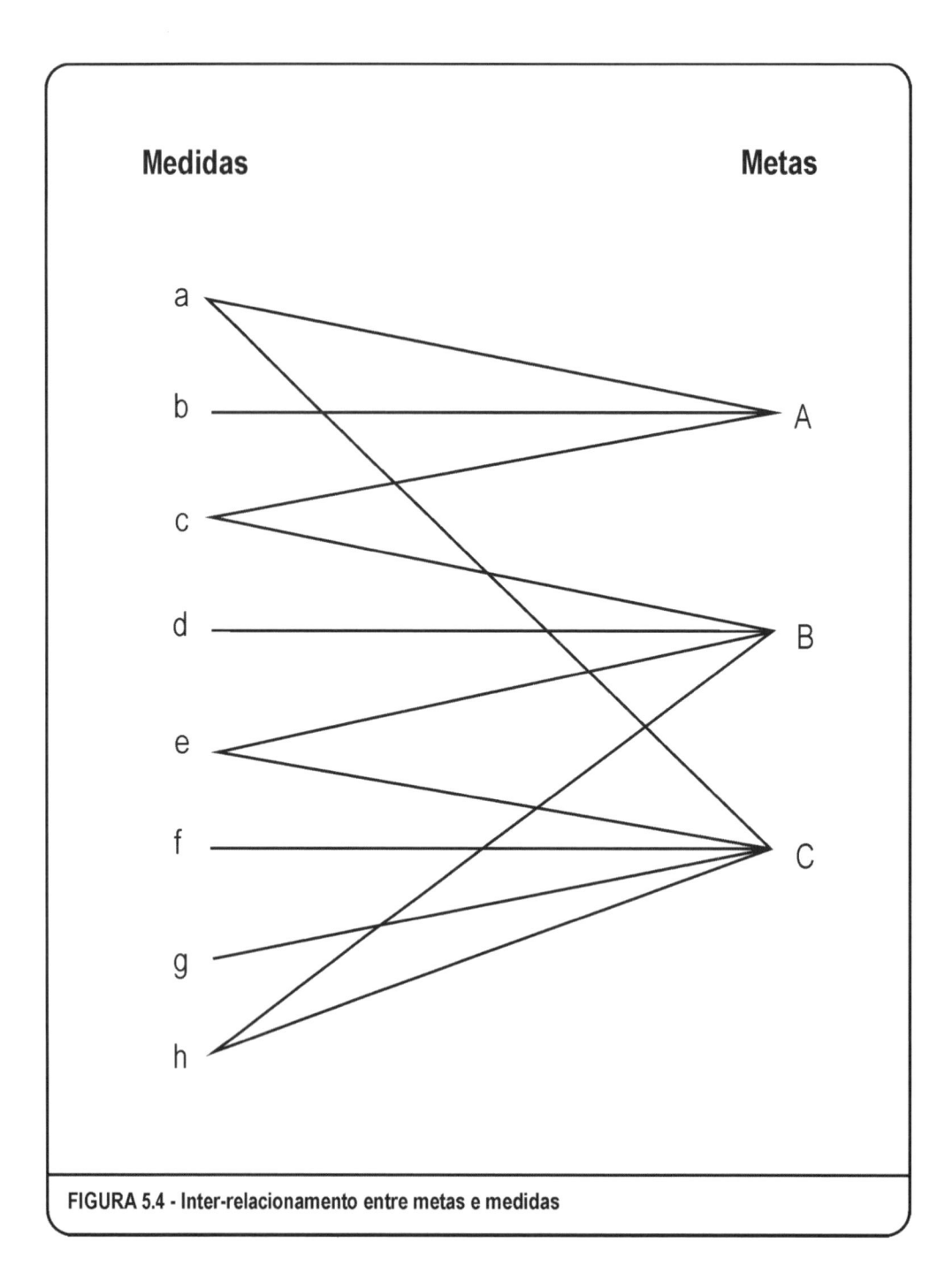

FIGURA 5.4 - Inter-relacionamento entre metas e medidas

j) Está, então, estabelecido o **projeto das diretrizes do presidente**. Esse projeto irá influenciar o estabelecimento de todas as diretrizes dos níveis inferiores, mas somente será confirmado após discussão intensa e profunda por todo o corpo gerencial. Após esse processo, o projeto inicial das diretrizes do presidente poderá ser parcialmente modificado.[34]

k) O documento que registra as diretrizes do presidente deve conter um anexo denominado **princípios**, que contém as explicações e os fundamentos das diretrizes. Isso tem a finalidade de promover o entendimento entre as pessoas sobre o motivo das metas estabelecidas e desenvolver a vontade coletiva de atingi-las.

l) O mesmo é válido para todas as diretrizes em todos os níveis hierárquicos da empresa. Todos devem conter os seus **princípios**.

5.5 Passo 3 - Como conduzir o desdobramento das diretrizes

Nota: Nesta etapa, está sendo utilizado o **método B** de desdobramento, como descrito no item 3.5.3.

a) O processo de **desdobramento das diretrizes**, dentro do planejamento, tem como objetivo levar, de forma concreta, a todas as pessoas as necessidades de melhoria da organização, conforme o projeto das diretrizes do presidente.

b) Cada **unidade** da organização (ou seja, uma unidade de negócio, uma unidade fabril, uma unidade de logística, etc.) recebe o projeto das diretrizes do presidente e inicia o processo de desdobramento dentro da unidade.

c) A FIG. 5.5 mostra um **método geral** de desdobramento das diretrizes dentro de uma unidade. Esse processo será descrito em detalhes nos itens seguintes. Procure sempre rever essa figura ao longo deste capítulo para fixar o método e manter a consciência da terminologia.

d) Cada unidade estabelece um **grupo de trabalho** formado para coordenar o desdobramento.

e) Esse grupo de trabalho é essencialmente técnico e deve dominar (saber indicar a ferramenta adequada a cada situação e orientar a sua utilização) as ferramentas do planejamento da qualidade necessárias para ordenar e registrar as ideias surgidas nas reuniões da alta administração.

f) O planejamento anual da organização demanda muito tempo. Portanto, sempre que possível, é conveniente economizar tempo. Nesse sentido, é possível iniciar o estabelecimento das metas das unidades mesmo antes de terminar o projeto das diretrizes do presidente.

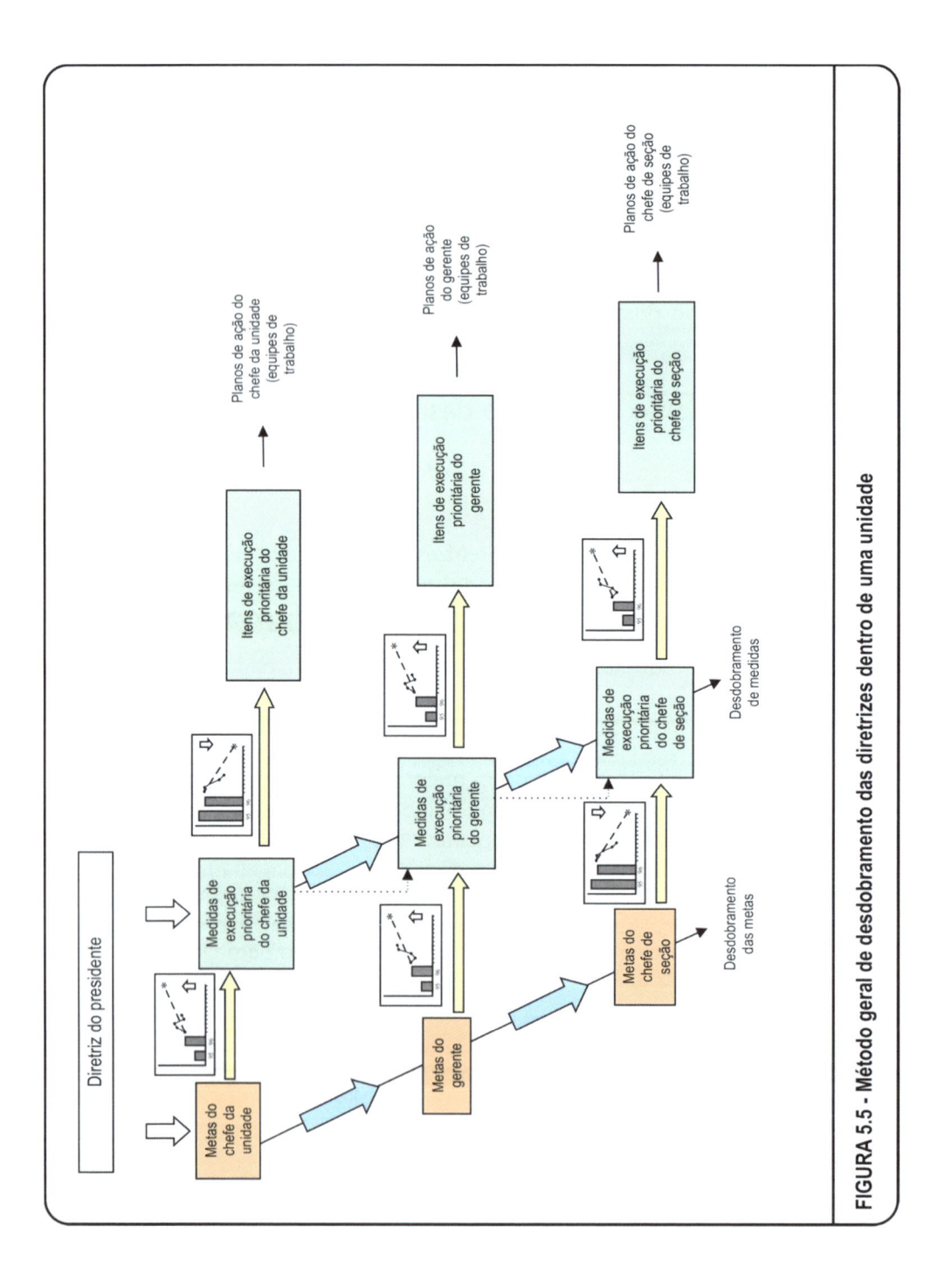

Gerenciamento pelas diretrizes

FIGURA 5.5 - **Método geral de desdobramento das diretrizes dentro de uma unidade**

g) Isso é possível porque, antes da elaboração das diretrizes do presidente, há muitas informações disponíveis acerca dos problemas da organização e de cada unidade em particular.

5.5.1 Estabelecimento das metas das unidades

a) O primeiro objetivo desse grupo é estabelecer um **projeto de metas**, desde o responsável pela unidade até cada chefe de seção (UGB).

b) Essas metas são estabelecidas sobre as responsabilidades de cada chefe: **qualidade, custo** e **entrega** dos **produtos** (bens ou serviços) de seu negócio e **moral** e **segurança** das **pessoas** de sua equipe.

c) No estabelecimento das metas do responsável pela unidade, como mostrado na FIG. 5.6, são inicialmente escolhidos os **temas prioritários para o ano** a partir de três fontes:

- O projeto de diretriz do presidente;
- Os planos de médio prazo e de longo prazo da própria unidade;
- Sua própria reflexão do ano anterior (que inclui uma análise dos diagnósticos e das solicitações de outros setores).

d) As metas demandam muita fundamentação e **discussão** (ajuste, *catch ball*) entre o corpo gerencial, pois há situações que não são simples. Por exemplo: **aumentar o *market-share*** e **aumentar o lucro** são objetivos que se relacionam entre si e podem ser contraditórios. Daí a importância de conduzir discussões organizadas e registradas através de ferramentas apropriadas.

e) Estabelecidos os temas prioritários, os responsáveis de cada unidade, sempre com a ajuda do grupo de trabalho, devem **ajustar** os valores de suas metas (estabelecidas sobre os temas prioritários) com as outras unidades, através de discussões baseadas sempre que possível em fatos e dados, para visualizar o projeto de diretrizes do presidente.

f) Feito esse ajuste, está estabelecido o projeto de metas anuais do responsável pela unidade. Esse projeto de metas será alterado ou confirmado após o completo desdobramento e confirmação das diretrizes de todas as chefias.

g) Nem sempre é possível para alguns setores de apoio, em algumas circunstâncias, estabelecer metas. Em alguns casos, esses setores apenas assumem medidas para que metas de outros setores de linha possam ser atingidas.

Gerenciamento pelas diretrizes

FIGURA 5.6 - Procedimento de estabelecimento das metas anuais

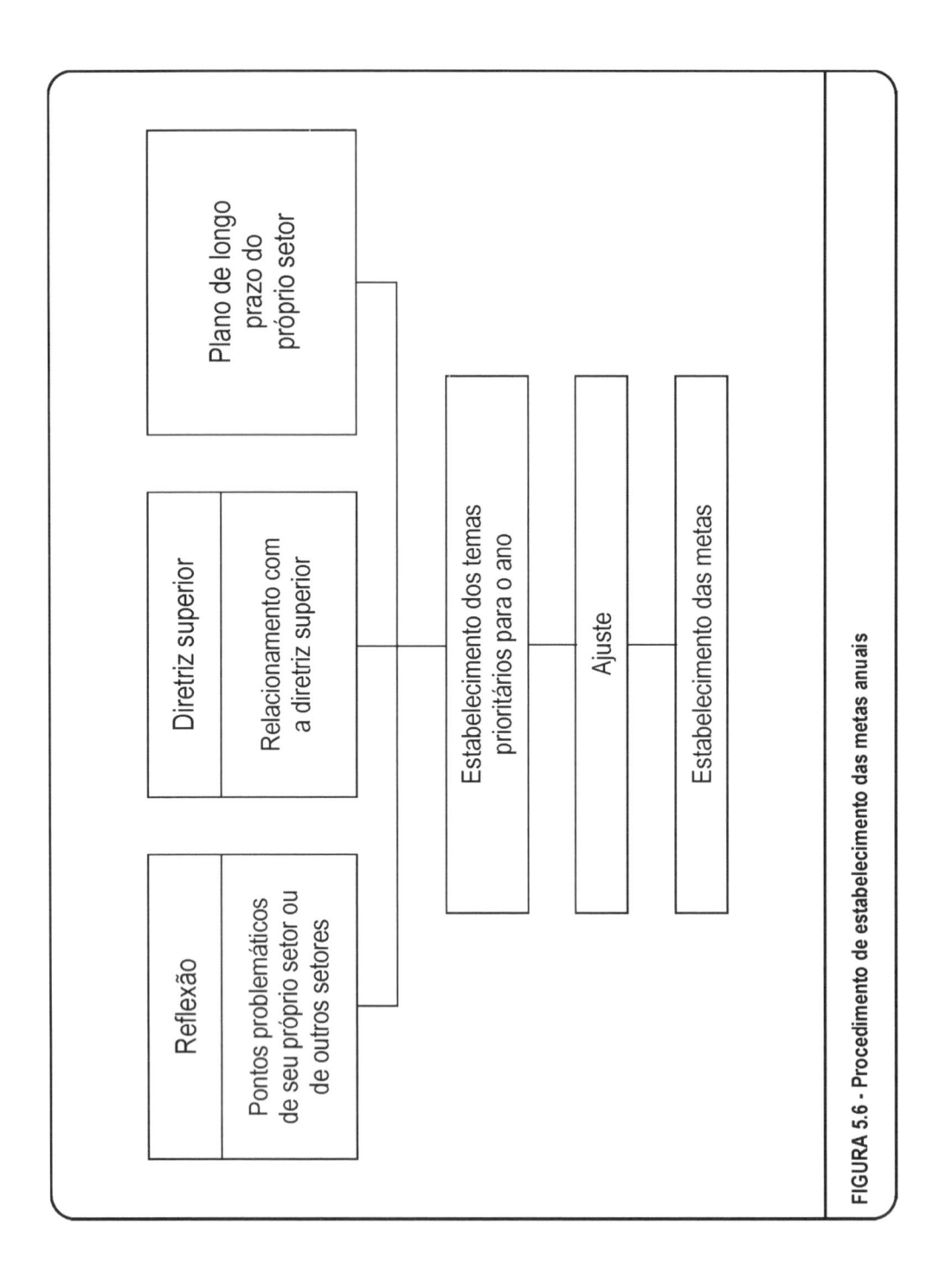

5.5.2 Desdobramento das metas das unidades

a) Esse desdobramento[35] poderá ser feito utilizando-se:

- A análise de pareto (método das bandeiras);[7]
- O diagrama de árvore.[17]

b) Sempre que as informações puderem ser representadas por dados numéricos, o método de análise de Pareto é o melhor. No entanto, isso nem sempre é verdade, principalmente para as áreas administrativas, de vendas, etc. Nesse caso, a utilização do diagrama de árvore poderá ser mais apropriada.

c) Durante o desdobramento das metas, deve ser propiciada muita discussão para:

- Desenvolver em toda a organização **a vontade e o entusiasmo em atingir as metas**;
- **Extrair todo o conhecimento do grupo**, principalmente da alta administração.

5.5.2.1 Método de análise de Pareto ou método das bandeiras

a) **Esse método serve para desdobrar metas** quando toda a análise pode ser conduzida através de dados numéricos. A conceituação básica da análise de Pareto é dada na literatura[22] (verificar o Apêndice 2 da referência citada).

b) O **desdobramento de metas através de uma análise de Pareto é excelente** porque o desdobramento pode ser todo feito em base numérica e, portanto, facilita o ajuste (*catch ball*) entre os membros do corpo gerencial.[36]

c) A FIG. 5.7 mostra esse método de desdobramento de metas. A figura é praticamente autoelucidativa para quem já conhece bem a análise de Pareto (caso de quem já praticou a faixa branca).

d) Durante o desdobramento, em cada nível, haverá dois tipos de problemas:

- **Problemas desdobráveis:** São os problemas mais fáceis, que poderão ser executados pelos níveis hierárquicos inferiores e que não necessitarão de contribuição técnica relevante. Eventualmente, poderão chegar até o nível de supervisores ou de CCQ como tema de trabalho, caso o grupo queira tomá-lo de forma voluntária e tenha experiência e competência para isso;

Gerenciamento pelas diretrizes

Nº	Procedimento	Conteúdo
1	A partir da meta estabelecida, analisar e estabelecer os problemas a serem atacados	Fazer um *brainstorming* utilizando o diagrama espinha de peixe, alocando a cada espinha setores responsáveis, ou tipo de produto, ou itens de defeitos, etc. Estabelecer os problemas a serem estudados.
2	Distribuir os problemas conforme a responsabilidade de cada um	Levantar os dados e fazer os gráficos de Pareto dos problemas. Estabelecer responsabilidades de cada gerente na unidade de negócio sobre esses problemas.
3	Estabelecer a meta em cada problema	Após a distribuição das responsabilidades, estabelecer as metas de cada um e indicar no gráfico de Pareto a parte a ser melhorada com uma área sombreada.
4	Caso de grupos de trabalho interfuncionais	Em casos de projetos especiais que devem ser conduzidos de forma interfuncional, sob o comando do próprio gerente, esses temas não serão desdobrados, constituindo-se em item de controle especial do gerente.

FIGURA 5.7 - Método de desdobramento de metas utilizando a análise de Pareto (método das bandeiras)

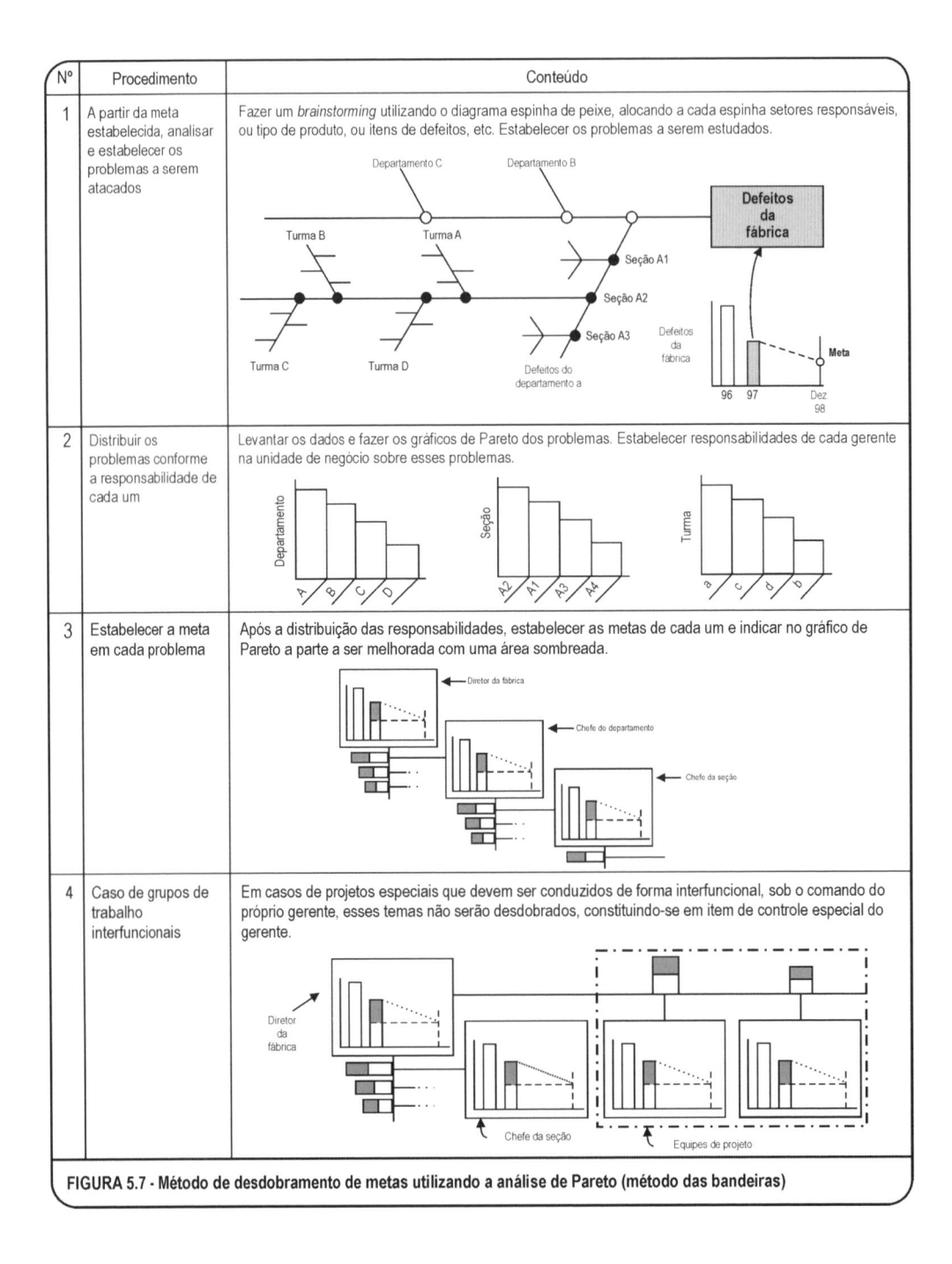

- **Problemas crônicos, graves e tecnicamente difíceis, bem como os problemas que demandarão inovação**(*): Esses problemas devem ser separados quando aparecerem em cada nível hierárquico e ser alocados a grupos de trabalho de maior capacidade técnica (mas permanecerão como responsabilidade do gerente naquele nível). Isso poderá acontecer até no nível de seção (UGB).

(*) As soluções aqui denominadas de **inovação** são aquelas soluções de problemas administrativos, de serviço ou manufatura, que demandam novas tecnologias, novos materiais, novos processos, novos produtos, etc. Por exemplo: todo plano de ação que inclui informatização ou automação de processos é uma solução inovadora.

e) Nota-se, na FIG. 5.7, que a parte sombreada corresponde à meta estabelecida sobre o tema (problema).

f) Quando é possível desdobrar a meta de forma numérica, como demonstrado neste método, e se propicia bastante discussão durante o desdobramento, a **possibilidade de atingimento da meta** fica muito aumentada.

g) O ponto fraco deste método é que, na parte referente ao *brainstorming*, o desdobramento ocorre sem uma ordenação sequencial e, portanto, não oferece ao usuário a segurança de que todas as possibilidades foram consideradas. Isso poderá ser mais facilmente conseguido pela utilização do **diagrama de árvore**.

h) Além disso, nem sempre é possível utilizar o método de análise de pareto, por dificuldade de informações ou de domínio de todas as variáveis. Esse poderá ser o caso das áreas de vendas, engenharia, administrativa, etc.

5.5.2.2 Método do diagrama de árvores

a) A montagem de um diagrama de árvore pode seguir o seguinte roteiro:
- Estabelecer o objetivo do setor a ser analisado (sem ainda falar em valores);
- Desdobrar esse objetivo (deduzir os meios ou as medidas) por local, por produto, por departamento, por cliente, etc.;
- Construir a proposta inicial do diagrama de árvore, que deve ser discutida e completada;
- Estabelecer o valor e o prazo do objetivo inicial, transformando-o em meta;
- Alocar valores e prazos para os outros objetivos, com a participação e concordância de todos os envolvidos.

b) A FIG. 5.8 mostra um exemplo de desdobramento de metas de uma unidade de vendas.

c) Alguns itens têm seu desdobramento facilitado porque são definidos por equação matemática. Por exemplo:

- Produtividade = faturamento/custos;
- Custos = custos fixos + custos variáveis, etc.

d) A FIG. 5.9 mostra um desdobramento de objetivos que poderão se tornar metas através da discussão, ajuste (*catch ball*) e alocação de valores.

e) Comparando com a análise de Pareto, a utilização do diagrama de árvore para o desdobramento de metas dá uma maior segurança de que todas as possibilidades foram consideradas.

f) O diagrama de árvore combinado com o diagrama de pareto, quando houver dados suficientes, é um excelente método de análise e desdobramento com priorização simultânea.

5.5.3 Estabelecimento das medidas de execução prioritária

a) Depois que cada gerente aceitou o seu projeto de meta, ele entra na **sequência de planejamento do PDCA**. Nessa sequência, após o estabelecimento da meta, deve existir o entendimento de seu problema. Problema é um resultado indesejável. Por exemplo, se um gerente recebeu uma meta de reduzir o custo, ainda que seu custo seja o menor do mundo, o seu problema é custo elevado.

b) Entendidos quais são os seus problemas, o gerente entra na **parte mais importante do gerenciamento pelas diretrizes**, que compreende as atividades necessárias para estabelecer um **plano de ação** para atingir as metas ou resolver os problemas.

c) Seguindo-se a sequência de planejamento do PDCA, os passos seguintes são a análise de fenômeno (fins), **para conhecer as características importantes do problema**, e a análise de processo (causas), para conhecer os **fatores causais** que provocam o problema.

d) Conhecidos esses **fatores causais**, são então propostas **medidas** para eliminá-los. Essas medidas decorrem do conhecimento e experiência das pessoas e contêm a criatividade que é gerada neste trabalho.

Estágio 2: Prática de golpes faixa marrom

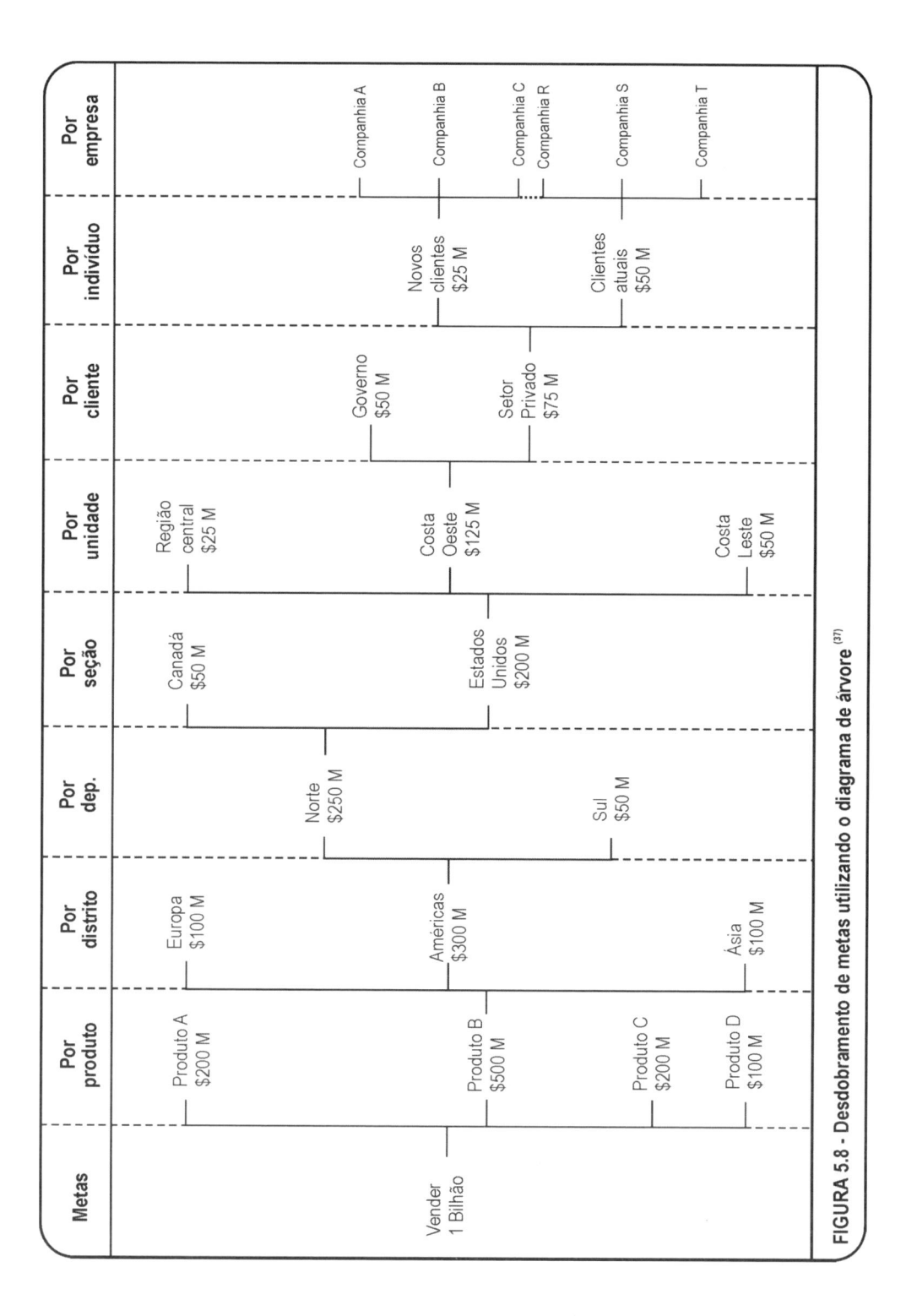

Metas	Por produto	Por distrito	Por dep.	Por seção	Por unidade	Por cliente	Por indivíduo	Por empresa
Vender 1 Bilhão	Produto A $200 M	Europa $100 M	Norte $250 M	Canadá $50 M	Região central $25 M	Governo $50 M	Novos clientes $25 M	Companhia A
	Produto B $500 M	Américas $300 M		Estados Unidos $200 M	Costa Oeste $125 M			Companhia B
	Produto C $200 M					Setor Privado $75 M		Companhia C
	Produto D $100 M	Ásia $100 M	Sul $50 M		Costa Leste $50 M		Clientes atuais $50 M	Companhia R
								Companhia S
								Companhia T

FIGURA 5.8 - Desdobramento de metas utilizando o diagrama de árvore [37]

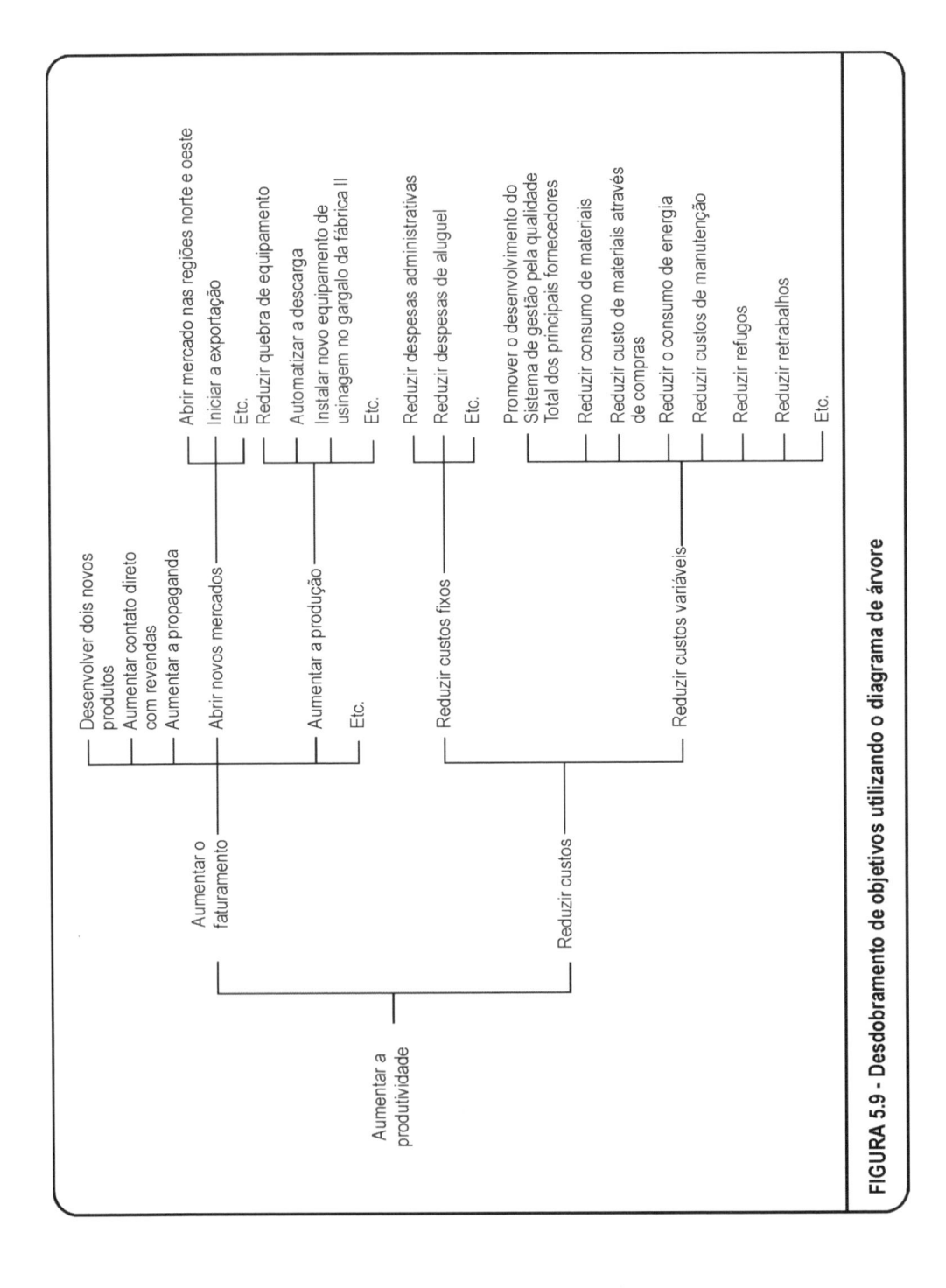

Gerenciamento pelas diretrizes

```
Aumentar a
produtividade
├── Aumentar o faturamento
│   ├── Desenvolver dois novos produtos
│   ├── Aumentar contato direto com revendas
│   ├── Aumentar a propaganda
│   ├── Abrir novos mercados
│   │   ├── Abrir mercado nas regiões norte e oeste
│   │   ├── Iniciar a exportação
│   │   └── Etc.
│   ├── Aumentar a produção
│   │   ├── Reduzir quebra de equipamento
│   │   ├── Automatizar a descarga
│   │   ├── Instalar novo equipamento de usinagem no gargalo da fábrica II
│   │   └── Etc.
│   └── Etc.
└── Reduzir custos
    ├── Reduzir custos fixos
    │   ├── Reduzir despesas administrativas
    │   ├── Reduzir despesas de aluguel
    │   └── Etc.
    └── Reduzir custos variáveis
        ├── Promover o desenvolvimento do Sistema de gestão pela qualidade Total dos principais fornecedores
        ├── Reduzir consumo de materiais
        ├── Reduzir custo de materiais através de compras
        ├── Reduzir o consumo de energia
        ├── Reduzir custos de manutenção
        ├── Reduzir refugos
        ├── Reduzir retrabalhos
        └── Etc.
```

FIGURA 5.9 - Desdobramento de objetivos utilizando o diagrama de árvore

e) Grande parte das análises mencionadas acima foi feita com antecedência e está contida nos **planos de médio prazo e de longo prazo** (abordagem por projetos) e no **relatório de reflexão anual** (abordagem analítica).

f) Deve ser feita previamente a identificação das diferenças entre o planejado e o realizado no ano anterior, bem como uma análise das causas dessas diferenças. Dessa **abordagem analítica** sairão **propostas de medidas** para atingir as metas anuais. Essa análise deve estar contida no **relatório de reflexão anual** de cada gerente.

g) Além disso, deve-se identificar previamente os problemas da organização, pensando no futuro (problemas referentes a mudanças estruturais para garantir a competitividade da empresa). Dessa **abordagem por projetos** também sairão **propostas de medidas** para atingir as metas anuais. Essa análise deve estar contida nos **planos de médio prazo e de longo prazo**.

h) Esses dois documentos são vitais nessa etapa e devem ser amplamente consultados, além do **projeto da diretriz do presidente** e da análise que cada gerente deve fazer das **informações** (referentes à sua própria área de atuação) oriundas do mercado, dos concorrentes, das mudanças tecnológicas, do relato de problemas crônicos difíceis atacados no ano anterior, etc. Além de tudo, o gerente deve rever os seus **próprios planos futuros**.

i) Durante a fase de proposição das medidas para atingir as metas, deve ser feita uma **análise dos impedimentos** (ver item 3.8.4) para cada medida. Nessa etapa deve-se analisar a influência da medida proposta em outras funções (Q, C, E, M, S), em outros setores e no desempenho futuro da empresa.

j) Uma medida proposta para reduzir custo poderá provocar **redução do nível de qualidade** do produto e possível perda de *market-share* para o concorrente; ou poderá reduzir a segurança das **instalações**; ou poderá trazer muita insatisfação aos **empregados**, etc.

k) Outro tipo de consideração a ser feita é: como esta medida poderá influenciar os **outros setores da organização**?

l) Finalmente, ainda nessa busca dos impedimentos, deve-se considerar que uma medida poderá trazer **consequências futuras**. Por exemplo: uma medida poderá impedir a utilização de certo local para se atuar num gargalo colocando um novo equipamento para aumentar a produção; ou poderá aumentar em demasia o consumo de eletricidade, que não é disponível em abundância no local, etc.

m) A possibilidade de haver impedimentos não significa que a medida não poderá ser adotada. Nesse caso, se a medida tiver que ser adotada, teremos que **estabelecer contramedidas aos impedimentos** e seguir em frente.

n) Estabelecidas as medidas, é preciso priorizá-las para executar apenas as necessárias para que as metas sejam alcançadas. Nessa **priorização**, são fatores importantes:

- Taxa de **contribuição** da medida ao atingimento das metas;
- Nível de **emergência** de sua execução;
- **Economicidade** da execução;
- Nível de **ajuste** da medida com as medidas dos superiores, etc.

o) Essa priorização pode ser feita de várias maneiras, inclusive pelo voto de pessoas competentes no assunto, como foi feito no estágio faixa branca. A priorização pode ainda ser feita com várias ferramentas, entre elas, o diagrama de Pareto.

p) Muito embora as medidas tenham sido estabelecidas meta a meta, uma medida poderá afetar mais de uma meta, como mostra a FIG. 5.4. Quando se deseja priorizar correlacionando dois conjuntos de fatores que se influenciam mutuamente, uma boa ferramenta é o **diagrama de matriz**. Nesse caso, é avaliado um conjunto de medidas em relação a um conjunto de metas, como mostra a FIG. 5.10.

q) Depois que cada diretor ou gerente tiver estabelecido medidas prioritárias para atingir suas metas, é necessário fazer uma **compatibilização vertical e horizontal** (*catch ball*):

- Minhas medidas estão compatíveis com as medidas de meus superiores?
- Minhas medidas estão compatíveis com as medidas de outros gerentes?

r) Essa compatibilização pode ser ajustada através de um diagrama de árvore. Isso deve ser feito de preferência com a presença de todos os gerentes, pois nesse processo ocorre um bom **efeito sinérgico,** e várias medidas altamente criativas poderão surgir.

s) A ferramenta diagrama de árvore é muito eficiente para fazer o desdobramento das medidas em vários níveis (primário, secundário e terciário) extraindo-se, em cada posição, as medidas exequíveis. A FIG. 5.11 mostra um desdobramento de medidas.

t) Após o recebimento das metas desdobradas, estabelecimento das medidas necessárias e suficientes para atingir essas metas, sua priorização e compatibilização vertical e horizontal **ficam estabelecidas as diretrizes de cada gerente**.

Estágio 2: Prática de golpes faixa marrom

FIGURA 5.10 - Priorização de medidas de execução utilizando o diagrama de matriz

Gerenciamento pelas diretrizes

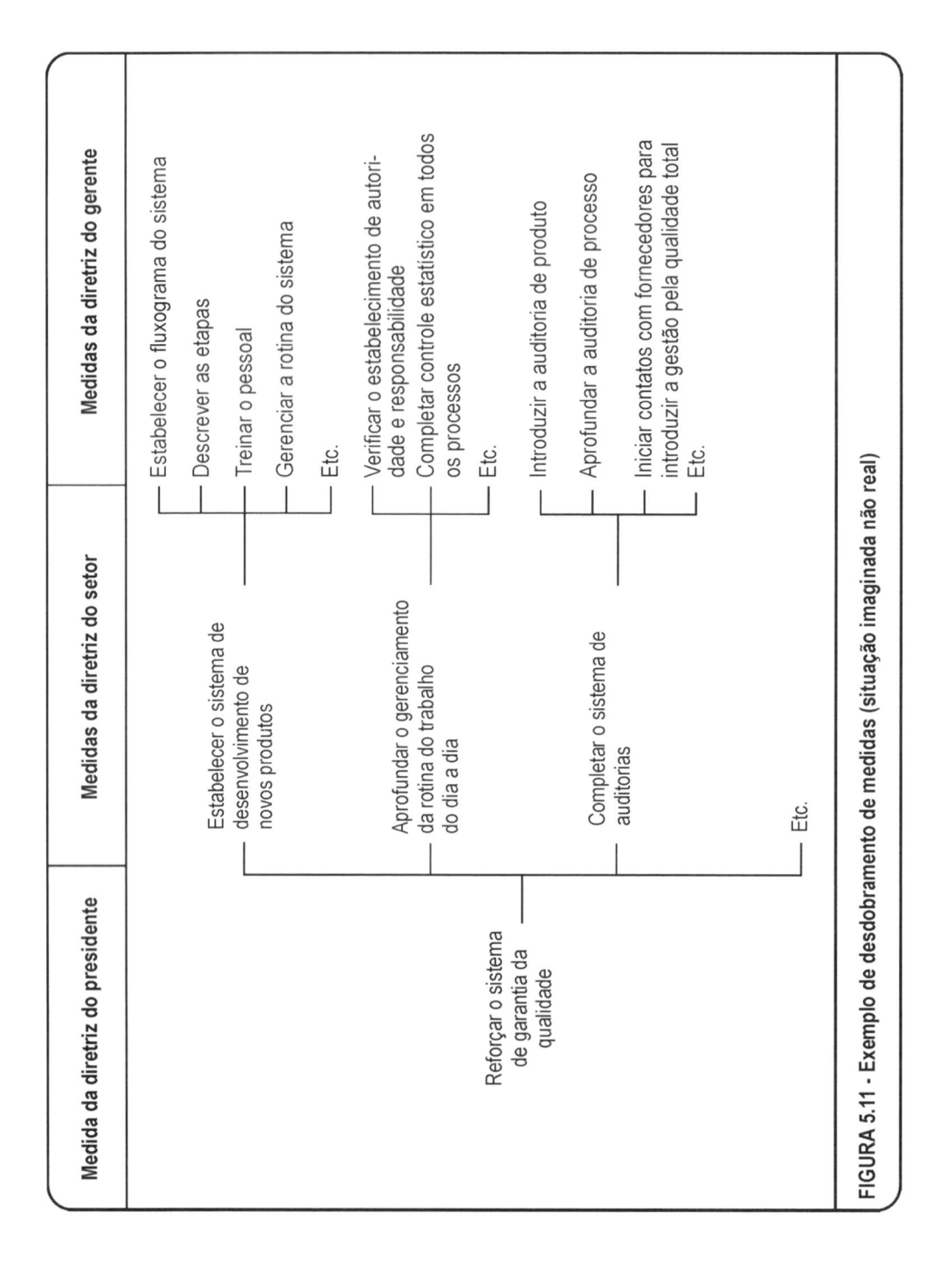

Medida da diretriz do presidente	Medidas da diretriz do setor	Medidas da diretriz do gerente
Reforçar o sistema de garantia da qualidade	Estabelecer o sistema de desenvolvimento de novos produtos	— Estabelecer o fluxograma do sistema — Descrever as etapas — Treinar o pessoal — Gerenciar a rotina do sistema — Etc.
	Aprofundar o gerenciamento da rotina do trabalho do dia a dia	— Verificar o estabelecimento de autoridade e responsabilidade — Completar controle estatístico em todos os processos — Etc.
	Completar o sistema de auditorias	— Introduzir a auditoria de produto — Aprofundar a auditoria de processo — Iniciar contatos com fornecedores para introduzir a gestão pela qualidade total — Etc.
	Etc.	

FIGURA 5.11 - Exemplo de desdobramento de medidas (situação imaginada não real)

u) Essas medidas prioritárias foram estabelecidas para atingir metas desafiadoras, que visam a romper o *status quo* e garantir a sobrevivência da organização. Portanto, é necessário que essas medidas sejam **ideias originais inovadoras,** mas práticas e exequíveis.

v) Essas **ideias originais inovadoras** devem ser **medidas reformuladoras da estrutura** e resultam do processo criativo humano, mas elas só surgem como resultado de um esforço dedicado e contínuo.

x) Essas medidas são finalmente denominadas **medidas de execução prioritária** (ver FIG. 5.5). Sobre essas medidas são estabelecidos **itens de verificação**, com suas devidas **metas**. Existe uma tendência de colocar valores conservadores nessas metas para evitar cobranças. Isso deve ser evitado, pois, se a meta de cada medida for menor, deverão ser implantadas mais medidas de execução prioritária, possivelmente a um custo maior para a organização.

y) Entre essas medidas de execução prioritária devem ser incluídas aquelas **medidas pertencentes aos planos de médio prazo e de longo prazo** e que só se refletirão em metas futuras da organização.

w) Como mostra a FIG. 5.12, algumas dessas medidas serão assumidas pelo próprio gerente sob a forma de projetos interfuncionais; outras serão atribuídas a seus colaboradores ou até mesmo a outros setores (ver também a FIG. 5.5).

5.5.4 Estabelecimento dos itens de execução prioritária

a) Esta etapa corresponde ao **estabelecimento do plano de ação de cada gerente**.

b) Cada medida de execução prioritária deverá ser **desdobrada** em várias outras medidas secundárias ou terciárias que denominaremos **itens de execução** (ver FIG. 5.5). Esse desdobramento poderá ser feito utilizando-se um diagrama de árvore como mostra a FIG. 5.13.

c) Nesse desdobramento devem ser incluídas as **contramedidas aos impedimentos**, identificadas na análise dos impedimentos.

d) Durante essa fase, cada gerente deve promover a **participação de seu superior,** para garantir o apoio no estabelecimento dos itens de execução. O item de execução é exequível? Existem recursos (humanos, financeiros e de equipamentos) para que seja executado?

e) No desdobramento da medida de execução prioritária, surgirão muitos itens de execução, e será impossível executar todos. Quais os prioritários? Se forem cortados recursos, quais itens serão deixados para o próximo ano?

Gerenciamento pelas diretrizes

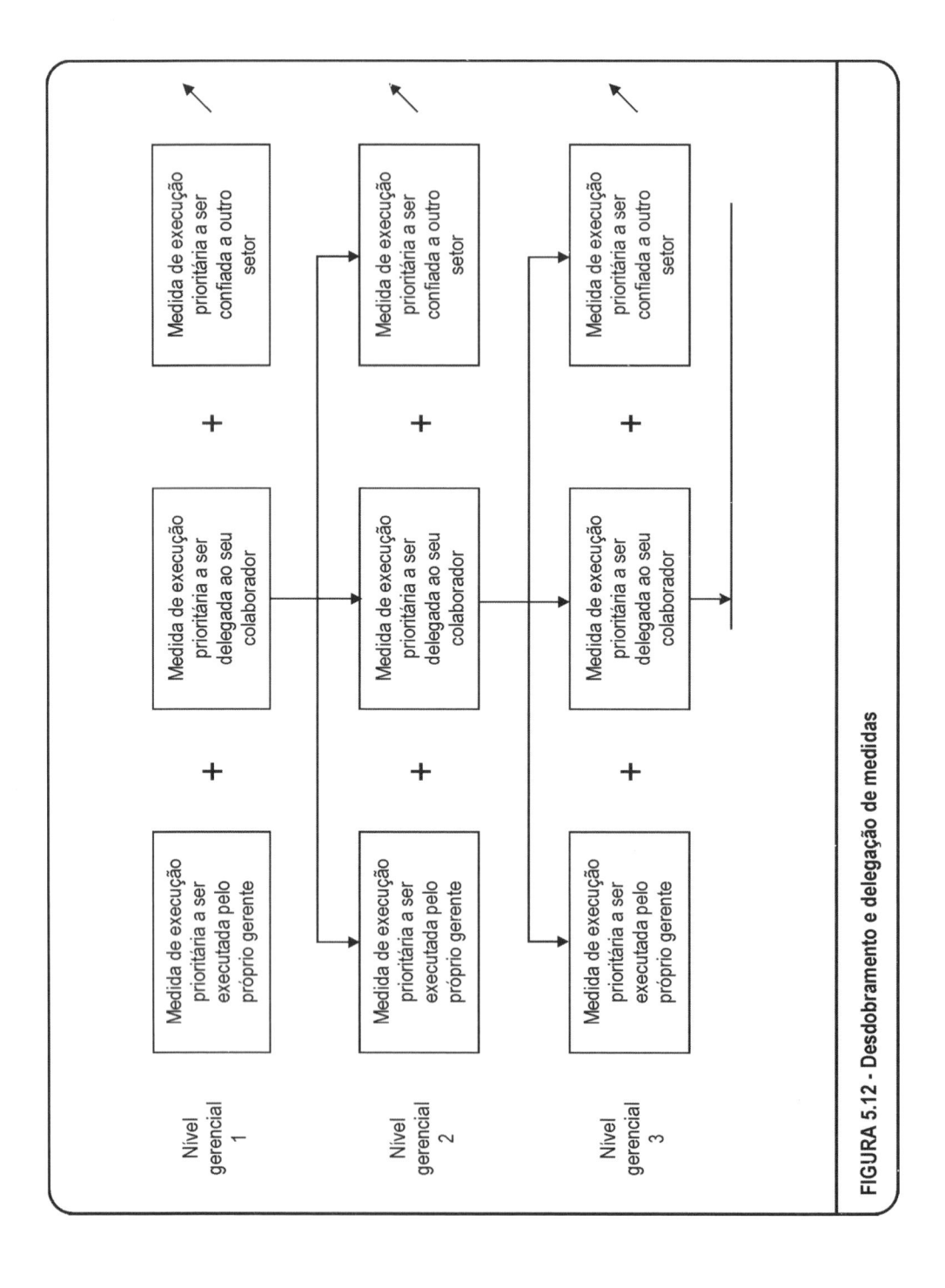

FIGURA 5.12 - Desdobramento e delegação de medidas

Estágio 2: Prática de golpes faixa marrom

Medida de execução prioritária (Primário)	Medidas de execução prioritária (Secundário)	Itens de execução prioritária (Terciário)
Aumentar as vendas na região oeste	Visitar pontos de venda	Levantar dados sobre os pontos de venda
		Selecionar os pontos a serem visitados
		Fazer contato telefônico prévio
		Efetuar a visita
	Melhorar o atendimento telefônico aos clientes	Fazer levantamento de informações sobre telefonemas
		Determinar a porcentagem de telefonemas não atendidos
		Em função do resultado adquirir novas linhas
	Criar programa de incentivo ao relacionamento com o ponto de venda	Preparar a equipe de vendas para a reunião
		Conduzir a reunião de *brainstorming*
		Fazer o plano de incentivo

FIGURA 5.13 - Desdobramento de uma medida de execução prioritária em itens de execução prioritária

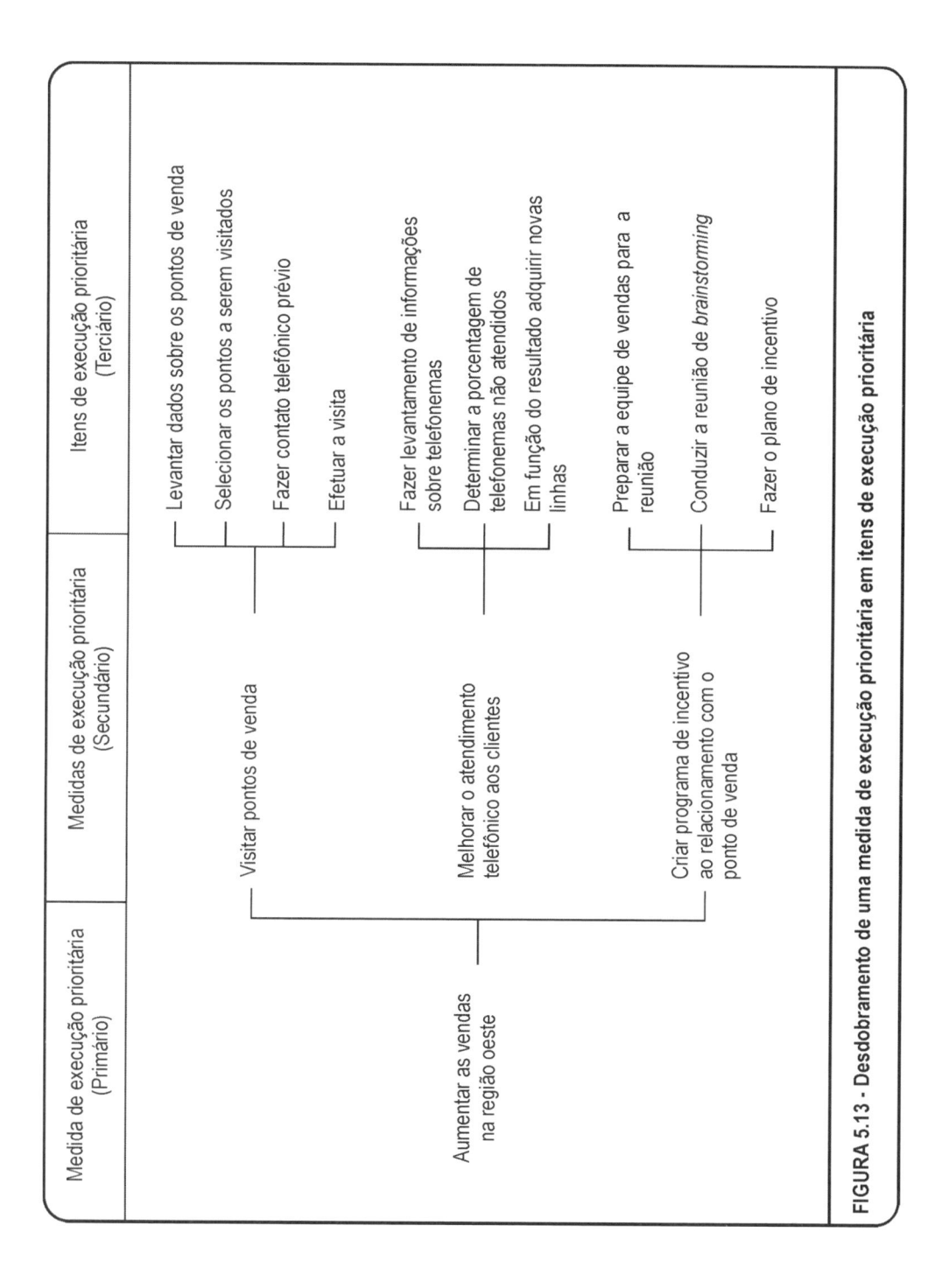

f) Para fazer essa **priorização** e colocar os itens de execução numa ordem sequencial, devem ser convocadas todas as pessoas que entendam do que está sendo tratado e que possam votar, atribuindo a nota 5 aos itens vitais, 3 aos importantes e 1 aos não muito importantes. Em cada votação avalia-se a dispersão R, que é igual à maior avaliação menos a menor. Caso R tenha o valor 4, deve-se propiciar discussões para promover um melhor entendimento, até que o valor de R possa ser menor.

g) Não se avalia um item de execução determinado pela alta administração. Esse será sempre prioritário.

h) Feita essa avaliação, já foi possível ordenar os itens por ordem de importância. Agora é necessário identificar a extensão em que cada item contribuirá para o atingimento da meta estabelecida sobre a medida de execução prioritária.

i) Só serão executados os itens que forem necessários e suficientes para atingir a meta da medida de execução prioritária. Denominaremos esses itens de **itens de execução prioritária**, e eles constituirão o próprio plano de ação de cada gerente (ver FIG. 5.5).

5.5.5 Prática do ajuste (*Catch Ball*)

a) A única forma de se conseguir a adesão e a voluntariedade de todas as pessoas é investir tempo no **ajuste** das metas e das medidas. Desse consenso, que se baseia na **confiança mútua**, nasce o **entusiasmo em atingir as metas**.

b) Essa confiança mútua nasce de dois entendimentos:

- A meta do presidente tem que ser alcançada se é que queremos garantir a sobrevivência da empresa.

- Se isso é verdade e eu estimar minha meta para menos do que deveria ser, algum companheiro terá que carregar o fardo por mim.

c) Esse ajuste entre superior e colaborador, entre departamentos de mesmo nível e até mesmo entre cliente e fornecedor, é realizado primeiro com as metas e depois com as medidas para que o plano tenha **coerência** e seja **exequível**.

d) É evidente que a coerência desejada poderia perfeitamente ser conseguida pelos assessores, até mesmo sem consultar ninguém, apenas utilizando fatos e dados. No entanto, o principal objetivo do ajuste é o **amadurecimento da vontade de atingir as metas**. Isso irá se consolidando, pouco a pouco, durante o processo de desdobramento e ajuste.

e) No estágio 1 (faixa branca) é mais frequente o **ajuste vertical**, ou seja, entre os níveis superior e inferior da hierarquia. Nesse estágio e para o futuro, é cada vez mais importante que haja o **ajuste horizontal**, ou seja, entre as chefias de mesmo nível.

f) Esse ajuste é conduzido em reuniões abertas entre todas as partes envolvidas, organizadas e registradas através de ferramentas apropriadas, como mostra a FIG. 5.14. Essa figura mostra, por exemplo, que pela união de diagramas de relação de vários setores é possível clarear as partes onde deve haver cooperação.

g) Na prática do **ajuste das medidas** ocorre a verificação da falta de algumas medidas, a duplicidade de outras e o aparecimento de novas medidas altamente criativas, propiciadas pelo efeito sinérgico da presença de todos.

5.5.6 Estabelecimento do plano de ação

a) No estágio 1 (faixa branca) foi utilizada como ferramenta para dispor um plano de ação um quadro com o 5W1H. Muito embora o conceito do 5W1H deva sempre estar presente na disposição de qualquer plano de ação, há outras ferramentas para lidar com situações específicas.

b) No final de um planejamento, é possível haver três situações:

- **Certeza**: Quando ao final do planejamento todos têm a compreensão e a certeza de que a meta será alcançada;

- **Dúvida**: Quando ao final do planejamento as pessoas não têm certeza de que a meta será atingida, pois sabem que existem pontos do plano que irão depender de fatos que possam decorrer da implementação do próprio plano; ou ainda que existem pontos obscuros do planejamento pela imprevisibilidade de algumas ações por falta de conhecimento adequado;

- **Certeza/dúvida**: Quando se tem a certeza de que a meta será alcançada, porém planejamentos adicionais são previstos ao longo da implementação do atual plano, pela ocorrência previsível de fatores desconhecidos quando da fase de planejamento.

c) **Certeza**: No caso de certeza, existe a segurança de que a meta será atingida e, portanto, a sequência de planejamento está totalmente dominada. São exemplos de casos de certeza: sequência de instalação de um equipamento; sequência para a construção de um edifício; sequência para a fabricação de um protótipo, etc. Nesse caso, as ferramentas mais adequadas de disposição do plano são o Diagrama de Barras e o Diagrama de Setas. A FIG. 5.15 mostra uma disposição bem simplificada do plano de construção de uma casa.

Gerenciamento pelas diretrizes

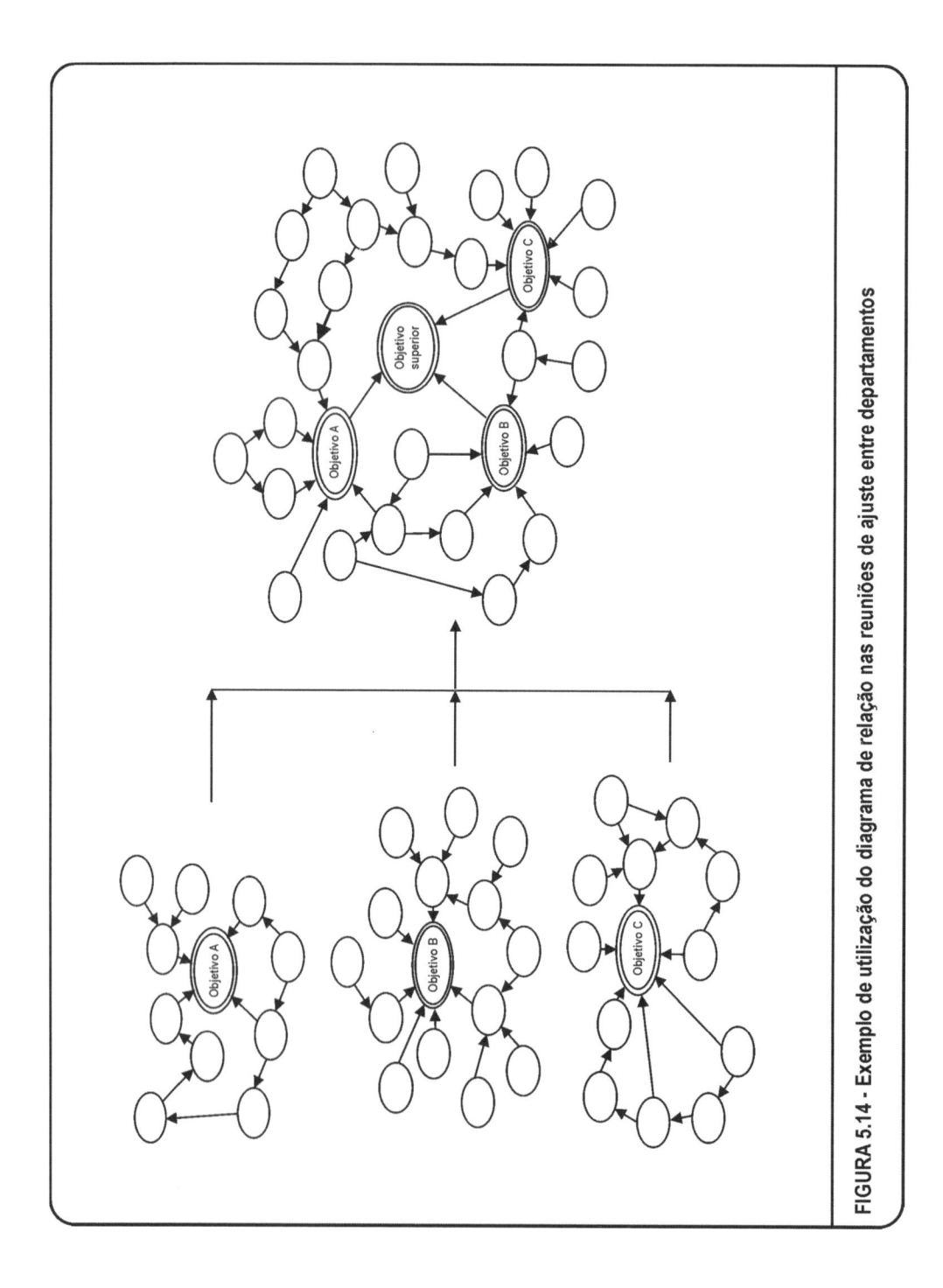

FIGURA 5.14 - Exemplo de utilização do diagrama de relação nas reuniões de ajuste entre departamentos

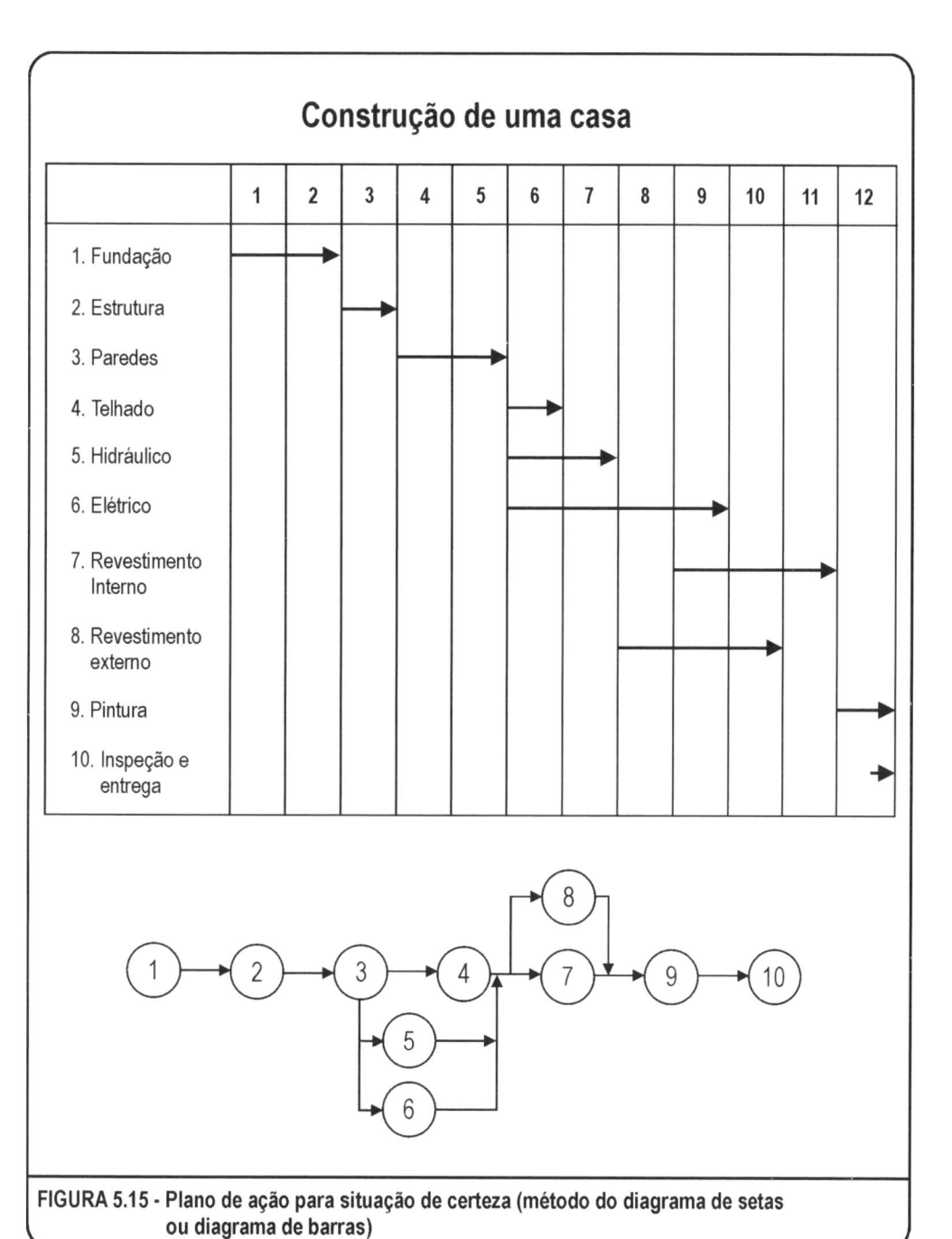

Construção de uma casa

	1	2	3	4	5	6	7	8	9	10	11	12
1. Fundação	→→											
2. Estrutura			→→									
3. Paredes				→→→								
4. Telhado						→→						
5. Hidráulico						→→→						
6. Elétrico						→→→→						
7. Revestimento Interno								→→→→				
8. Revestimento externo								→→→				
9. Pintura											→→	
10. Inspeção e entrega												→

FIGURA 5.15 - Plano de ação para situação de certeza (método do diagrama de setas ou diagrama de barras)

d) **Dúvida:** No caso de dúvida, não se tem a certeza de que a meta será atingida e, portanto, a sequência de planejamento terá que sofrer alterações ao longo da implementação. É uma situação na qual é impossível prever seguramente aquilo que tem que ser feito. A ferramenta mais adequada nesse caso é o PDPC (*Process Decision Program Chart* ou diagrama do processo decisório).

e) Existem duas situações típicas no caso da dúvida:

- **Situação em que resultados intermediários obtidos com a implantação do plano devem alterar o próprio plano:** É o caso de temas difíceis de pesquisa e desenvolvimento; de problemas crônicos de difícil solução apesar de várias tentativas ao longo dos anos, etc.;

- **Situação em que os resultados podem ser alterados por fatores externos que devem ser considerados à medidas que ocorrem:** É o caso, por exemplo, de metas de grande aumento de vendas pela área comercial em que é preciso considerar continuamente informações sobre clientes e concorrência. A FIG. 5.16 mostra um exemplo simplificado desse tipo de planejamento com dúvida.

f) **Certeza/dúvida:** No caso da certeza/dúvida existe a segurança de que a meta será atingida, mas sabe-se que alterações ao plano terão que ser feitas em função da ocorrência de alguns eventos esperados, mas desconhecidos e que poderão ocorrer ou não. Nesse caso, o plano de ação pode ser representado em conjunto por um diagrama de setas e pelo PDPC.

5.5.7 Organização das diretrizes

a) Após completado o desdobramento das metas e medidas, os diretores de unidade, os gerentes e os chefes de seção podem **organizar suas diretrizes** em diagramas de matriz.

b) Essa disposição das diretrizes numa matriz tem os seguintes objetivos:

- Deixar bem claras as **responsabilidades** (itens de controle) de cada nível hierárquico;

- **Organizar** todas as metas e medidas num só documento;

- **Mostrar a relação** existente entre as metas e medidas de um mesmo nível hierárquico;

- Permitir uma visualização da **inter-relação das diretrizes** nos vários níveis hierárquicos;

- **Facilitar a visualização** do esforço de melhoria da empresa.

Estágio 2: Prática de golpes faixa marrom

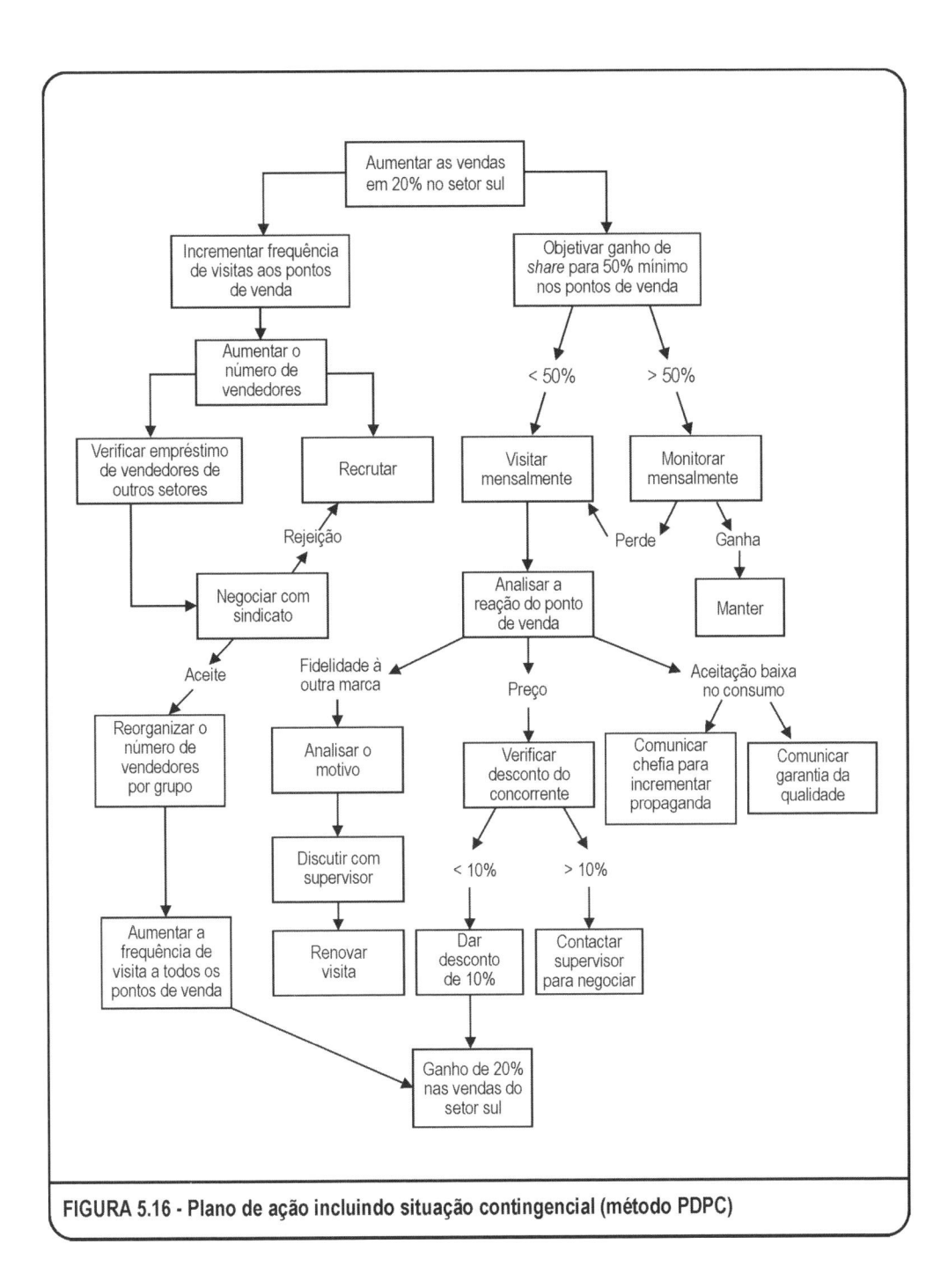

FIGURA 5.16 - Plano de ação incluindo situação contingencial (método PDPC)

Gerenciamento pelas diretrizes

c) A FIG. 5.17 mostra um exemplo de uma representação de parte das diretrizes de um mesmo nível hierárquico. Não é necessário fazer uma representação exatamente igual a ela. Normalmente cada empresa faz um tipo de matriz para atender suas necessidades.

d) A FIG. 5.18 mostra como a representação das diretrizes em diagramas de matriz facilita a visualização do relacionamento entre as metas e entre as medidas, nos vários níveis hierárquicos.

e) A simples elaboração de uma matriz não garante que os resultados serão alcançados. Ela poderá ajudar a visualizar o gerenciamento, mas nada além disso. Nós temos a tendência de acabar fazendo as coisas por puro **formalismo**, e esse não é o objetivo aqui.

f) O diagrama de matriz não serve para desdobrar metas e medidas. Isso é feito com a ajuda de outras ferramentas, tais como diagrama de relação, diagrama de árvore, diagrama de causa e efeito, diagrama de Pareto, etc.

5.5.8 Confirmação das diretrizes anuais da organização

a) Dessa maneira (metas desafiantes e medidas prioritárias), é estabelecido o projeto das diretrizes sob coordenação do escritório da GQT e envolvendo todas as pessoas, principalmente as assessorias técnicas das diversas áreas operacionais.

b) O Quadro 5.2 mostra um *check-list* para verificação do projeto das diretrizes.

c) As **diretrizes anuais da organização** são aprovadas pela diretoria com base no **projeto das diretrizes**, fazendo uso de sua **experiência** e de suas **considerações para o futuro**.

d) Toda a organização parte então para a **execução** de seus planos de ação, para que as metas sejam atingidas.

5.6 Passo 4 - Como conduzir a execução das diretrizes

a) Durante a implementação dos itens de execução prioritária nos vários setores da empresa, alguns pontos são importantes:

- **Reflexão** profunda e concreta ao longo de todo o ano;

- **Cooperação de todos** através de planos de ação concretos renovados mensalmente;

- **Resposta rapidamente** aos acontecimentos impostos à organização ao longo do ano.

Estágio 2: Prática de golpes faixa marrom

Metas	Qualidade		Custo		Pessoal		Método de gerenciamento				
Medidas de execução prioritária	Reduzir para 20 casos/mês	Reduzir para 50 ppm	Reduzir 12%	Reduzir 7%	Reduzir 20%	Conduzir 100 horas/ano por pessoa	Prioridade	Registro	Itens de verificação	Meta	Registro dos dados para controle
Reduzir o consumo de óleo combustível			△	◉			C	K11	Consumo de óleo bruto em kg/t	28	Gráfico
Desenvolver fornecedores	○	○	○	◉			A	Q12	Número de pontos auferidos em auditoria nacional	500	Gráfico
Reduzir paradas por quebra	○	△	◉				B	K07	Número de horas paradas por quebra por mês	30	Gráfico
Reduzir estoques			△				C	L12	Número de giros de estoque por ano	12	Tabela
Aumentar a confiabilidade do sistema de fabricação	◉	◉					A	K51	Porcentagem de características da qualidade com $Cp_k > 1{,}33$	85	Tabela
Promover o treinamento operacional					○	◉	B	Q17	Fração da força de trabalho capacitada em sua função (%)	100	Tabela
Registro	L18	Q07	M12	N01	K15	L19	◉ - Relação muito forte ○ - Relação média △ - Relação fraca - Ausência de relação				
Itens de controle	Número de reclamações	Índice de refugo	Custos fixos	Custos variáveis	Absenteísmo	Capacitação					
Disposição dos dados	Graf.	Graf.	Tab.	Tab.	Graf.	Graf.					

FIGURA 5.17 - Representação das diretrizes de um nível hierárquico através de um diagrama de matriz

175

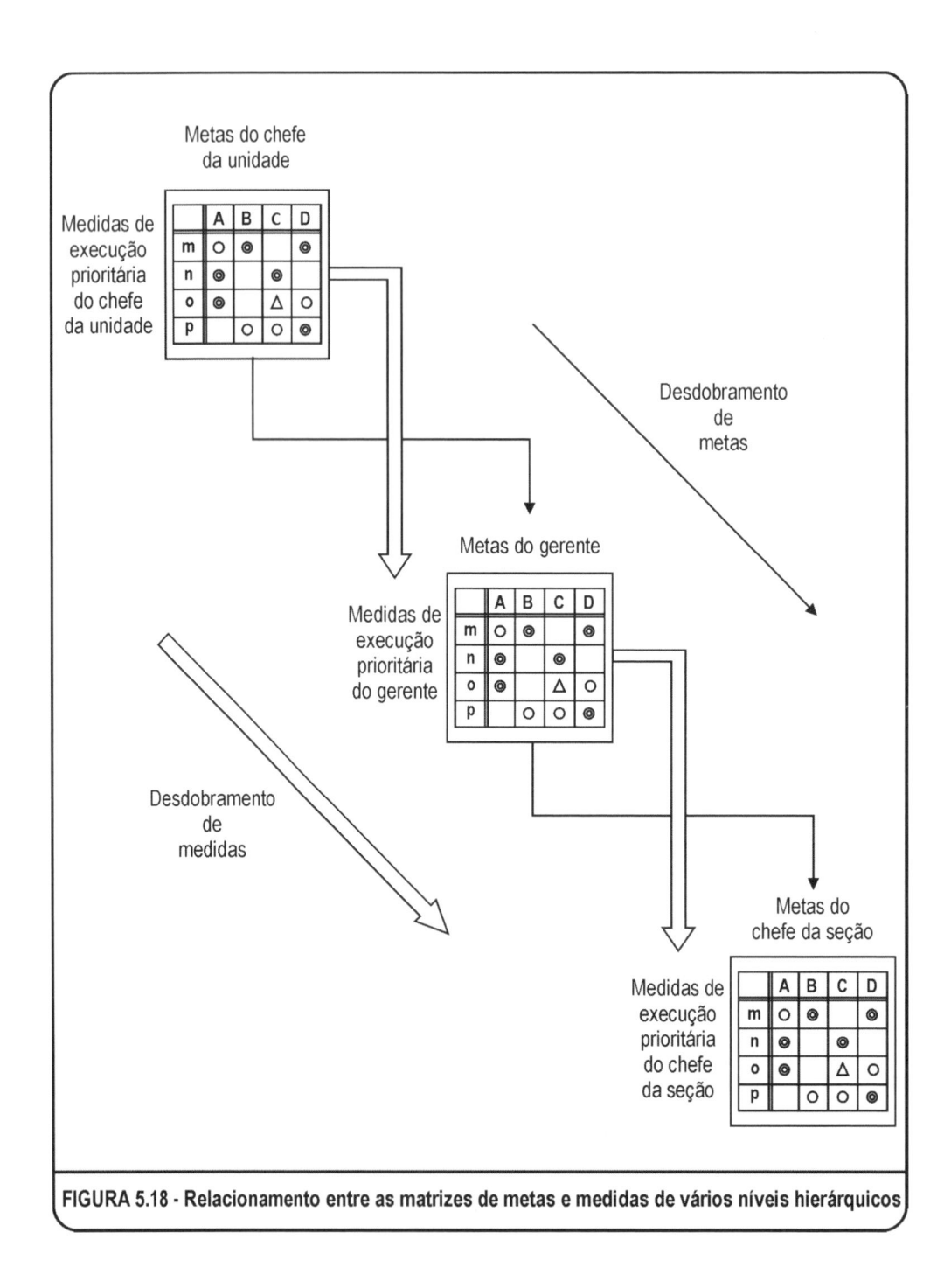

FIGURA 5.18 - Relacionamento entre as matrizes de metas e medidas de vários níveis hierárquicos

Estágio 2: Prática de golpes faixa marrom

	QUADRO 5.2 *Check-list* para verificação das diretrizes anuais da empresa
1	As diretrizes refletem as mudanças do ambiente? Essas mudanças estão sendo percebidas?
2	O relatório de reflexão anual reflete uma análise profunda sobre os resultados do ano anterior?
3	As metas estão bem estabelecidas?
4	As medidas de execução prioritária foram estabelecidas a partir da abordagem analítica e da abordagem por projetos? Elas não são apenas conceituais? Não refletem apenas regras estabelecidas?
5	A intenção da alta administração ("o que deve ser feito" e "até onde deve ser feito") está clara?
6	As diretrizes permitem que os funcionários manifestem amplamente as suas próprias capacidades e que estes possam exercer a sua criatividade e seu livre arbítrio?
7	O seu conteúdo está preparado para que se possam obter a simpatia e a colaboração de todos os funcionários?
8	As diretrizes são fonte de motivação para que toda a força da empresa possa ser arregimentada?
9	As diretrizes realmente desafiam audaciosamente em direção a coisas novas?
10	As diretrizes estão ajustadas com os planos de médio prazo e de longo prazo e com as diretrizes básicas da organização (credo, valores, visão e missão)?

5.6.1 Conduza a reflexão continuamente

a) O processo de **reflexão** é normalmente demorado, pois exige o levantamento e a análise de muitas informações. Não se pode deixar a reflexão para o fim do ano, pois não haverá tempo para uma boa análise. Se a reflexão não for boa, o próprio gerenciamento pelas diretrizes não será de boa qualidade.

b) A reflexão deve ocorrer ao longo do ano, à medida que se verifica que as medidas em execução não foram suficientes para atingir as metas. Isso é feito sob a forma de **relatórios de anomalias do gerenciamento pelas diretrizes**.

5.6.2 Conte com a cooperação de todos

a) A **cooperação de todos** é garantida por um bom ambiente de trabalho e de confiança. Mas só isso não é suficiente: é necessário que cada pessoa saiba perfeitamente o que deve fazer, em base semanal ou até mesmo diária.

b) Portanto, os itens de execução prioritária constantes do plano de ação de cada nível gerencial devem ser planejados mensalmente, estabelecendo-se:

- Responsáveis;

- Prazo de execução;

- Método concreto de implementação.

c) Feito isso, cada responsável deve estabelecer seu próprio plano de ação mensal especificando, em base semanal ou diária, o que irá fazer pessoalmente.

5.6.3 Faça um planejamento para responder rapidamente às mudanças externas

a) O momento que o mundo está vivendo, de internacionalização crescente da economia, apresenta um **cenário de mudanças violentas e de incerteza**.

b) É comum afirmações como "planejamento é coisa de primeiro mundo", ou "no Brasil não dá para planejar, pois ocorrem mudanças inesperadas".

c) Hoje as mudanças violentas ocorrem no mundo todo. É comum ocorrerem variações cambiais da ordem de 30 a 40% num só ano em economias estabilizadas. É comum a perda de *market-share* da ordem de 50% por surgimento de novos produtos melhores, mais baratos, com novos materiais, etc.

d) Portanto, em qualquer país do mundo, é muito importante estabelecer um Gerenciamento pelas diretrizes que responda rapidamente a essas mudanças.

e) Isso é feito planejando-se as situações de possível mudança de cenário. Isso é denominado **plano de contingência**, que é um plano estabelecido para atender a situações inesperadas.

f) Para estabelecer esses planos, são necessários os seguintes passos:

- Selecionar as **situações inesperadas**;
- Estabelecer as **contramedidas necessárias**;
- Estabelecer os **itens de controle** para monitorar o eventual aparecimento dessas situações inesperadas.

g) Várias áreas de uma empresa são susceptíveis a rápidas mudanças de cenário e devem estar preparadas para estabelecer os seus próprios planos de contingência. É o caso das **áreas técnicas** em problemas crônicos de difícil solução, das **áreas de pesquisa e desenvolvimento** e das **áreas de vendas**.

h) No estabelecimento desses planos de contingência, a empresa deve **arregimentar todos os seus recursos humanos de talento** para que o plano viabilize a resposta rápida desejada.

i) As alterações bruscas de cenário decorrem de quatro fontes principais:

- Diagnósticos;
- Metas de difícil atingimento;
- Novos problemas;
- Mudanças nas condições externas.

j) Durante os **diagnósticos** realizados pelo presidente ou por qualquer outro diretor, os **problemas observados pela alta administração** devem ter resposta imediata.

k) Pode ocorrer também que, no caso de **metas de difícil atingimento**, algumas medidas não levem ao resultado esperado. Nesse caso, é necessário voltar à análise, propor novas medidas e executá-las.

l) Durante o ano podem surgir **novos problemas** que exigem solução rápida. Nesse caso, deve ser feita rapidamente a análise e proposto um plano de ação alternativo para implementação imediata. Esse plano e a meta são adotados como **diretriz suplementar**.

Gerenciamento pelas diretrizes

m) No entanto, não é bom indício o aparecimento de muitos problemas novos durante o ano. Nesse caso, deve ser feita uma análise para descobrir a causa do aparecimento de tantos problemas imprevistos.

n) Finalmente, por melhor que seja um planejamento, existem mudanças que podem ocorrer ao longo do ano como decorrência de **fatores externos imprevisíveis**. Exemplo: alterações cambiais, mudanças de legislação, aparecimento de produtos alternativos, etc.

o) Nesse caso, é bom que a organização tenha os **planos de contingência** previstos. A utilização da ferramenta PDPC (diagrama do processo decisório) é recomendada. Isso evita a clássica situação: *"Ah, se nós soubéssemos, poderíamos ter reagido mais rapidamente"*

p) Sempre que forem feitas **alterações no plano, deve ser repetido o ajuste** (*catch ball*), pois tanto as metas quanto as medidas se relacionam entre si, e uma alteração dos planos invariavelmente irá provocar alterações subsequentes.

5.7 Passo 5 - Como monitorar o gerenciamento pelas diretrizes

a) O **monitoramento** do gerenciamento pelas diretrizes, neste estágio, pode ser feito exatamente como proposto no estágio 1 (faixa branca), principalmente como mostrado na FIG. 4.10. Todas aquelas recomendações permanecem válidas.

b) É possível que nesse estágio os gerentes e os técnicos da empresa já estejam num nível bem mais avançado de **capacidade de análise** e, dessa forma, os relatórios de anomalias poderão conter maior utilização de informações e ferramentas de análise.

c) A FIG. 5.19 mostra um exemplo de uma versão um pouco mais avançada de um **relatório de anomalias** do gerenciamento pelas diretrizes. É interessante frisar que a **forma** desse relatório não é importante. Cada um deve escolher a que seja a melhor para sua empresa. O importante é o **conteúdo**.

d) O conteúdo desses relatórios deve seguir o processo gerencial do PDCA: **meta**; **resultado**; **plano** (itens de execução prioritários); **situação atual** de execução; **análise da diferença** entre a meta e o resultado atual, descobrindo a **causa** do não atingimento das metas; proposição de **novas contramedidas** que viabilizem o atingimento da meta.

e) O relatório de anomalias (ou relatório das três gerações) em si não é importante. O importante é a **atitude** do gerente de fazer a análise e propor alternativas, em vez de ficar cobrando de seus colaboradores e dando desculpas quando a meta não é atingida.

Estágio 2: Prática de golpes faixa marrom

Relatório de anomalias (Gerenciamento pelas diretrizes)		
Departamento comercial	**Data:** *19/12/1997*	**Responsável:** *Sr. Augusto*

Meta: *Faturar 20 milhões de reais na Região Sul em 1997*

Medida de execução prioritária:

Vender 10.000 unidades do produto novo na região Sul.

Valor da meta em janeiro = 800 unidades
Valor do limite aceitável em janeiro = 720 unidades
Resultado da venda em janeiro = 360 unidades

Item de execução prioritária	Situação atual de execução
1. Visitar 620 pontos de venda da região mensalmente. 2. Treinar vendedores nas características do novo produto. 3. Promover campanha publicitária nos pontos de venda. 4. Promover teste do novo produto nos consumidores em um ponto por setor (um setor contém aproximadamente 50 pontos de venda). São 12 setores.	1. Foram visitados 532 pontos de venda. 2. Todos os vendedores foram treinados, inclusive realçando as características de atração do novo produto. 3. Foi promovida a campanha publicitária nos pontos visitados. 4. Foi promovido o teste em 9 setores.

Análise da diferença	Pontos problemáticos
Setor Meta Realizado 1 70 28 40% 2 55 22 40% 3 61 30 49% 4 72 35 49% 5 48 20 42% 6 66 32 48% 7 81 50 62% 8 78 40 51% 9 53 30 57% 10 75 40 53% 11 76 28 37% 12 65 5 8%	1. Por que o setor 12 não vendeu? 2. Por que os outros setores só venderam de 40 a 60% aproximadamente?
	Causas extraídas
	1. Setor 12 não vendeu devido à doença do vendedor, que permanece hospitalizado. 2. Outros setores não acompanharam o ritmo de venda do produto. Pesquisa realizada em 50 pontos de venda (por amostragem) revelou que o produto novo vendia bem, mas acabava em meados da Segunda semana e não havia reposição.

Itens adicionais de execução prioritária	Plano de ação
1. Treinar um vendedor substituto para a região. 2. Implantar acompanhamento telefônico do estoque diário do produto novo. 3. Estabelecer nova programação de distribuição do produto novo.	Fevereiro Março Abril Maio

FIGURA 5.19 - Exemplo simplificado de um relatório de anomalias do gerenciamento pelas diretrizes (situação simulada)

f) No entanto, se o seu sistema de monitoramento já estiver funcionando bem em toda a organização, é possível dar um passo adiante e avaliar o **grau de avanço na implementação das diretrizes** de um certo nível hierárquico.

g) A FIG. 5.20 mostra o procedimento para o cálculo do **IGA - índice geral de atingimento das diretrizes** de um diretor ou gerente. Nessa figura observam-se três tabelas. A tabela superior é a matriz que representa, organiza e visualiza as diretrizes de um diretor ou gerente, como foi indicado na FIG. 5.17. As outras duas tabelas são apenas auxiliares para estabelecer índices.

h) Para se calcular o IGA, deve-se **avaliar**, numa escala de 1 a 5, o grau de atingimento de cada meta, o grau de execução de cada medida e colocar essa avaliação na matriz como indicado. Uma meta que tenha sido atingida em 40% teria uma avaliação 2, por exemplo. Uma medida que tenha sido executada em 60% teria uma avaliação 3. Esse número é uma estimativa aproximada, não é um número preciso.

i) Acompanhando pela FIG. 5.20, vamos estudar a medida 2 e a meta 3 como indicado pela área sombreada. Pela tabela do meio, encontramos que, tendo a medida 2 três pontos e a meta 3 dois pontos, o índice é 5. Como o relacionamento entre a medida 2 e a meta 3 é muito forte, o índice de correlação é 1. Então multiplicamos 5 x 1 = 5. No cruzamento das faixas sombreadas, o leitor encontrará esse número.

j) Isso é feito para todas as interseções. Para calcular a **pontuação das medidas** somam-se na horizontal os números calculados. Para calcular a **pontuação por resultado**, é feito o mesmo na vertical.

k) A **pontuação máxima das medidas** é calculada na horizontal, supondo-se as metas e as medidas em sua avaliação máxima (5 pontos). A **pontuação máxima atingível** por meta é calculada da mesma maneira, na vertical.

l) O **índice de execução das medidas** é calculado dividindo-se a pontuação das medidas pela pontuação máxima das medidas e multiplicando por 100.

m) O **índice de atingimento do resultado** é calculado dividindo-se a pontuação por resultado pela pontuação máxima atingível por meta e multiplicando por 100.

n) O **IGA - Índice de atingimento das diretrizes** de um gerente ou diretor é calculado dividindo-se a soma da pontuação das medidas pela soma da pontuação máxima das medidas e multiplicando por 100.

o) O IGA pode ser colocado num gráfico, mensalmente, para dar ao gerente uma medida do grau de evolução do esforço de sua equipe no cumprimento de suas diretrizes, como mostra a FIG. 5.21.

Estágio 2: Prática de golpes faixa marrom

Medidas \ Meta Avaliação		Meta 1 5	Meta 2 4	Meta 3 2	Pontuação das medidas	Pontuação máxima das medidas	Índice de execução das medidas
Medida 1	5	◎ 10	◎ 9	△ 2,1	21,1	23	91,7%
Medida 2	3	○ 4		◎ 5	9,0	15	60,0%
Medida 3	3	△ 2,4	◎ 7		9,4	13	72,3%
Pontuação por resultado		16,4	16,0	7,1	39,5 / 39,5	51	
Pontuação máxima atingível por meta		18,0	20,0	13,0	51	IGA - Índice geral de atingimento das diretrizes 39,5 / 51 = **77,5%**	
Índice de atingimento do resultado		91,1%	80,0%	54,6%			

Medida \ Meta Avaliação			Grau de alcance da meta				
			Bom ←				→ Ruim
			5	4	3	2	1
Grau de execução da medida	Bom	5	10	9	8	7	6
	↑	4	9	8	7	6	5
		3	8	7	6	5	4
	↓	2	7	6	5	4	3
	Ruim	1	6	5	4	3	2

Símbolo	Equivalência	Peso
◎	Relacionamento muito forte	1
○	Relacionamento grande	0,5
△	Existe algum relacionamento	0,3
Sem marca	Não há relacionamento	0

FIGURA 5.20 - Método para o cálculo do índice geral de avaliação das diretrizes de um gerente (acima). Tabela padrão de avaliação (no meio). Tabela do coeficiente de correlação (abaixo)

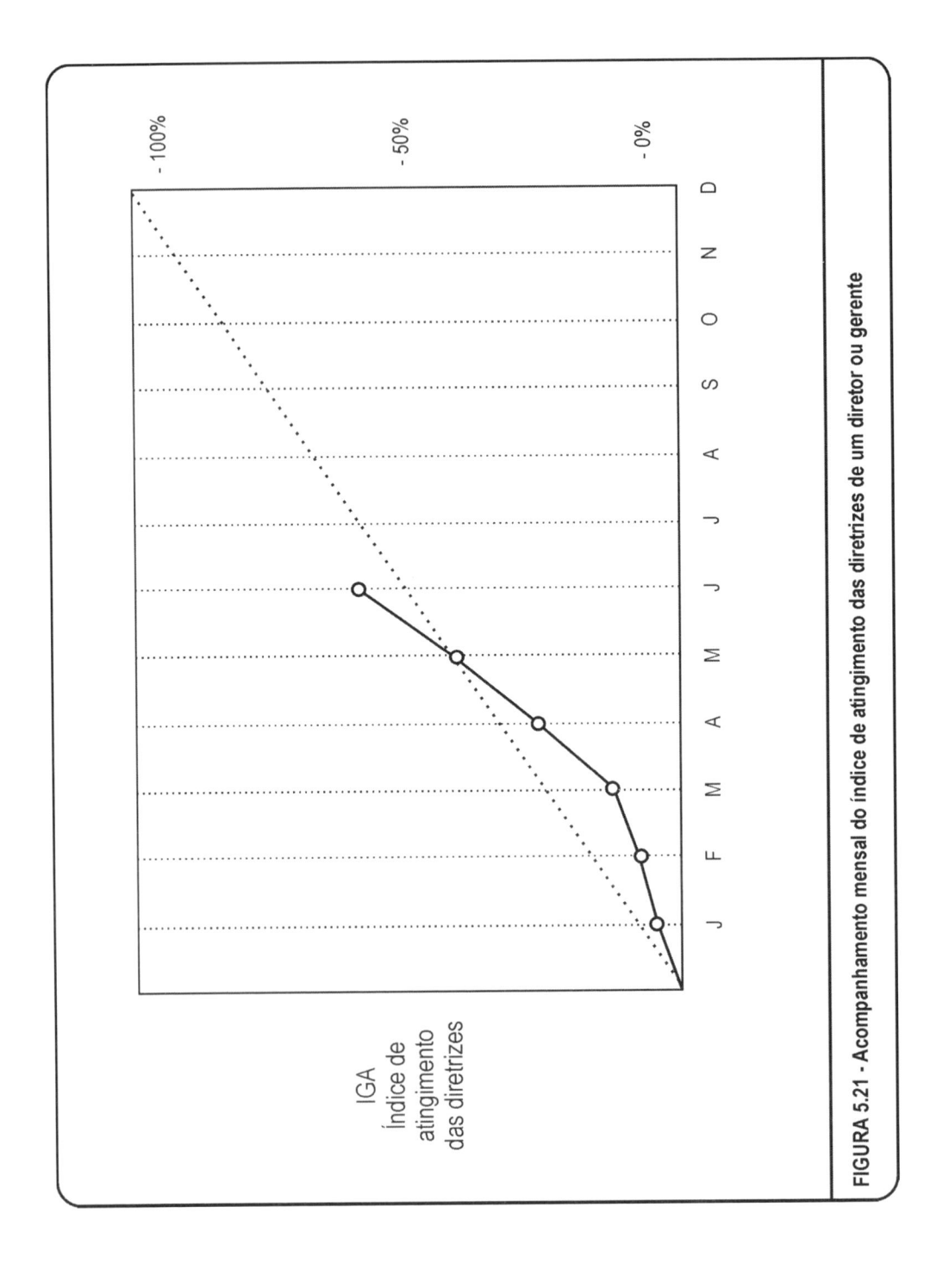

Gerenciamento pelas diretrizes

FIGURA 5.21 - Acompanhamento mensal do índice de atingimento das diretrizes de um diretor ou gerente

5.8 Passo 6 - Como conduzir os diagnósticos

a) No estágio 1 (faixa branca), os diagnósticos deveriam ser chamados de **exames**, já que a alta administração ainda não tem o conhecimento necessário dos métodos e técnicas da GQT para fazer, de fato, um diagnóstico.

b) A alta administração deve se esforçar para aprender os métodos e técnicas da GQT, pois o **gerenciamento das organizações está sendo cada vez mais científico**.

c) Observem. Os amadores estão aos poucos saindo do mercado.

d) **O objetivo do gerenciamento pelas diretrizes é atingir as metas** que a empresa precisa para sobreviver. Essa é a prioridade absoluta.

e) O objetivo do diagnóstico é propiciar à alta administração a oportunidade para verificar pessoalmente se isso está ocorrendo e fazer as recomendações devidas.

f) Se um diretor fizer um diagnóstico de uma área qualquer de sua organização e constatar que:

o ritmo de implementação do plano está lento,

não basta que o gerente que está sendo auditado tome a atitude:

acelerar a implementação do plano.

É necessário que o diretor exija a análise do problema e a extração das verdadeiras causas.

g) Os fatos constatados nas auditorias têm por trás de si muitas **imperfeições organizacionais**, que precisam ser constantemente corrigidas. Portanto, não basta atuar caso a caso. É preciso ir fundo nos problemas para que a organização possa, ao longo do tempo, se fortalecer.

h) Ora, se os diretores não estiverem preparados nos métodos e técnicas da GQT, como eles exigirão essas coisas de sua equipe?

i) Quanto ao método do diagnóstico, não há nada mais a acrescentar além do que já foi dito no Estágio 1. A ênfase de agora em diante deveria ser a preparação da alta administração para conduzir esta administração de forma cada vez mais científica.

j) Após a conclusão de todos os diagnósticos programados, o escritório da GQT deve reunir todos os relatórios e observações e fazer uma **análise geral**, como mostrado na FIG. 5.22.

5.9 Passo 7 - Como fazer a reflexão

a) **A reflexão é a análise dos resultados indesejáveis (problemas) de um gerente**. O mínimo que se pode esperar de um gerente é que ele tenha os seus resultados ruins devidamente analisados.

b) Sem isso não existe gerenciamento pelas diretrizes.

c) Se um diretor ou um gerente não souber fazer uma análise, ele deve pedir ajuda ao escritório da GQT e/ou a um consultor.

d) Além do que já foi dito no estágio 1, é importante realçar a importância de se aprofundar o conhecimento dos diretores, gerentes e suas assessorias nos métodos e nas ferramentas de análise da GQT. Esse é o caminho para atingir as metas.

e) Não existem atalhos.

5.10 Passo 8 - Recomendações finais ao coordenador da GQT

a) Além de todas as atividades de **avaliação** e **reflexão**, que já foram descritas no estágio 1 (faixa branca), o escritório da GQT deve tomar a iniciativa de propor as alterações ao próprio processo de gerenciamento pelas diretrizes, para que seja cada vez mais eficaz.

b) O melhoramento contínuo do próprio processo de gerenciamento pelas diretrizes é atribuição do escritório da GQT.

c) Nessa ação o escritório da GQT deve propor as devidas alterações ao manual do gerenciamento pelas diretrizes.

1. Organizar as informações por unidade (vendas, logística, fábrica, etc.) da empresa e por custo, qualidade, instalações, etc. Isso pode ser organizado num diagrama de matriz.	
2. Organizar os temas principais. Pode-se utilizar o diagrama de afinidades, por exemplo.	
3. Conduzir uma análise para encontrar as causas de cada tema (utilize o diagrama de relações, por exemplo).	
4. Estabelecer um plano de ação sobre cada causa. Pode-se utilizar o diagrama de árvore para detalhar as contramedidas e um diagrama de barras para programar as ações.	

FIGURA 5.22 - Tratamento das informações dos diagnósticos pelo escritório da GQT

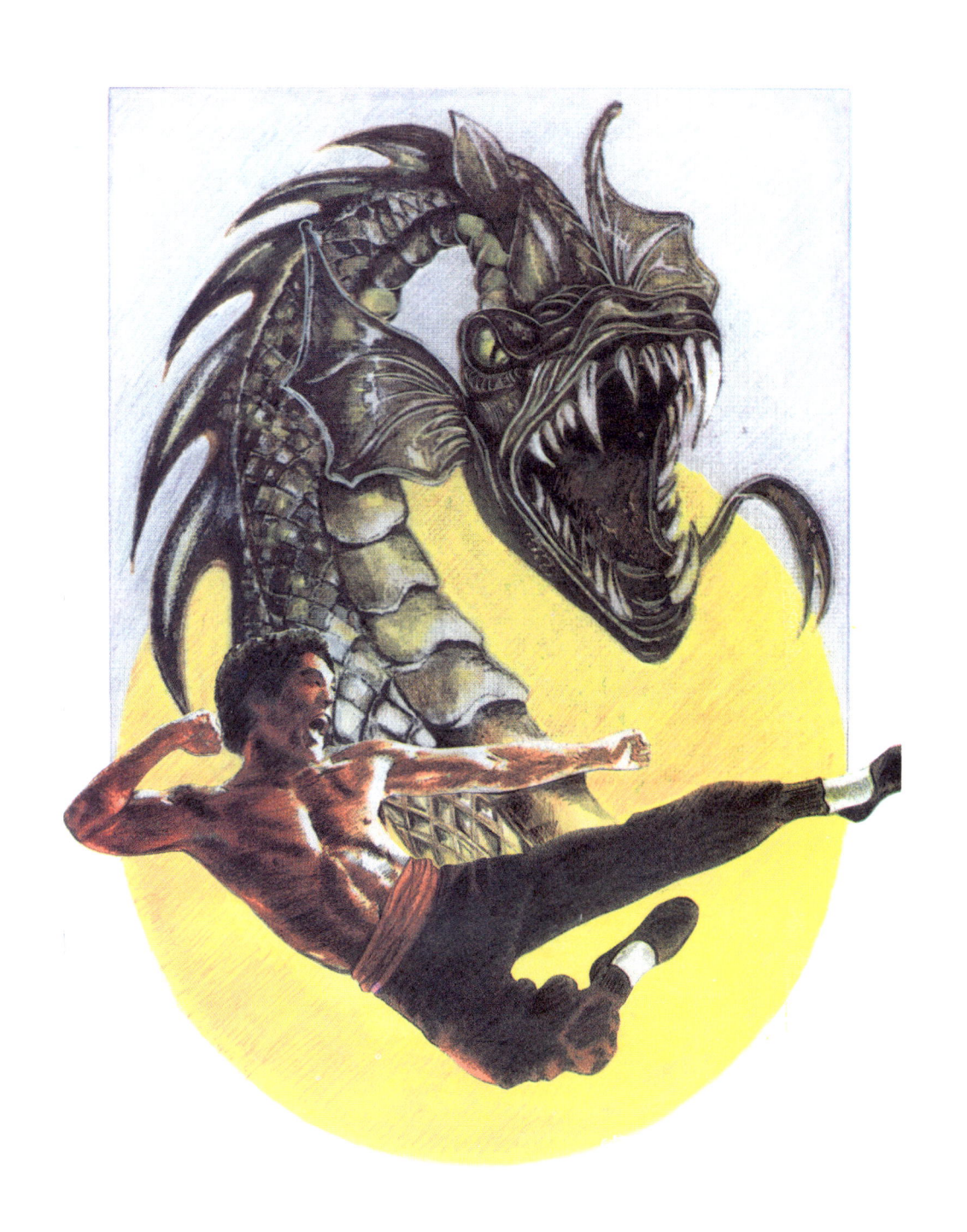

Estágio 3

Prática de golpes faixa preta

Objetivo deste estágio

Capacitar as pessoas da empresa a responder rapidamente às necessidades e exigências da sociedade através da harmonia, eficiência e eficácia conseguidas por organizações interfuncionais.

Pré-requisito

Elevada capacidade analítica do corpo gerencial e técnico e planejamento de longo prazo instalado.

6.1 Características do estágio avançado do gerenciamento pelas diretrizes

a) O gerenciamento pelas diretrizes foi conduzido, até este ponto, através da estrutura vertical.

b) À medida que se progride no gerenciamento pelas diretrizes, os problemas interfuncionais da empresa começam a ficar mais evidentes. Para esses problemas, é melhor conduzir o gerenciamento pelas diretrizes através da estrutura horizontal (ver FIG. 3.7).

c) O gerenciamento pelas diretrizes, realizado através da estrutura horizontal, **é o mais difícil de ser implementado** e deve ser deixado para:

- Quando a empresa começar a perceber claramente os seus problemas interfuncionais;
- Quando as pessoas estiverem devidamente preparadas (já certificadas na faixa marrom).

d) O gerenciamento pelas diretrizes, abordado através da estrutura horizontal, é estabelecido para **promover a solução dos problemas interfuncionais** da organização e, como consequência, **melhorar os seus sistemas** (ver FIG. 6.1).

e) O gerenciamento da rotina do trabalho do dia a dia, quando abordado através da estrutura horizontal, tem como função o **estabelecimento** e a **manutenção desses sistemas** (ver FIG. 6.1).

f) Tanto o gerenciamento pelas diretrizes quanto o gerenciamento da rotina do trabalho do dia a dia podem ser conduzidos através de estruturas horizontais, como mostra a FIG. 6.1.

6.2 Gerenciamento pelas diretrizes através do gerenciamento interfuncional

a) O **gerenciamento interfuncional** é um tipo de organização permanente da estrutura horizontal, como foi explicado no item 3.6.

b) O gerenciamento pelas diretrizes é introduzido através do gerenciamento interfuncional como uma forma organizada para **romper as barreiras que separam as unidades internas**, promovendo a cooperação.

Estágio 3: Prática de golpes faixa preta

Método de gerenciamento \ Estrutura do gerenciamento	Estrutura Vertical *(Organização por funções do trabalho)*	Estrutura Horizontal *(Organização por funções empresariais)*
Gerenciamento pelas diretrizes	◎	◎
Gerenciamento da rotina do trabalho do dia a dia	◎	◎

FIGURA 6.1 - Tipos de gerenciamento da gestão pela qualidade total (◎ relacionamento importante)

6.2.1 Características do gerenciamento interfuncional

a) Uma organização (empresa, hospital, escola, prefeitura, etc.) tem como função geral a **satisfação das pessoas**.

b) Essa função geral pode ser desdobrada em quatro **funções fundamentais**:

- Função satisfação dos clientes, também entendida como **função garantia da qualidade** (inclui a responsabilidade civil pelo produto);

- Função satisfação dos acionistas, também entendida como **função garantia do lucro** (ver exemplo no Anexo B);

- Função satisfação dos empregados, também entendida como **função garantia do crescimento do ser humano** (inclui a segurança física do empregado);

- Função satisfação dos vizinhos (sociedade), também entendida como **função garantia do ambiente**.

c) A prática da qualidade em primeiro lugar (o cliente é o rei), que visa manter e expandir o mercado da empresa (*market-share*), significa **que a função garantia da qualidade é a mais importante**. Inclui-se aqui a gestão pela **qualidade** intrínseca dos produtos (bens e serviços), pelo seu custo e pelas condições de **entrega** (quantidade certa, local certo, prazo certo).

d) Cada função fundamental, como as indicadas acima, tem por trás de si um **sistema**, onde é conduzido o trabalho humano. Vamos considerar um sistema como sendo um processo que atravessa vários departamentos da organização.

e) Sempre que abordar um **sistema, pense** desde o fornecedor, passando por sua empresa, por seus distribuidores, até o consumidor. Isso poderá lhe dar muitas informações estratégicas (por exemplo: você pode estar perdendo o jogo porque tem uma péssima cadeia de fornecedores, ou porque sua logística de distribuição está complexa, ou outro fator do sistema como um todo, e não somente por fatores internos à sua empresa). Isso é chamado de **abordagem holística de sistemas gerenciais**.

f) Portanto, está implícito que o **gerenciamento interfuncional** é baseado na tarefa de **estabelecer, manter** e **melhorar** esses **sistemas**, tendo sempre como objetivo o interesse final da empresa, que é a satisfação das pessoas.

g) Esses **sistemas empresariais** devem ser estabelecidos por um **projeto de sistemas**. Por exemplo: desdobrando-se a **função garantia da qualidade** surgem alguns outros sistemas principais:

- Sistema de desenvolvimento de novos produtos;

- Sistema de padronização;

- Sistema de gerenciamento da rotina do trabalho do dia a dia;

- Sistema de auditoria;

- Sistema de tratamento das reclamações e reivindicações, etc.

h) Cada um desses sistemas ainda tem dentro de si outros subsistemas (processos), que se interligam a outros da empresa.

i) A determinação de quais funções serão abordadas prioritariamente por esse tipo de gerenciamento pode variar de empresa para empresa, dependendo de sua estrutura, localização, tipo de mercado, prioridades, etc.

j) É melhor começar com apenas uma função (aquela que apresentar o problema de solução mais prioritária) para aprender e ganhar experiência.

k) Esse tipo de gerenciamento é geralmente uma **atividade permanente**. Em alguns casos, dependendo da função abordada, a organização interfuncional poderá ser dissolvida após a solução do problema.

l) O gerenciamento interfuncional só é possível num ambiente de gerenciamento pelas diretrizes.

6.2.2 Organização do gerenciamento interfuncional

a) Os vários sistemas de uma empresa são muito interligados, e na maioria dos casos é **impossível atribuir a responsabilidade de um sistema completo a uma só pessoa** (o que seria o ideal).

b) Para se **aproximar** dessa situação ideal, o **organograma**, em nível da alta administração, deve ser o mais interfuncional possível. Os altos dirigentes devem estar cada vez mais responsáveis por grandes processos da empresa tais como logística, vendas, fabricação, assistência técnica, garantia da qualidade (incluindo o desenvolvimento de novos produtos), etc.

c) Para **garantir** que os principais sistemas da empresa estejam, de fato, sendo devidamente cuidados, é necessário **estabelecer uma organização interfuncional para cada um deles**.

Gerenciamento pelas diretrizes

d) Essa organização interfuncional é comandada por um **comitê interfuncional**, ligado ao comitê da GQT ou à diretoria (o que na maioria dos casos é a mesma coisa), como mostra a FIG. 6.2.

e) Esse comitê interfuncional trabalha com a ajuda de uma **unidade de suporte**, que é um departamento de linha mais intimamente ligado à função que está sendo abordada.

f) O comitê interfuncional pode convocar a ajuda de um **grupo de trabalho** para conduzir todo o trabalho de análise.

g) O relacionamento entre esses três organismos está representado na FIG. 6.3.

h) A estrutura das organizações interfuncionais varia muito, principalmente em função do tamanho da empresa. Para empresas menores, o comitê da GQT poderá assumir as funções do comitê interfuncional.

6.2.3 Responsabilidades dos órgãos da organização interfuncional

a) A organização interfuncional não é executiva. Suas responsabilidades são o **planejamento da melhoria dos sistemas e a verificação dos resultados da função**.

b) A organização interfuncional tem a responsabilidade de levantar os problemas da empresa na função, analisá-los, planejar a sua solução, levando aos departamentos de linha as metas que devem ser atingidas. Deve ainda promover o ajuste e acompanhar a solução dos problemas, levando as informações ao comitê da GQT.

c) Para isso, **cada função deve ter metas claras** e métodos de mensuração.

d) Para cumprir as suas responsabilidades nessa organização interfuncional, cada membro deve trabalhar defendendo os interesses da empresa como um todo, e não de seu departamento em particular.

Estágio 3: Prática de golpes faixa preta

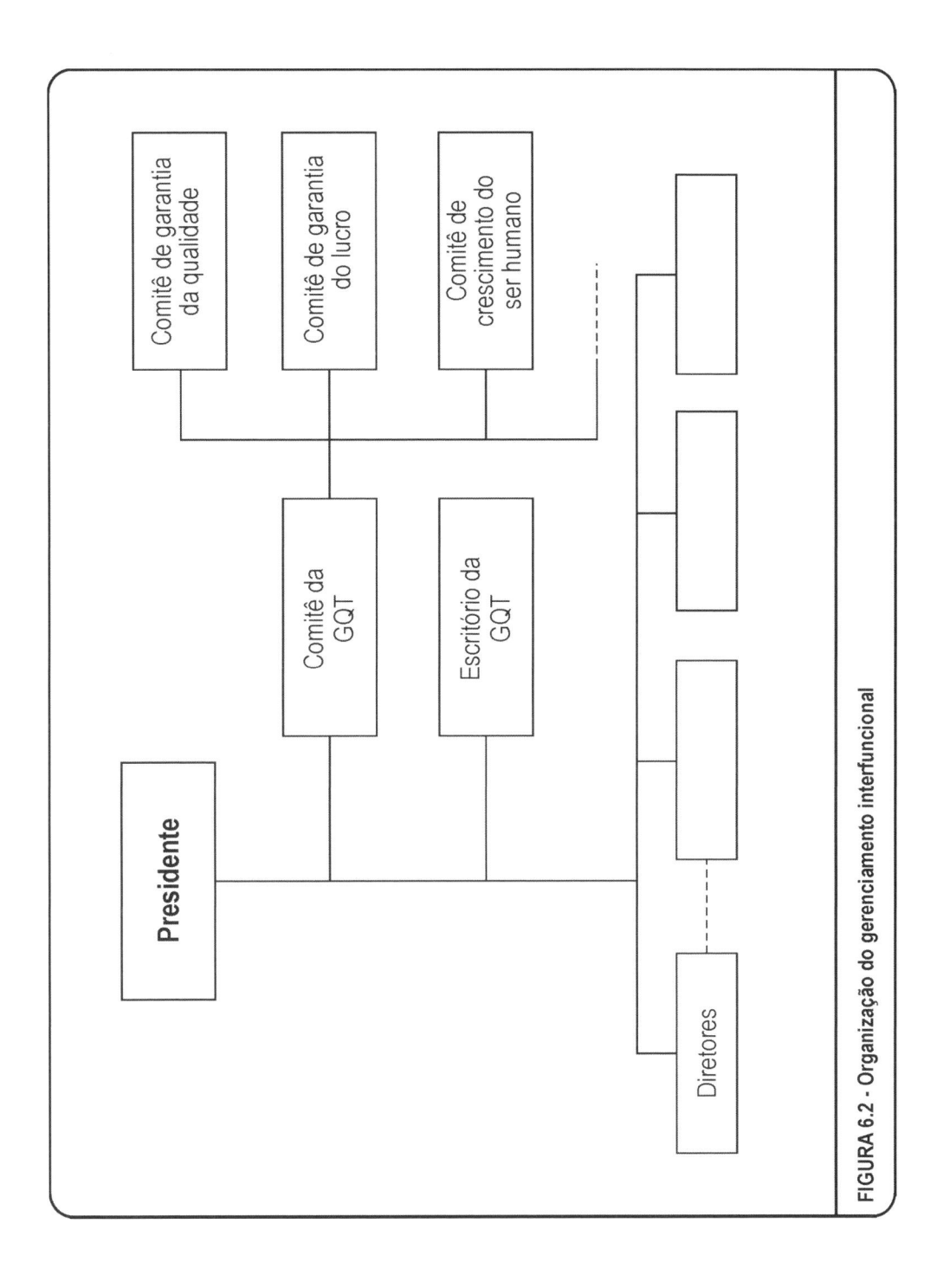

FIGURA 6.2 - Organização do gerenciamento interfuncional

Gerenciamento pelas diretrizes

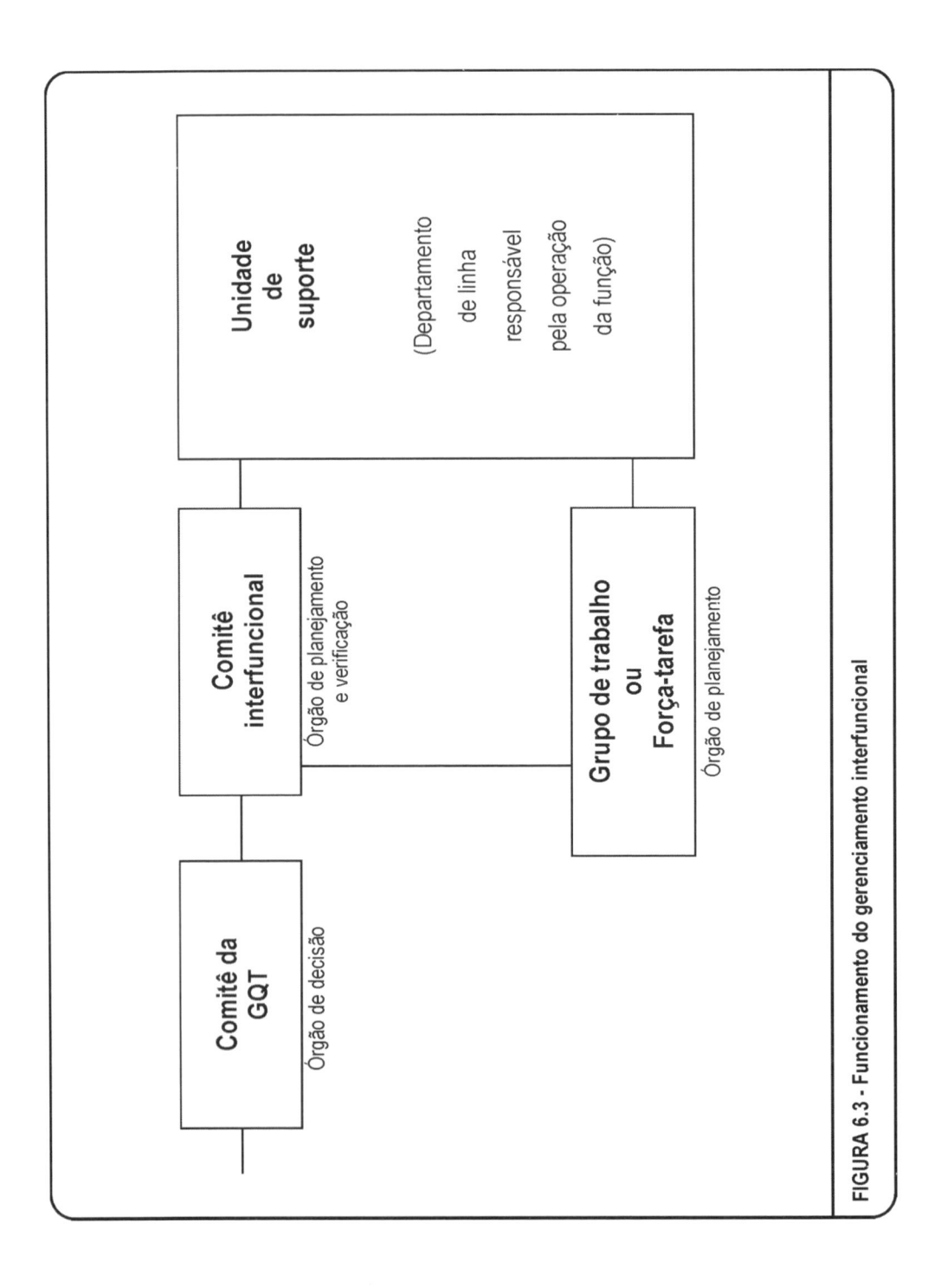

FIGURA 6.3 - Funcionamento do gerenciamento interfuncional

6.2.3.1 Comitê interfuncional

a) O comitê interfuncional é uma **organização permanente e formal**. Sua decisão é considerada final e do mais **alto nível**.

b) O comitê tem um presidente e aproximadamente 5 membros. Não há necessidade de convocar representantes de todos os departamentos afetados.

c) Os membros do comitê interfuncional são escolhidos entre diretores e gerentes seniores responsáveis por unidades de importância prioritária para a função que está sendo abordada. Eles são os executores principais do plano aprovado pelo comitê interfuncional.

d) Outros membros temporários poderão ser convocados em função da necessidade.

e) O presidente do comitê deve ser um diretor encarregado da função. Ele é quem convoca as reuniões do comitê interfuncional.

f) O número de comitês interfuncionais não deve ser muito grande. Uma grande empresa automobilística japonesa tem 11 comitês depois de 30 anos de GQT.[38]

g) A principal **responsabilidade** dos comitês de gerenciamento interfuncional é o estabelecimento, a manutenção e a melhoria de **sistemas de gerenciamento interfuncional** para as funções principais da empresa.

h) **Estabelecer** esses sistemas de gerenciamento interfuncional significa, antes de mais nada, padronizá-los. Devem ser estabelecidos um fluxograma e um manual para cada um destes sistemas. Além disso, os principais itens de controle do sistema devem ser levantados, avaliando-se o seu desempenho em comparação com as melhores empresas do mercado mundial.

i) **Manter e melhorar** significa tomar iniciativas no sentido de fazer girar o SDCA e o PDCA sobre esses sistemas, atingindo as metas necessárias.

j) Caso seja necessário, é possível conduzir **reuniões combinadas** de dois comitês interfuncionais de funções diferentes que tenham interesses comuns.

k) Os **temas** discutidos no comitê interfuncional não devem ser misturados com temas departamentais.

l) O comitê interfuncional **estabelece as metas** da função e promove o **ajuste** (*catch ball*) dessas metas com as metas de outros comitês.

m) Muito embora o comitê interfuncional tenha a responsabilidade de planejar e verificar, também poderá **rever assuntos importantes** que apareçam durante a implementação do plano. **A execução é responsabilidade dos departamentos de linha**.

n) O comitê interfuncional conduz **diagnósticos** para verificar o andamento do gerenciamento pelas diretrizes nos diversos departamentos de linha. O procedimento para esses diagnósticos é o mesmo já descrito no Item 4.7.

o) O comitê interfuncional se **reporta** duas vezes por ano ao comitê da GQT ou comitê da alta administração.

6.2.3.2 Grupo de trabalho

a) O grupo de trabalho é **nomeado** pelo comitê interfuncional, é de **caráter temporário**, e será dissolvido após o término de suas atribuições.

b) O grupo de trabalho se **reporta** e faz suas recomendações ao comitê interfuncional.

c) Esse grupo é **constituído** por pessoas que tenham **competência para utilizar os recursos técnicos** necessários para conduzir a análise do fenômeno e a análise de processo, com as estratificações necessárias para que as metas possam ser distribuídas entre os vários departamentos responsáveis pela execução.

d) O grupo de trabalho é nomeado em função da dificuldade do tema, **arregimentando para isso as melhores forças da empresa**.

e) Pode haver casos em que um grupo de trabalho seja desnecessário e, nesse caso, a unidade de suporte assume o encargo de conduzir a análise.

6.2.3.3 Unidade de suporte

a) **A execução do plano de longo prazo é feita dentro do sistema de gerenciamento pelas diretrizes**. Os problemas interfuncionais são, em sua maioria, de longo prazo. Portanto, os membros do comitê interfuncional precisam do **suporte continuado** de uma unidade da empresa.

b) Essa **unidade de suporte** é o departamento encarregado da função. Por exemplo: o suporte ao comitê da garantia da qualidade deve ser dado pelo departamento de garantia da qualidade.

c) A unidade de suporte **levanta as informações** relativas à função, toma a iniciativa de **levantar os problemas** interfuncionais que devem ser atacados pela organização interfuncional e **fornece informações** aos departamentos de linha para que possam estabelecer seus planos.

d) Isso significa que a unidade de suporte **levanta os problemas da função** e indica os **defeitos do sistema** que provocam esses problemas. Ela faz isso com a ajuda de representantes dos vários departamentos de linha que mais afetam a função pertinente.

e) As informações necessárias ao gerenciamento interfuncional devem ser coletadas por um sistema de informações, parte do sistema de gerenciamento da rotina.

f) A unidade de suporte coleta e analisa os dados de controle, levando ao comitê interfuncional os **gráficos de acompanhamento dos itens de controle** e dos itens de verificação da função.

g) É responsabilidade da unidade de suporte **estabelecer o sistema de gerenciamento interfuncional** da função, para que as metas interdepartamentais possam ser alcançadas.

h) A unidade de suporte faz a **programação das atividades** do comitê interfuncional e avisa a cada membro de todo evento relativo à função.

i) A unidade de suporte deve zelar pela sua credibilidade, já que não tem nenhuma autoridade sobre os departamentos de linha. Assim, toda a necessária cooperação dos departamentos de linha será conseguida através da **compreensão e credibilidade** conseguidas.

j) O papel da unidade de suporte durante a etapa de planejamento consiste em ser um **coordenador interfuncional no estabelecimento das metas, em prestar assistência na alocação de metas** e ser um **ajustador interfuncional** na implementação do plano.

k) O grupo de trabalho ou força-tarefa, representado na FIG. 6.3, é convocado temporariamente para conduzir as análises necessárias ao planejamento, e não para substituir a unidade de suporte em suas responsabilidades.

6.2.3.4 Departamento de linha

a) Os departamentos de linha **executam** o plano de ação.

b) A organização interfuncional faz o planejamento da função no sentido horizontal. O planejamento das ações internas ao departamento de linha é feito pelo próprio departamento.

c) Esses departamentos de linha devem ser **fortes em capacidade analítica** para que possam fazer um bom planejamento e o gerenciamento interfuncional ser bem-sucedido.

d) **Para a meta ser atingida, é necessário um bom plano**.

6.2.4 Operação do gerenciamento interfuncional

a) É necessária uma declaração do presidente anunciando a introdução e promoção do gerenciamento interfuncional.

b) Os **problemas interfuncionais** da empresa só aparecem claramente para as pessoas depois que já tenham sido conseguidos avanços substanciais no gerenciamento da rotina do trabalho do dia a dia e no gerenciamento pelas diretrizes.

c) Somente quando esses problemas interdepartamentais são descobertos é que a necessidade e a importância do gerenciamento interfuncional são reconhecidas.

d) Portanto, a implantação do gerenciamento interfuncional deve ser feita através do sistema de gerenciamento pelas diretrizes e dentro de uma abordagem de longo prazo.

e) Nas atividades do gerenciamento interfuncional, é necessária a **cooperação interdepartamental**.

f) As FIG. 6.4 e 6.5 mostram a sequência para a operação do gerenciamento interfuncional. A observação dessas figuras mostra que no gerenciamento interfuncional é utilizada a mesma sequência mostrada no estágio de faixa marrom. A única diferença é que as metas são colocadas nas funções finais da empresa e desdobradas diretamente nos níveis gerenciais, através de uma análise que deve ser muito profunda.

6.2.4.1 Como conduzir o planejamento

a) **O planejamento é a principal responsabilidade** da organização interfuncional.

Estágio 3: Prática de golpes faixa preta

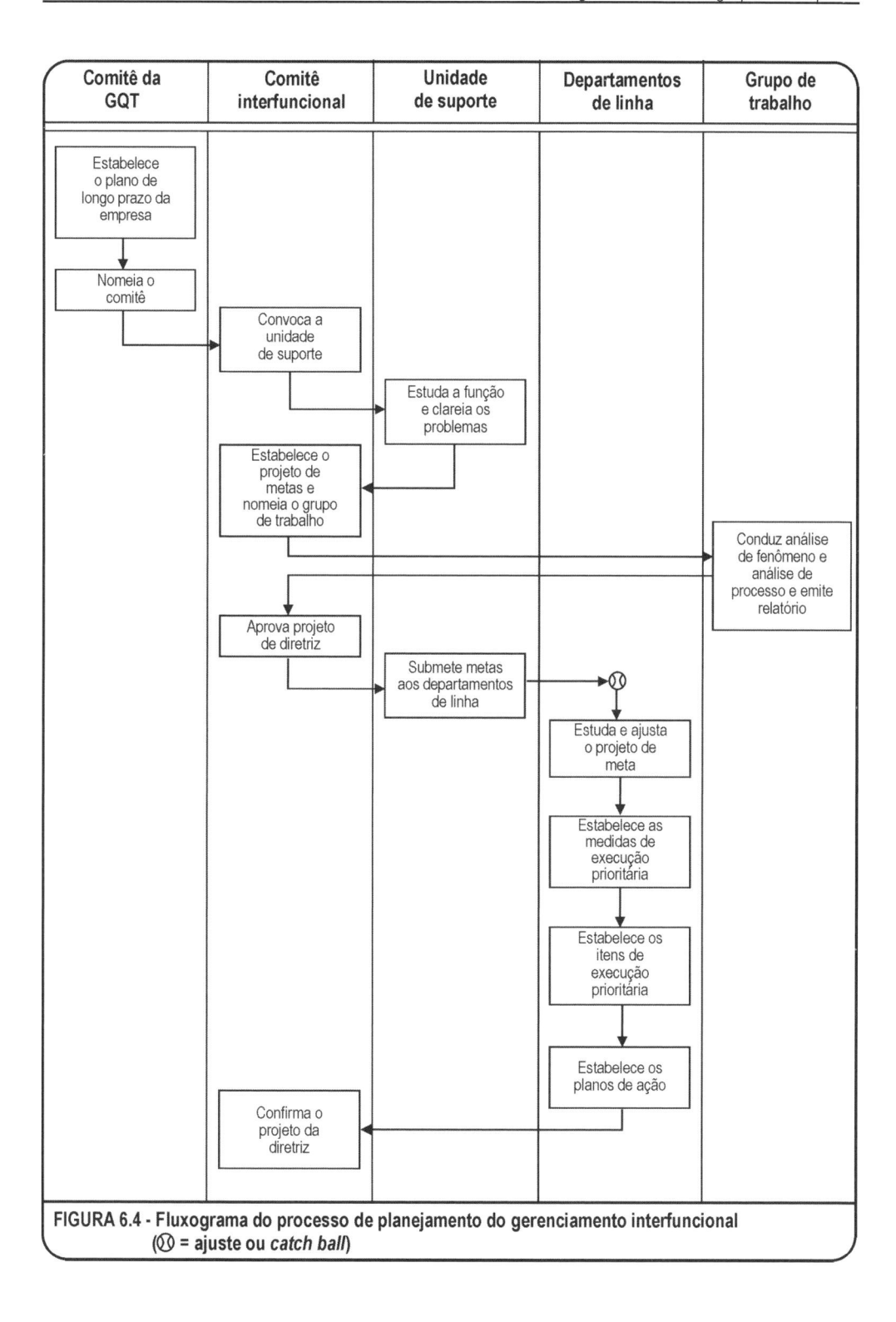

Comitê da GQT	Comitê interfuncional	Unidade de suporte	Departamentos de linha	Grupo de trabalho
Estabelece o plano de longo prazo da empresa → Nomeia o comitê	Convoca a unidade de suporte → Estabelece o projeto de metas e nomeia o grupo de trabalho → Aprova projeto de diretriz → Confirma o projeto da diretriz	Estuda a função e clareia os problemas → Submete metas aos departamentos de linha	Estuda e ajusta o projeto de meta → Estabelece as medidas de execução prioritária → Estabelece os itens de execução prioritária → Estabelece os planos de ação	Conduz análise de fenômeno e análise de processo e emite relatório

FIGURA 6.4 - Fluxograma do processo de planejamento do gerenciamento interfuncional
(⚾ = ajuste ou *catch ball*)

Gerenciamento pelas diretrizes

Comitê da GQT	Comitê interfuncional	Unidade de suporte	Departamentos de linha	Grupo de trabalho
		Planejamento como mostrado na FIG. 6.4		
			Plano de ação	
			Excecução	
			Relatório de gerenciamento interfuncional	
		Estuda os relatórios e submete um resumo ao comitê interfuncional		
		Relatório de reflexão anual sobre a função		
		Revisão anual do sistema de gerenciamento da função		
	Conduz auditoria			
Reunião semestral para verificação da função				

FIGURA 6.5 - Fluxograma do sistema de gerenciamento interfuncional

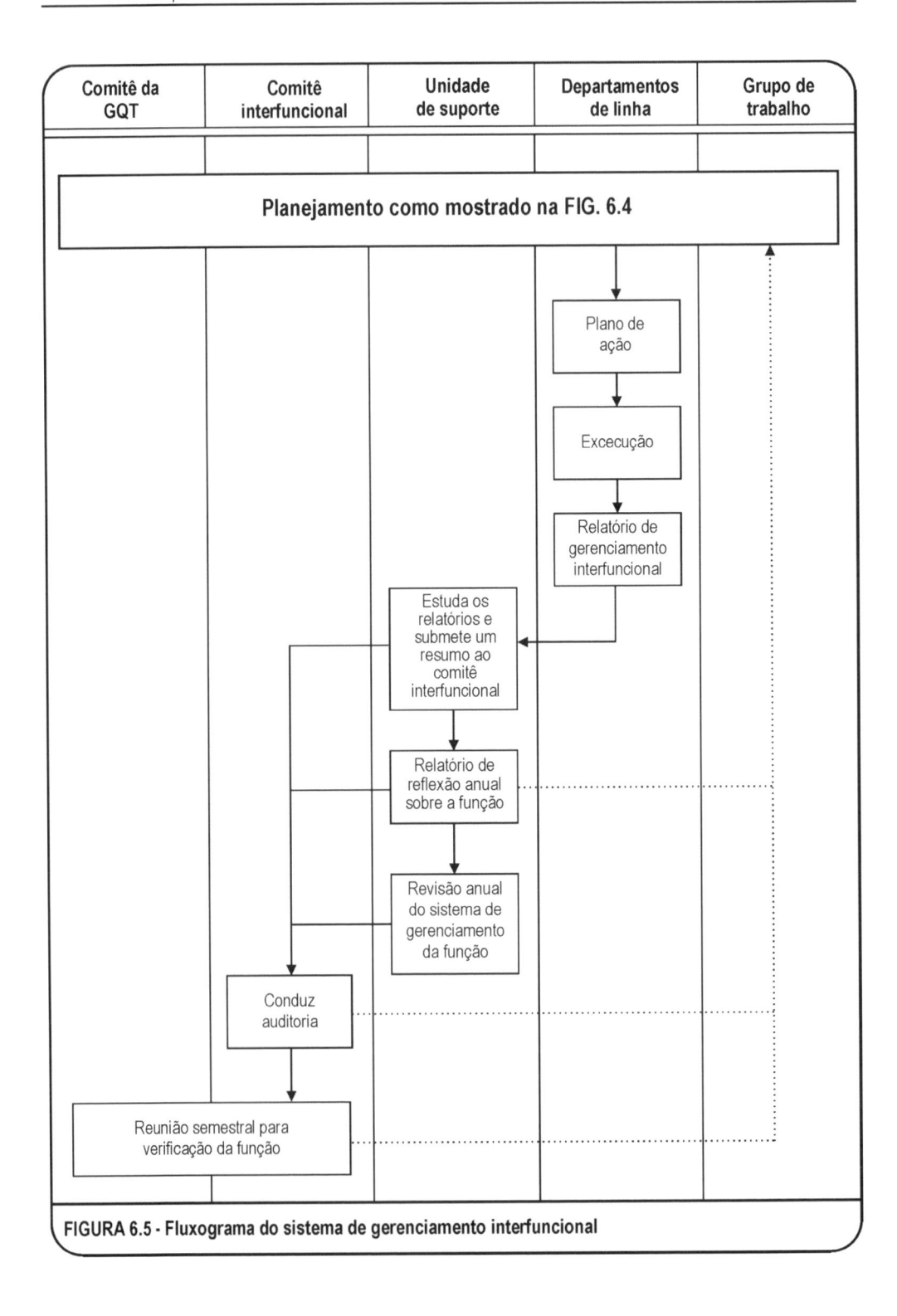

b) Tendo como base o plano de longo prazo e o entendimento das necessidades nas funções fundamentais (ver Item 6.2.1 - B) da empresa, a **diretoria** (ou Comitê da GQT) **nomeia o comitê interfuncional para determinada função.**

c) O **comitê interfuncional convoca a unidade de suporte** para lhe dar o apoio técnico na função e solicita um estudo da função.

d) Tendo como base esse estudo e as necessidades de longo prazo da empresa, o **comitê interfuncional estabelece o projeto de metas** da função. O projeto de metas é a primeira proposição de metas ainda a ser confirmada após o desdobramento.

e) O projeto de metas equivale às metas anuais da empresa do estágio anterior (faixa marrom), com a diferença que ele é estabelecido somente para determinada função.

f) Nesse ponto, tem que haver um **ajuste** (catch ball) com os outros comitês interfuncionais, pois metas de uma função afetam outras. Por exemplo: metas da função garantia da qualidade afetam custos e vice-versa. Uma conciliação dos valores dessas metas deve ser feita.

g) O **comitê interfuncional convoca então o grupo de trabalho** para conduzir uma profunda análise do fenômeno e análise de processo, de forma a permitir a formulação de um projeto de diretriz da função e um bom desdobramento subsequente das metas. Grande parte dessa análise já deve estar contida no relatório de reflexão da função do ano anterior e no plano de longo prazo.

h) Quando o projeto de diretriz é aprovado pelo comitê, a missão do grupo de trabalho está cumprida e o **grupo é dissolvido.**

i) Este projeto de diretriz no gerenciamento interfuncional equivale ao projeto das diretrizes do presidente (tratado no capítulo anterior) e tem prioridade máxima para execução.

j) As **metas são então submetidas aos vários departamentos de linha** da empresa que afetam o resultado esperado na função. Nesse ponto ocorre **outro ajuste** entre os departamentos com a ajuda da unidade de suporte.

k) Depois que a meta chega aos níveis gerenciais, o resto do procedimento é igual ao descrito no estágio anterior. São estabelecidas, em cada departamento de linha, as **medidas de execução prioritária e os itens de execução prioritária** (ver FIG. 5.5), ficando então prontos os **planos de ação** e confirmadas as metas.

l) Finalmente, fica **confirmado o projeto de diretriz** da função. **Está pronto o planejamento.**

6.2.4.2 Como conduzir a execução e verificação

a) A **execução é conduzida pelos departamentos de linha** (ver FIG. 6.5).

b) Os departamentos de linha entregam à unidade de suporte um **relatório mensal** de seus encargos no gerenciamento interfuncional.

c) A unidade de suporte, tendo como base esses relatórios, prepara um **relatório resumo** para o comitê interfuncional.

d) O comitê interfuncional conduz **diagnósticos** para verificar o andamento do gerenciamento interfuncional nos departamentos de linha. A organização desses diagnósticos é a mesma já descrita neste texto, com a única exceção de que os assuntos tratados sejam somente interfuncionais.

e) O comitê interfuncional conduz uma **reunião semestral** com o comitê da GQT (ou diretoria), para tratar dos assuntos referentes à função.

f) A unidade de suporte, tendo como base os relatórios de reflexão dos vários departamentos de linha, os relatórios mensais do gerenciamento interfuncional e os relatórios dos diagnósticos, faz então o **relatório de reflexão anual da função**, que deverá servir de guia para o estabelecimento do projeto de diretrizes do próximo ano.

g) Finalmente, cabe à unidade de suporte fazer a revisão anual do andamento do gerenciamento interfuncional, fazendo **uma revisão do próprio sistema de gerenciamento interfuncional**.

h) No Anexo B é apresentado um **exemplo de gerenciamento interfuncional** no qual é mostrado um sistema de gerenciamento do lucro.

6.3 Gerenciamento pelas diretrizes através das unidades de negócio

a) As diretrizes de uma unidade de negócio certamente teriam mais **força** se conduzidas dentro do gerenciamento interfuncional através de comitês interfuncionais.

b) A razão disso é que **uma unidade de negócio nunca é totalmente interfuncional**. Só a abordagem através de comitês interfuncionais pode garantir isso e dar o poder necessário para que as diretrizes sejam executadas.

c) No entanto, como será visto logo adiante, a condução de um **projeto prioritário** dentro do âmbito de uma unidade de negócio e chefiado pelo próprio diretor da unidade poderá ter muita força.

6.4 Gerenciamento pelas diretrizes através do gerenciamento por projetos

a) O **gerenciamento por projetos** (ver item 3.6) é uma forma do gerenciamento pelas diretrizes que é estruturada e **à qual se dá força suficiente** para atender prontamente às variações na conjuntura ambiental.

b) Uma **diretriz do presidente** é constituída de **meta** desafiadora e que rompe com a situação atual (*breakthrough*) para promover a competitividade e de **medidas** radicais reformuladoras da estrutura da empresa (**inovação** - ver FIG. A.6 no Anexo A).

c) Essas **medidas** do presidente têm caráter amplo, e algumas são desdobradas em **temas especiais** que têm características de urgência.

d) **Projetos** são esses **temas especiais**, que devem ser atacados de forma concentrada e prioritária. Por exemplo: novo negócio, novo produto, novo mercado, nova usina, nova tecnologia, novo investimento de grande porte, etc.

e) O gerenciamento por projetos também é utilizado para lidar com **temas contingenciais**, tais como: variações cambiais bruscas, variações bruscas nos preços de insumos (por exemplo: alta do preço do petróleo), etc.

f) Quanto à **duração**, esses projetos podem ser executados dentro do ano ou tomar alguns anos.

6.4.1 Organização do gerenciamento por projetos

a) Cada projeto tem um **responsável** dotado de grande poder (em certos projetos ele assume o nível de diretor e reporta-se diretamente ao presidente) para garantir a sua realização rápida.

b) Esse é o caso, por exemplo, do **chefe do projeto de novo produto** em algumas empresas automobilísticas, quando um produto tem data marcada de lançamento. O chefe de um projeto desse porte tem que ter estatura e poder suficientes para garantir que isso ocorra.

c) Existem várias formas de se **organizar** o gerenciamento por projeto:

- Projeto independente;
- Projeto por setor;
- Projeto por comitê interfuncional;
- Projeto em matriz.

d) **Projeto independente:** Projetos conduzidos por grupos de trabalho ou forças-tarefas de forma independente são estabelecidos em qualquer nível da empresa, como mostra a FIG. A.6 do Anexo A e a FIG. 5.7, referente ao método de análise de Pareto para o estabelecimento de metas.

e) **Projeto por setor:** Quando um setor da empresa (uma unidade de negócio, por exemplo) recebe um tema especialmente importante dentro do gerenciamento pelas diretrizes, é atribuído ao chefe desse setor poder suficiente para que ele conduza o projeto a bom termo.

f) **Projeto por comitê interfuncional:** Dentro do gerenciamento interfuncional pode surgir um tema de especial interesse. Pode-se atribuir ao comitê a força necessária para acelerar o projeto. Esse tipo de organização traz a desvantagem de o comitê não executar. O comitê só planeja e verifica e a execução fica a cargo dos departamentos de linha. Isso poderá causar perda de foco.

g) **Projeto em matriz**: Nesse caso, pode-se fazer com que os executores de linha façam parte do comitê interfuncional. Isso supre a deficiência de perda de foco.

6.4.2 Implementação do gerenciamento por projetos

a) O plano de longo prazo deve ser **revisto** todo ano, tendo em vista:

- A consciência do risco pela **brusca alteração do ambiente**;
- As **diferenças de desempenho** observadas na comparação com outras empresas;
- A **consciência de problemas** internos antes despercebidos, mas agora fortemente notados pelo rompimento do comportamento complacente ou arrogante das próprias pessoas da empresa.

b) Essa revisão leva ao estabelecimento de **novas metas** de rompimento com a situação atual (*breakthrough*), como mostra a FIG. 6.6.

c) As novas metas são analisadas (análise de fenômeno e análise de processo) e são propostas as **medidas de execução prioritária** radicais reformuladoras da estrutura.

d) Essas medidas são, então, **analisadas quanto ao retorno** que oferecem à empresa no tocante ao *market-share*, ao acréscimo no lucro, ao faturamento, etc., em função do tempo, como mostra a FIG. 6.7.

e) As **medidas com elevado retorno** a curto prazo, como mostrado na FIG. 6.7, são definidas como projetos e transferidas para o gerenciamento por projetos (que é um gerenciamento pelas diretrizes especial).

Estágio 3: Prática de golpes faixa preta

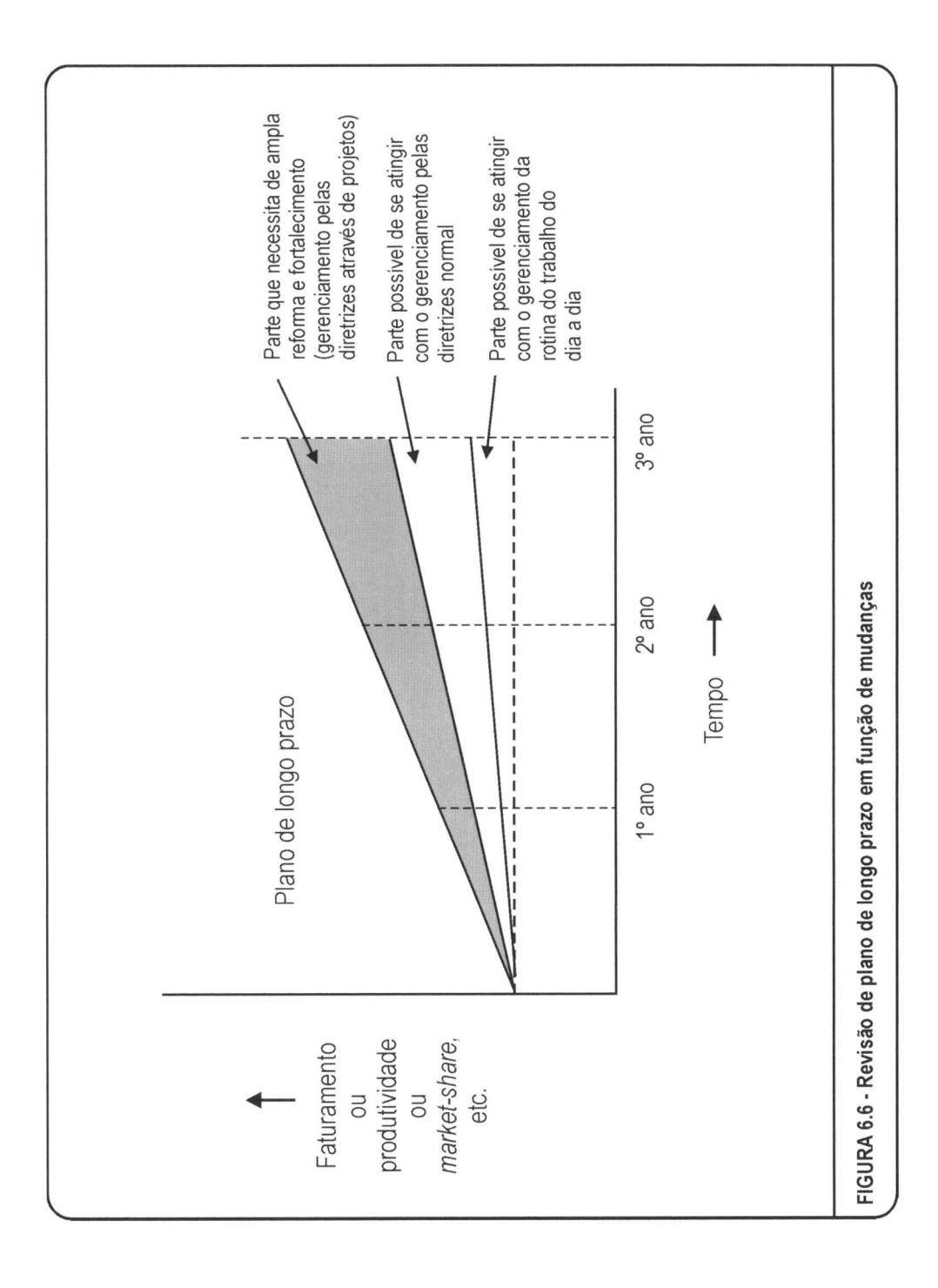

FIGURA 6.6 - Revisão de plano de longo prazo em função de mudanças

Eixo vertical: Faturamento ou produtividade ou *market-share*, etc.
Eixo horizontal: Tempo (1º ano, 2º ano, 3º ano)

Plano de longo prazo

- Parte que necessita de ampla reforma e fortalecimento (gerenciamento pelas diretrizes através de projetos)
- Parte possível de se atingir com o gerenciamento pelas diretrizes normal
- Parte possível de se atingir com o gerenciamento da rotina do trabalho do dia a dia

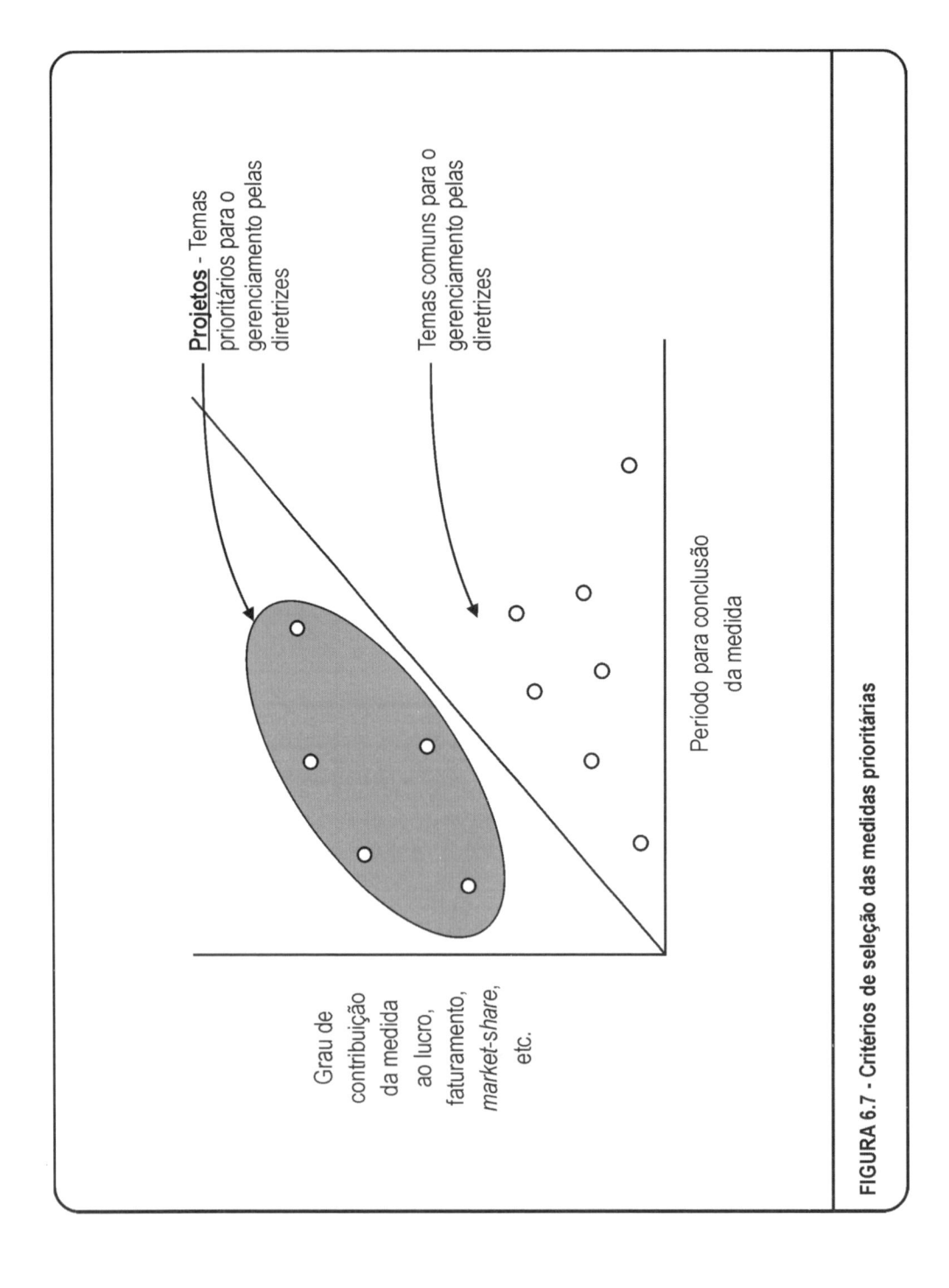

Gerenciamento pelas diretrizes

FIGURA 6.7 - Critérios de seleção das medidas prioritárias

f) As **outras medidas** recebem o tratamento normal dentro do gerenciamento pelas diretrizes.

g) Definidos os projetos e seus chefes é, então, feita uma avaliação da **força de luta** e o seu fortalecimento, visando a garantir a vitória. Nessa avaliação, são considerados três itens:

- **Qualidade e quantidade dos membros da organização** que conduzirão o projeto (nesse caso a prioridade é o projeto, mesmo que algum departamento de linha reclame a perda de um de seus membros);
- **Capacidade financeira**;
- **Força da organização** (poder suficiente ao chefe do projeto para que ele consiga remover os impedimentos).

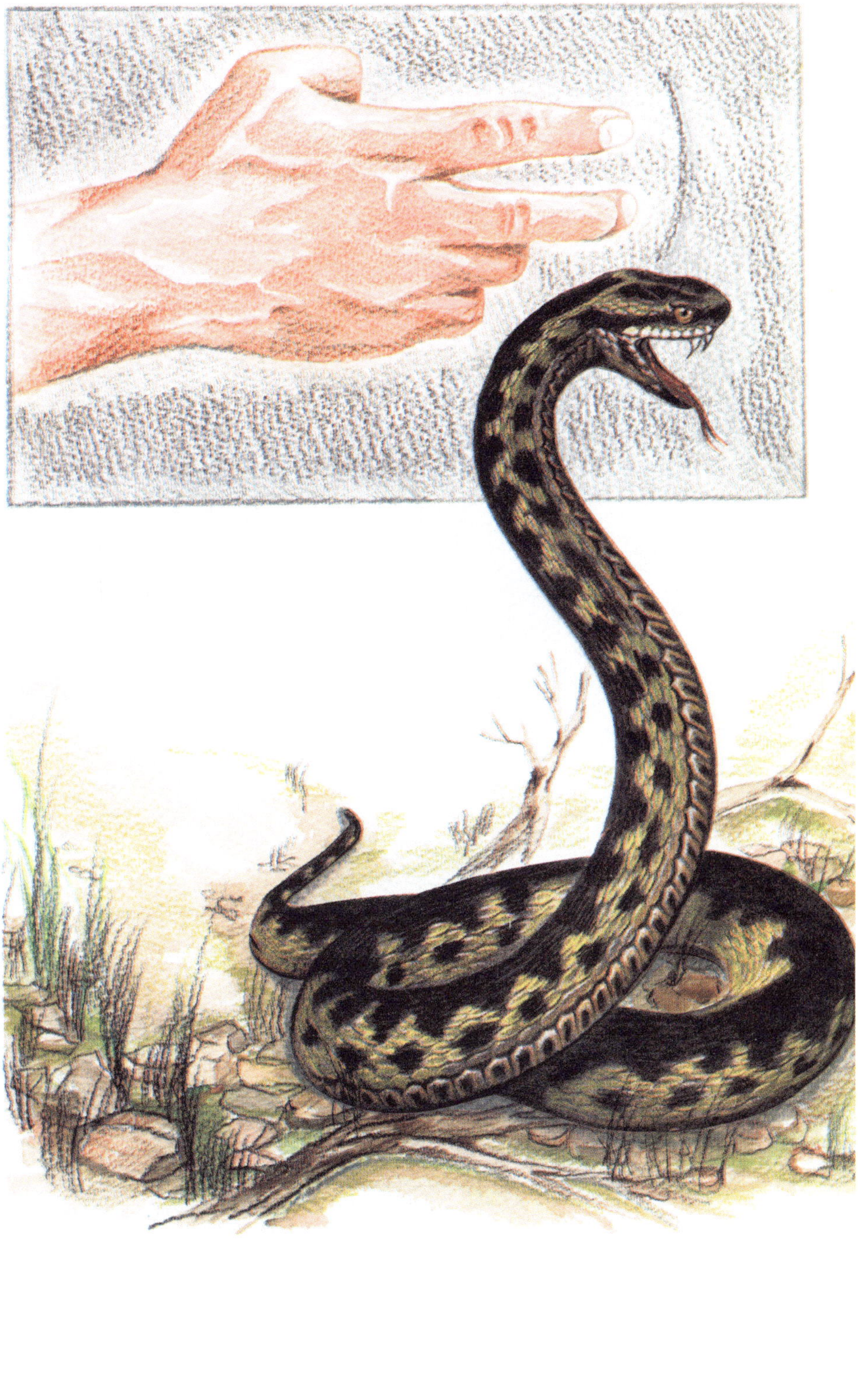

Anexo A

Método de gestão empresarial

A.1 Significado de método

a) Método é uma palavra que vem do grego. É a soma das palavras gregas *META* e *HODÓS*. *Hodós* significa **caminho**.

b) Portanto, método significa: **caminho para a meta**.

c) Para as organizações, atingir metas significa **sobreviver**.

d) Num mundo de economia globalizada, se você não conhecer o método **(caminho das pedras)**, seus concorrentes conhecerão e, mais cedo ou mais tarde, o afastarão do mercado.

> Ninguém deveria assumir a diretoria de uma organização sem dominar perfeitamente o método de gestão.

A.2 Onde estabelecer as metas

a) As suas metas são estabelecidas para os **produtos** que resultam do trabalho de sua equipe e para as **pessoas** que dela participam.

b) Para esses **produtos** devem ser estabelecidas metas de:

Q - **Qualidade intrínseca**: Características dos bens ou serviços que satisfazem às necessidades das pessoas que os recebem (clientes internos e externos).

C - **Custo**: Custo de cada produto, preço a ser praticado, margem por produto, etc.

E - **Entrega**: Condições de entrega em local certo, quantidade certa, prazo certo.

S - **Segurança**: Segurança física das pessoas (clientes) ao utilizarem o produto.

c) Para as **pessoas** que trabalham em sua equipe, devem ser estabelecidas metas de:

M - **Moral**: Clima organizacional, motivação humana, desenvolvimento de habilidades, etc.

S - **Segurança**: Segurança física das pessoas (empregados) que trabalham no seu negócio.

d) As regras acima são válidas para qualquer nível gerencial e incluem todas as metas, inclusive as decorrentes do planejamento estratégico.

e) Gerenciar é atingir metas.

A.3 Método para atingir as metas

a) O PDCA é um **método** de gerenciamento de processos ou de sistemas. Portanto, um diretor ou gerente precisa **dominar o PDCA**.

b) O PDCA é o **caminho** para atingir as metas atribuídas aos produtos dos sistemas empresariais.

c) A FIG. A.1 mostra a forma mais simples e reduzida do PDCA.

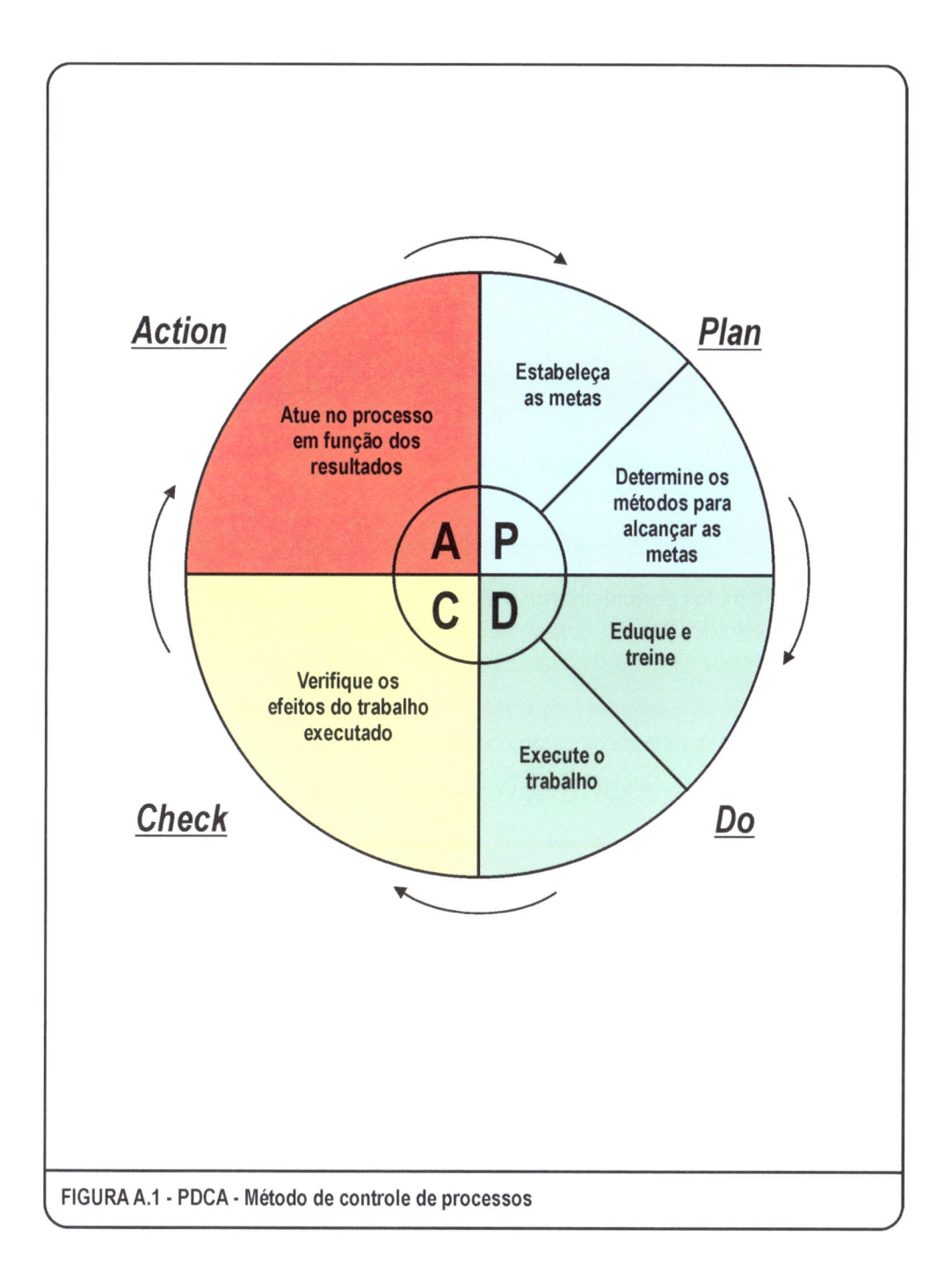

Método de gestão empresarial

FIGURA A.1 - PDCA - Método de controle de processos

d) Existem dois **tipos de meta**: metas para manter e metas para melhorar.

e) Exemplos de **metas para manter**: Atender ao telefone sempre antes do terceiro sinal; fazer o *check-out* no hotel em menos de 5 minutos; entregar o relatório financeiro até o quinto dia útil do mês; cortar a barra de 12 metros com um centímetro de tolerância, etc.

f) As metas para manter podem também ser chamadas de **metas padrão**. Teríamos, então, qualidade padrão, custo padrão, prazo padrão, etc.

g) As metas padrão são atingidas através de **operações padronizadas**.

h) O plano para se atingir a meta padrão é o procedimento operacional padrão (***Standard** Operational Procedure*). O conjunto de procedimentos operacionais padrão é o próprio planejamento operacional da empresa.

i) O PDCA utilizado para atingir metas padrão ou para manter os resultados num certo nível desejado, pode então ser chamado de **SDCA** (**S** para *standard* ou padrão), como mostra a FIG. A.2.

j) O outro tipo de meta é a **meta para melhorar**.

k) Exemplos de **metas para melhorar**: reduzir o tempo de *check-out* do hotel para 3 minutos dentro de 30 dias; aumentar as vendas na região sul em 10% até junho do corrente ano; eliminar as filas de aposentados dentro de seis meses.

l) Para atingir novas metas ou novos resultados, devemos modificar a maneira de trabalhar, ou seja, modificar os procedimentos operacionais padrão.

m) A FIG. A.3 mostra o **PDCA** voltado para melhorias.

n) Portanto, esse PDCA de melhorias **modifica** o SDCA (para manter).

o) Na verdade, o PDCA coloca o SDCA em outro patamar de desempenho.

p) A FIG. A.4 mostra o funcionamento conjugado do PDCA e do SDCA.

q) Todos os produtos internos e externos da empresa decorrem da prática do SDCA.

r) O PDCA pode ser utilizado para melhorar um processo existente ou para estabelecer um novo processo.

s) A conjugação destes dois tipos de PDCA e do SDCA é que compõe o **melhoramento contínuo**, como mostra a FIG. A.5.

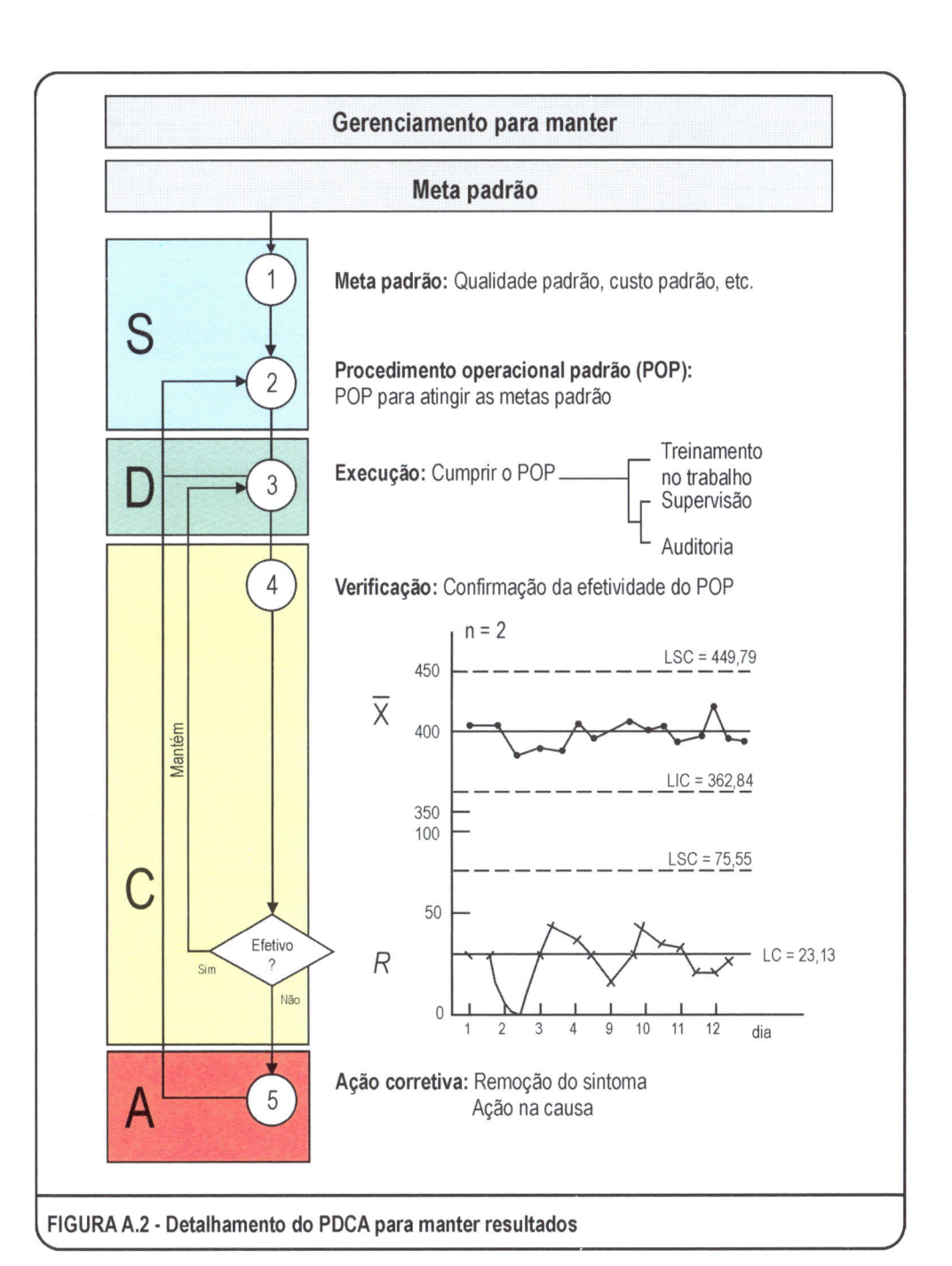

Método de gestão empresarial

FIGURA A.2 - Detalhamento do PDCA para manter resultados

Gerenciamento pelas diretrizes

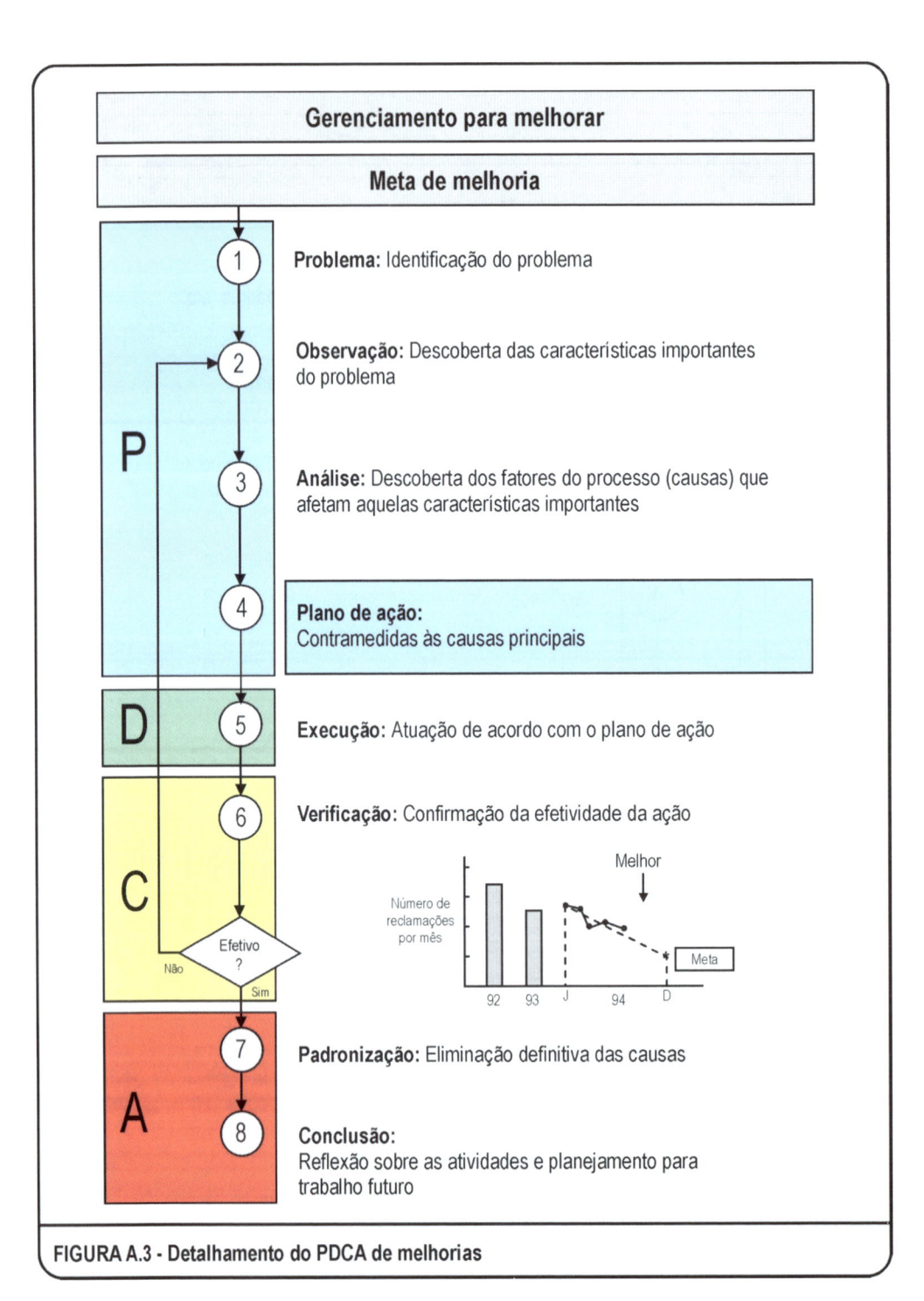

	Gerenciamento para melhorar
	Meta de melhoria

P

① **Problema:** Identificação do problema

② **Observação:** Descoberta das características importantes do problema

③ **Análise:** Descoberta dos fatores do processo (causas) que afetam aquelas características importantes

④ **Plano de ação:** Contramedidas às causas principais

D

⑤ **Execução:** Atuação de acordo com o plano de ação

C

⑥ **Verificação:** Confirmação da efetividade da ação

Efetivo? Não / Sim

A

⑦ **Padronização:** Eliminação definitiva das causas

⑧ **Conclusão:** Reflexão sobre as atividades e planejamento para trabalho futuro

FIGURA A.3 - Detalhamento do PDCA de melhorias

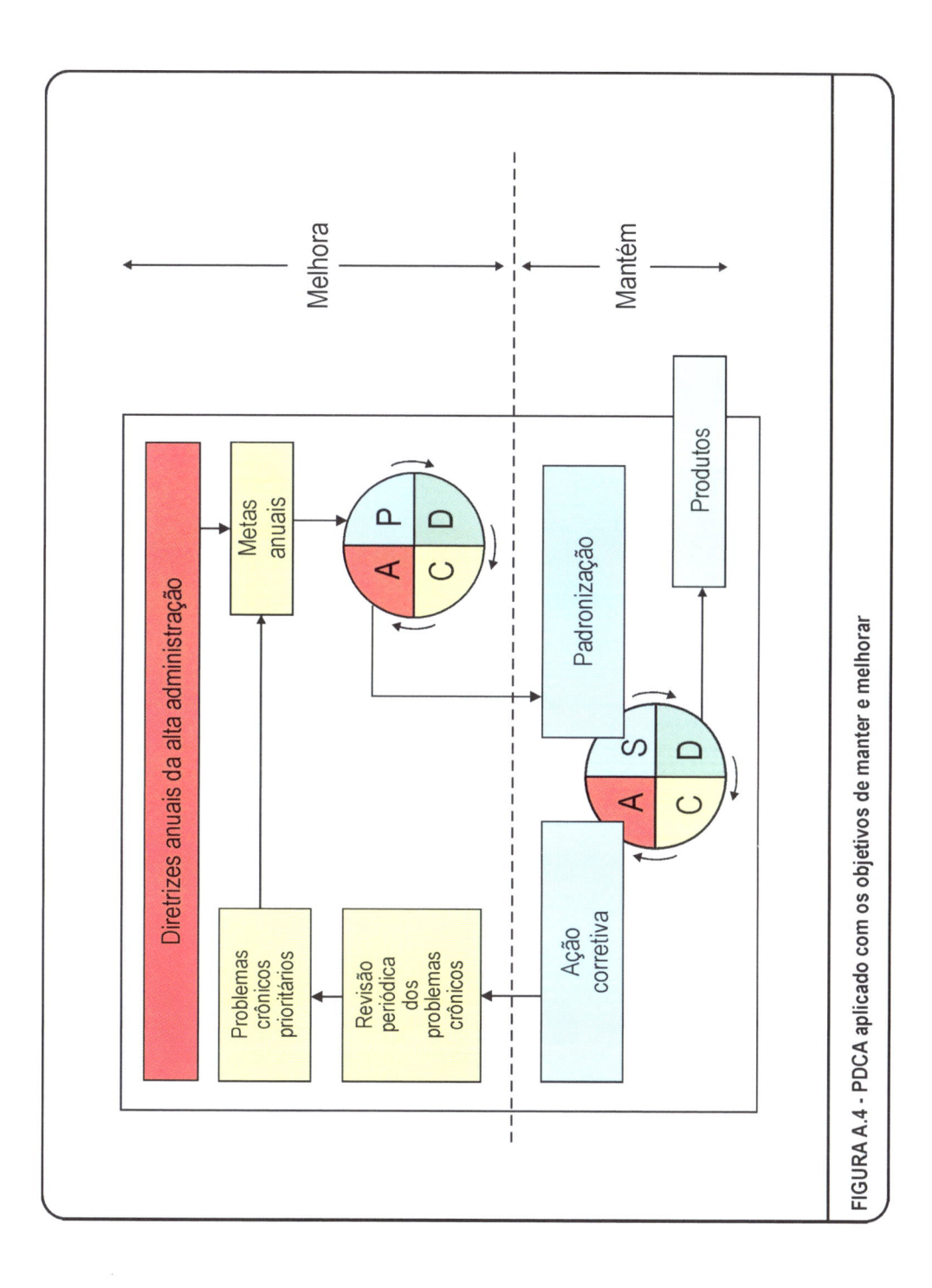

Método de gestão empresarial

FIGURA A.4 - PDCA aplicado com os objetivos de manter e melhorar

Gerenciamento pelas diretrizes

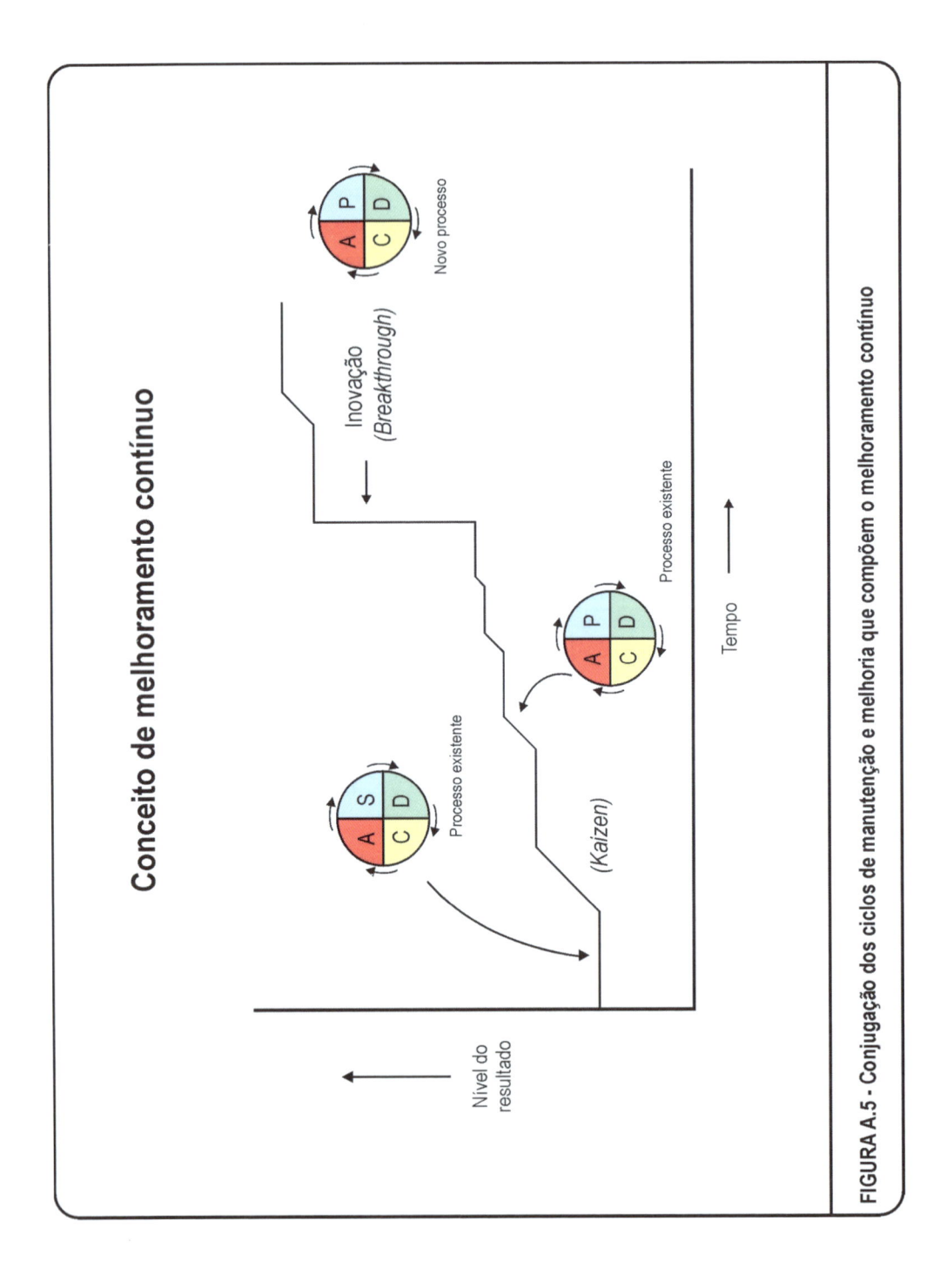

FIGURA A.5 - Conjugação dos ciclos de manutenção e melhoria que compõem o melhoramento contínuo

A.4 O método PDCA e o sistema de gestão

a) A FIG. A.6 mostra o PDCA aplicado a todo o processo de gestão empresarial que, no caso da GQT, obedece aos princípios revolucionários da trilogia de Juran[39]:

- Em vermelho a **manutenção da qualidade** (SDCA);

- Em amarelo a **melhoria da qualidade** [processos existentes] (PDCA);

- Em azul o **planejamento da qualidade** [novos produtos e novos processos industriais, administrativos ou de serviços] (PDCA).

b) O trabalho padronizado do dia a dia conduzido por todas as pessoas (inclusive dirigentes) e que resulta nos vários produtos internos e externos da empresa é representado pelo **SDCA** em vermelho, na FIG. A.6 e tratado na literatura.[2,22]

c) A empresa fatura a partir dos **produtos** produzidos pelo trabalho executado no SDCA.

d) A **função do planejamento estratégico** é propor maneiras de modificar as operações do dia a dia de tal modo que a organização se mantenha **competitiva** no mercado.

e) Em outras palavras, a função do planejamento estratégico é propor maneiras de **alterar os procedimentos operacionais padrão da organização** ou a maneira de trabalhar, para atingir os resultados necessários à sua sobrevivência.

f) Essa alteração pode ser feita **aceitando-se o processo existente** através de **planos de ação** a serem executados por todas as pessoas da empresa (área amarela da FIG. A.6).

g) Essa alteração pode também ser feita **rejeitando-se o atual processo** através de um novo produto e um novo processo (geralmente com nova tecnologia) pelo estabelecimento de **novos procedimentos operacionais padrão**. Isso é feito por uma equipe interfuncional (área azul da FIG. A.6).

h) Essas considerações são válidas tanto para as organizações industriais quanto para as de serviço, tanto para as áreas operacionais quanto para as administrativas. O tratamento é o mesmo.

i) Recentemente, ficou muito em moda o termo **reengenharia** lançado por professores/consultores americanos. Na FIG. A.6, esse termo equivale à área azul da figura, quando aplicada para processos administrativos ou de serviço pela utilização intensiva da tecnologia da informática.

Gerenciamento pelas diretrizes

FIGURA A.6 - Esquema de um sistema de gestão (administração estratégica)

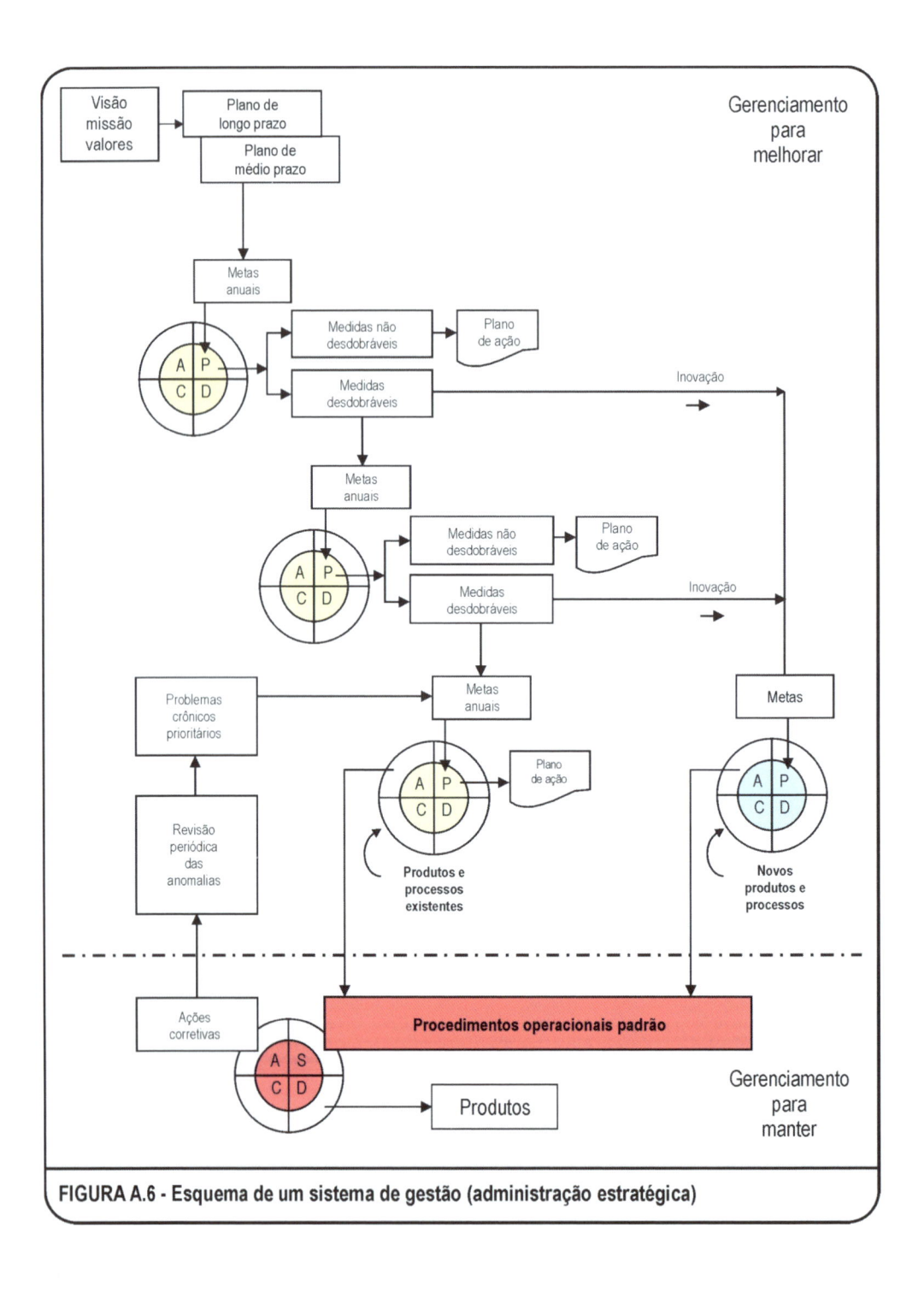

j) Certamente outros termos aparecerão no futuro. O leitor deve estar preparado para analisar e selecionar os novos conhecimentos que forem úteis e localizá-los dentro de seu **sistema de gestão**.

k) O importante é estar **melhorando continuamente o seu próprio sistema de gestão**.

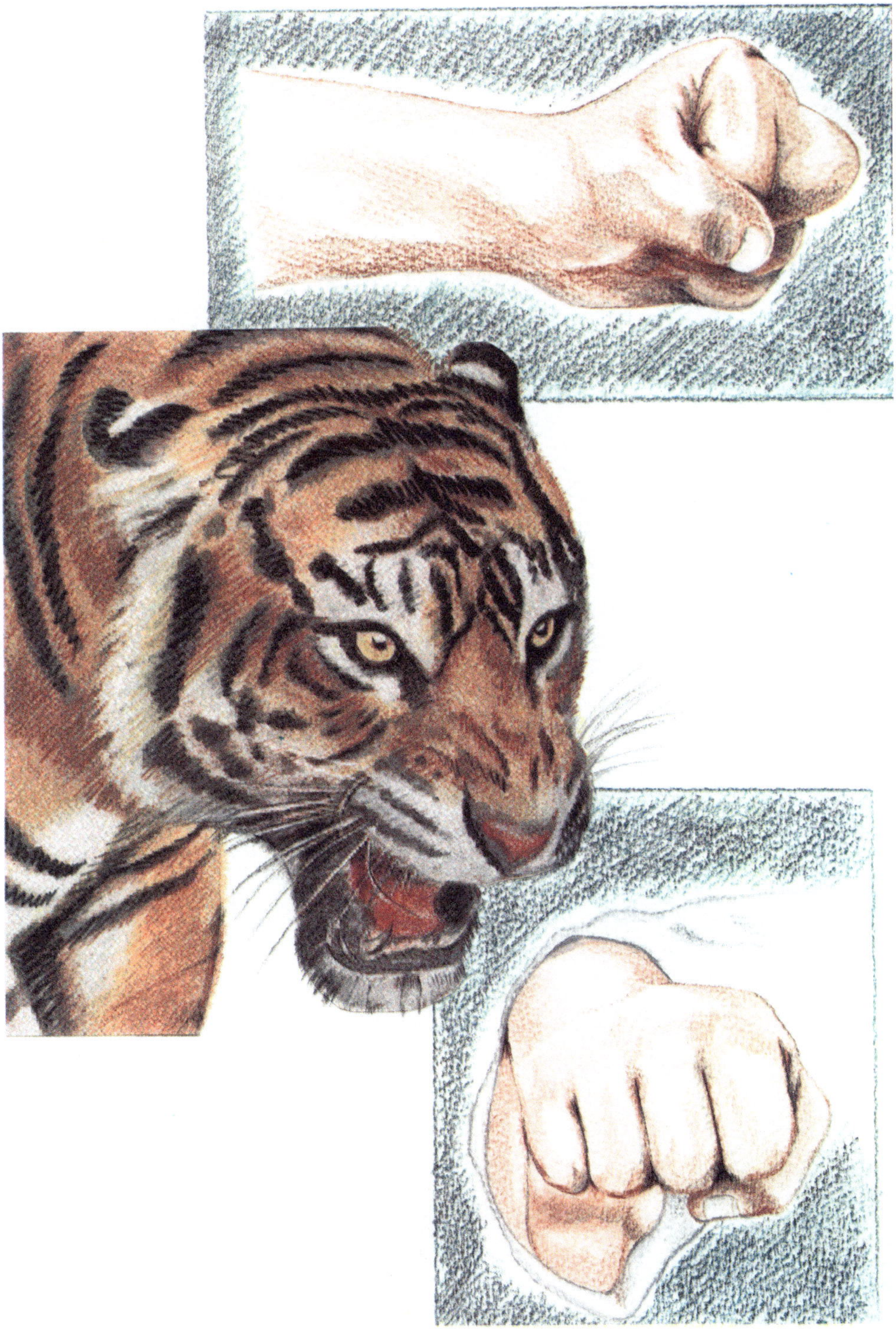

Anexo B

Exemplo de gerenciamento interfuncional:

Gestão do lucro

B.1 Sistema de garantia do lucro

a) Foi mencionado anteriormente (item 6.2.1) que uma empresa tem quatro **funções fundamentais**:

- Função garantia da qualidade (clientes);
- **Função garantia do lucro** (acionistas);
- Função garantia do crescimento do ser humano (empregados);
- Função garantia do ambiente (vizinhos ou sociedade).

b) Portanto, a garantia do lucro é um dos objetivos fundamentais de qualquer empresa. O lucro é o **produto** desejado. Atrás dele existe um **processo** que, por ser grande e envolver toda a empresa, chamamos de **sistema**.

c) Portanto, existe um **sistema de gerenciamento do lucro**, que tem um fluxograma, tem produtos, tem itens de controle e itens de verificação, e pode ser padronizado e gerenciado.

d) A FIG. B.1 mostra uma análise inicial da função garantia do lucro. Essa figura mostra que o sistema de gerenciamento do lucro está fortemente interligado ao **sistema de gerenciamento dos custos**.

e) Isso também é verdade para os outros quatro sistemas principais da empresa ligados às quatro funções fundamentais citadas anteriormente.

f) Portanto, o **sistema de gerenciamento dos custos** é muito importante, pois tem ligações com os quatro sistemas principais da empresa. Dessa maneira, deve ser gerenciado da forma mais racional e científica possível.

g) A FIG. B.2 mostra um exemplo de um sistema de gerenciamento de custos (para uma empresa japonesa de autopeças). O objetivo de colocar essa figura neste texto é mostrar aos dirigentes brasileiros a necessidade de uma abordagem científica para custos.

h) Esse sistema é gerenciado através do **gerenciamento da rotina do trabalho do dia a dia**, visando manter e melhorar os resultados. O orçamento da empresa está incluído nesse gerenciamento. Esse gerenciamento em nível da alta administração tem um forte caráter interfuncional.

i) Por outro lado, o rompimento com a situação atual (*breakthrough*), para a obtenção de resultados de forte redução de custos, exige uma abordagem desse sistema de redução de custos pelo gerenciamento pelas diretrizes, através do Gerenciamento Interfuncional.

j) O Principal **papel da Alta Administração** é **estabelecer e gerenciar** estes sistemas interfuncionais.

B.2 Estabelecimento das metas

a) Para **gerenciar a função garantia do lucro**, é necessário expressá-la por uma meta de vendas e uma meta de custos.

b) No tocante a custos, por exemplo, o **comitê interfuncional de garantia do lucro** solicita à **unidade de suporte** um estudo sobre a função custo e, com base nesse estudo, propõe a meta anual de custo. Esse estudo levará em conta o plano de longo prazo, o relatório de reflexão anual da função e as informações de mercado e concorrência.

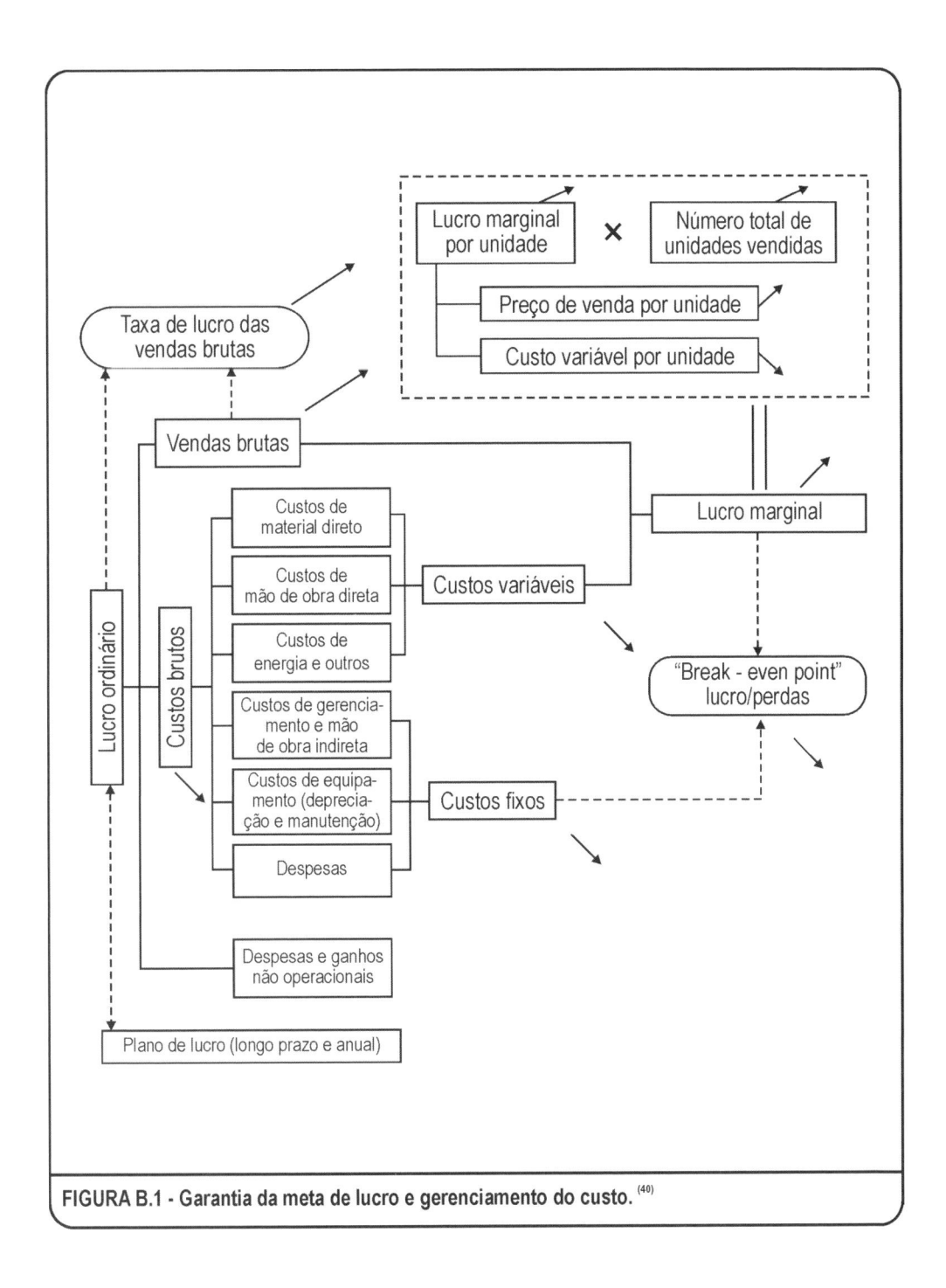

Exemplo de gerenciamento interfuncional: gestão do lucro

FIGURA B.1 - Garantia da meta de lucro e gerenciamento do custo. [40]

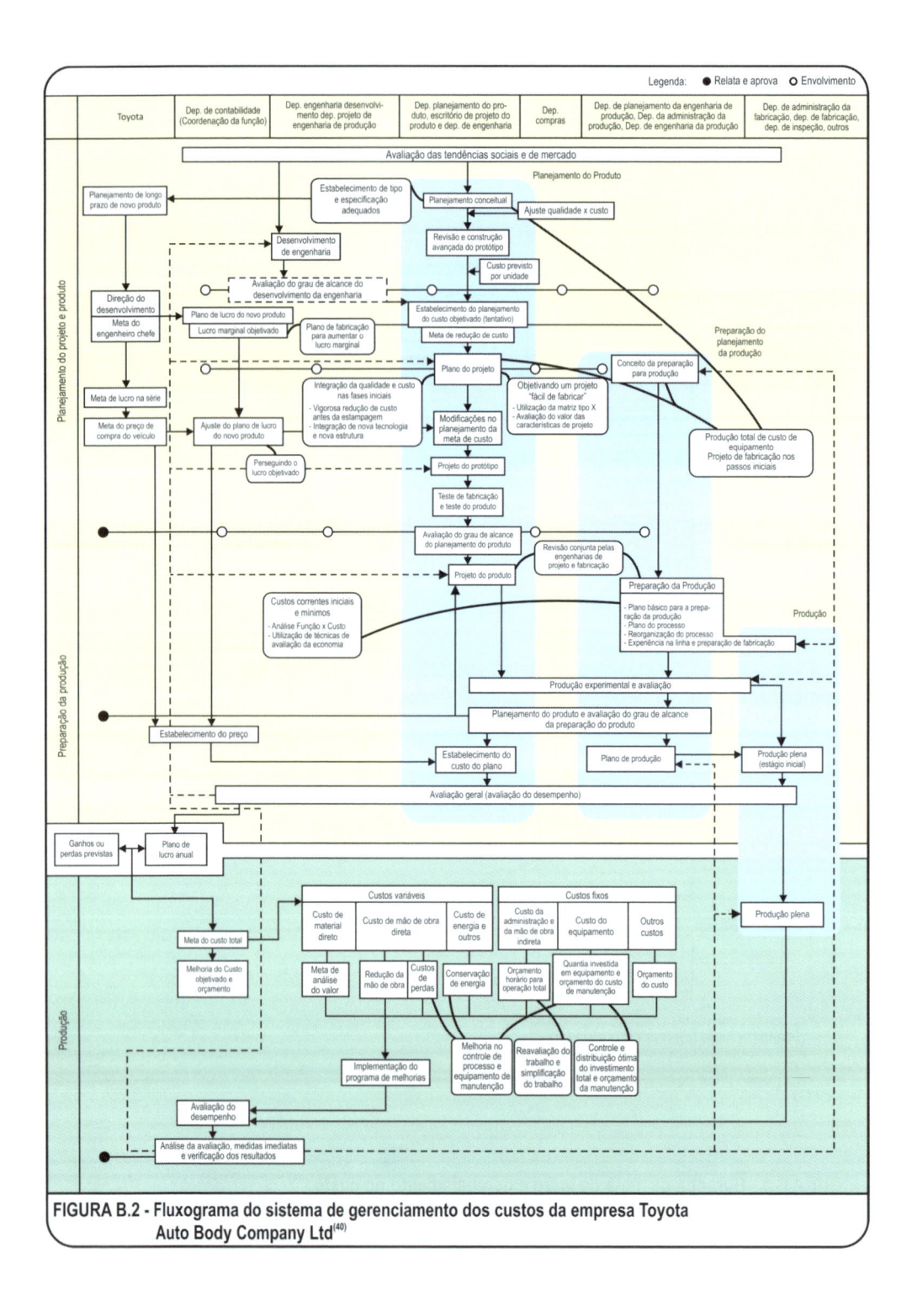

Gerenciamento pelas diretrizes

FIGURA B.2 - Fluxograma do sistema de gerenciamento dos custos da empresa Toyota Auto Body Company Ltd[40]

c) Esse comitê poderá, então, nomear um **grupo de trabalho**, para fazer a análise do problema custo.

d) A **análise do problema custo** pode ser disposta através de um Diadrama de árvore, como mostra a FIG. B.3. Com base nesse diagrama, são estabelecidas as metas dos vários departamentos funcionais da organização.

e) Desse ponto em diante, o **processo de planejamento** é o mesmo já mencionado nos capítulos 5 e 6, para o desdobramento de metas e medidas dentro dos departamentos de linha.

B.3 Atividades do gerenciamento dos custos

a) As **atividades primárias** do gerenciamento dos custos são as seguintes:

- Planejamento do custo:

    - Aumento das vendas através do desenvolvimento de produtos atraentes;

    - Aumento do lucro marginal por unidade durante o desenvolvimento de um novo produto.

- Melhoria de custo:

    - Redução dos custos variáveis, tais como melhoria dos consumos específicos (peso de matérias-primas por unidade de produto, homens-hora, preço unitário de componentes, etc.) e eliminação de perdas;

    - Contenção dos custos e redução dos custos fixos (custos de gerenciamento, de equipamentos e da mão de obra) a longo prazo.

b) A conjugação dessas duas atividades primárias compõe o **plano de lucro de longo prazo**, como mostrado na FIG. B.4 para o caso de uma empresa japonesa de autopeças.

c) O plano de lucro de longo prazo é reajustado anualmente com base em novas informações, e o plano anual é estabelecido com base nesse plano de longo prazo, no relatório de reflexão anual e nas mudanças ambientais.

d) Algumas atividades de redução de custo terão metas tangíveis de curto prazo, e outras devem ter resultados esperados de longo prazo, dos quais são extraídas metas anuais (*milestones*).

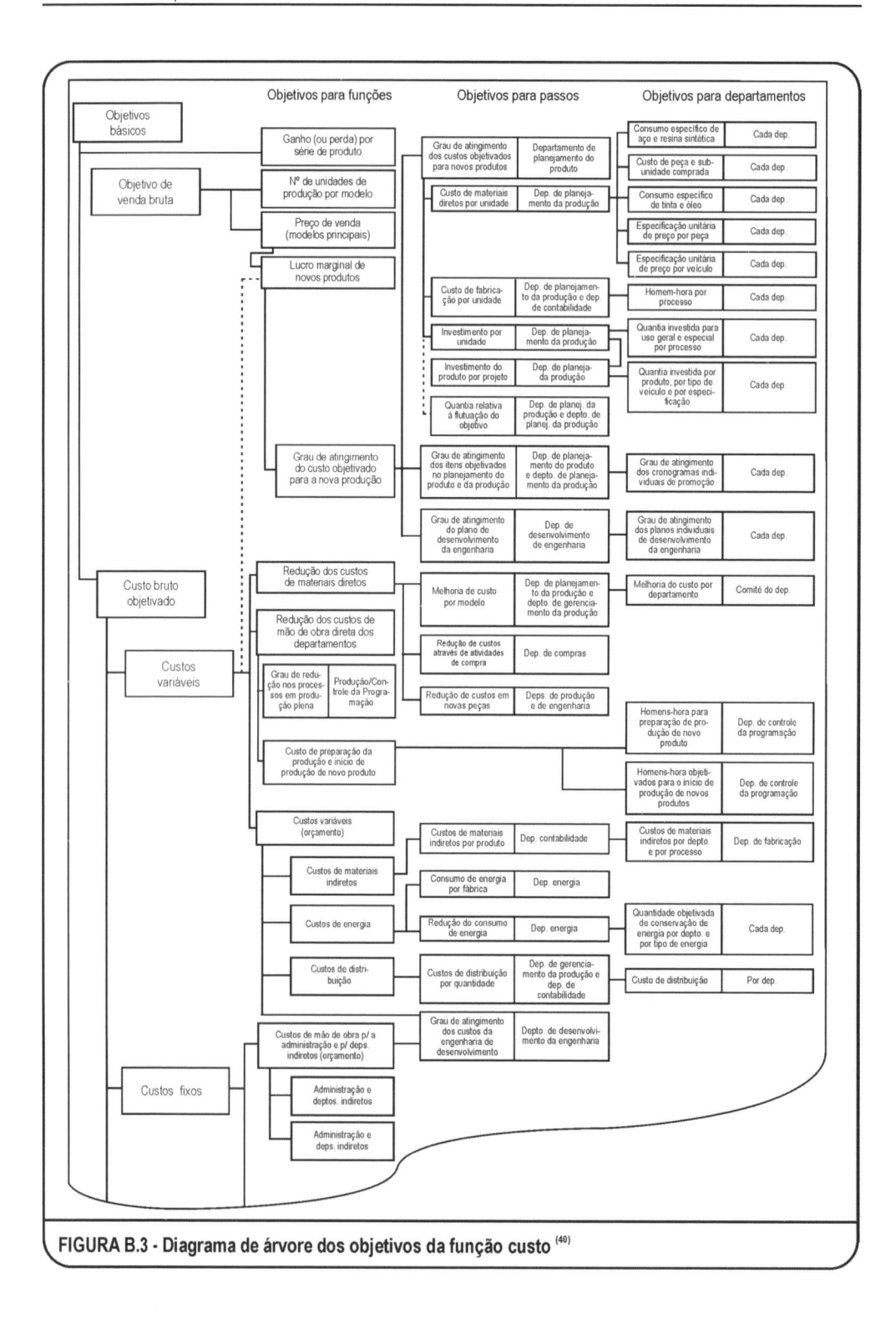

Gerenciamento pelas diretrizes

FIGURA B.3 - Diagrama de árvore dos objetivos da função custo [40]

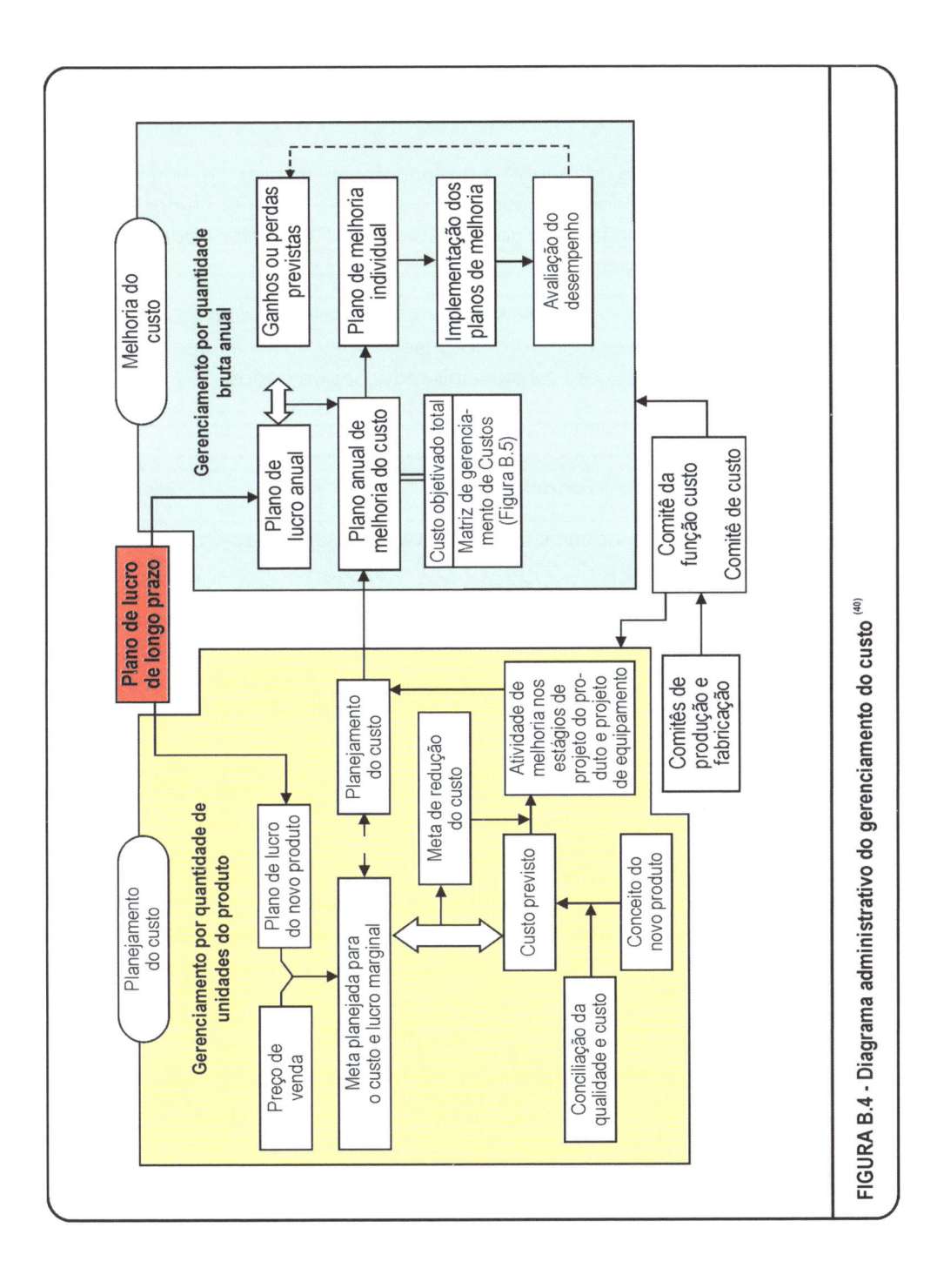

Exemplo de gerenciamento interfuncional: gestão do lucro

FIGURA B.4 - Diagrama administrativo do gerenciamento do custo [40]

235

B.3.1 O planejamento do custo

a) O planejamento do custo é baseado essencialmente no planejamento da qualidade (ou desdobramento da função qualidade ou *quality function deployment-QFD*).[41,42]

b) Essa abordagem é muito importante e **profundamente técnica**. Em empresas com uma gestão pela qualidade total avançada, em que a maior parte dos desperdícios já foi eliminada, os grandes ganhos de redução de custos podem ser realizados por essa abordagem.

c) Ao se projetar (ou reprojetar ou reengenheirar) um **novo produto** e um novo processo, novas ideias, novos materiais, nova tecnologia, novos equipamentos, etc., podem ser incorporados com **substanciais reduções de custos**.

d) É importante, e mesmo questão de sobrevivência para muitas empresas, ter uma **equipe técnica forte**. A competência dessa equipe de técnicos poderá ser o diferencial competitivo para a organização.

e) É necessário que a alta administração **cultive** essa equipe técnica ao longo dos anos, recrutando pessoal de alto potencial e educando e treinando continuamente.

f) Durante o planejamento do custo, dentro do desenvolvimento de um novo produto, as questões de qualidade e custo são pesadas e correlacionadas, para não deixar de atingir as metas de qualidade dentro dos parâmetros exigidos pelo mercado.

g) No planejamento de custo, o comitê interfuncional de garantia de qualidade e o comitê interfuncional de garantia do lucro poderão realizar reuniões conjuntas para revisar temas comuns.

h) Nesse estágio, as metas de custo serão buscadas por departamentos tais como planejamento do produto e planejamento da engenharia de produção. Os departamentos encarregados das funções custo e qualidade devem ter um papel ativo nesse estágio.

i) Uma vez que em algumas empresas o efeito da redução de custos no desenvolvimento de um novo produto pode ser maior que a redução de custos por outros meios, os programas de redução de custos são levados a efeito na base de **projeto a projeto**.

j) Cada empresa deve avaliar sua própria situação. Existem empresas que têm outros componentes muito fortes de custo, como logística, por exemplo. Nesses casos, num certo estágio, o desenvolvimento de novos produtos pode não ser a componente principal, muito embora seja sempre importante.

B.3.2 A melhoria dos custos

a) A abordagem de melhoria de custos envolve a empresa, inteira e seus métodos não diferem muito dos já tradicionais controles orçamentários.

b) Talvez a maior diferença entre os métodos da GQT e os tradicionais resida no fato de que as pessoas precisam ter a devida iniciativa e motivação para atacar os vários problemas de custos da empresa.

c) Essa iniciativa e essa motivação dependem da compreensão de cada um dos problemas da empresa e de suas necessidades. Dessa maneira, é necessário que todo o processo de melhoria de custo seja bem visível através de gráficos, quadros, matrizes, etc. A FIG. B.4 mostra uma matriz de gerenciamento de custos.

d) A FIG. B.5 mostra que um desdobramento bem detalhado dos custos e sua organização num quadro desse tipo permitem gerenciar com mais clareza os esforços de melhoria dos custos por departamento e por item de custo.

e) Além disso, é necessário que cada um saiba de forma quantitativa a sua participação no esforço e como ela se insere no esforço total. Isso é conseguido pelo gerenciamento pelas diretrizes.

f) Para garantir o sucesso no atingimento das metas de melhoria de custos, é necessário detalhar cuidadosamente cada meta em nível de departamento e de item de custo, como mostrado nos métodos deste texto.

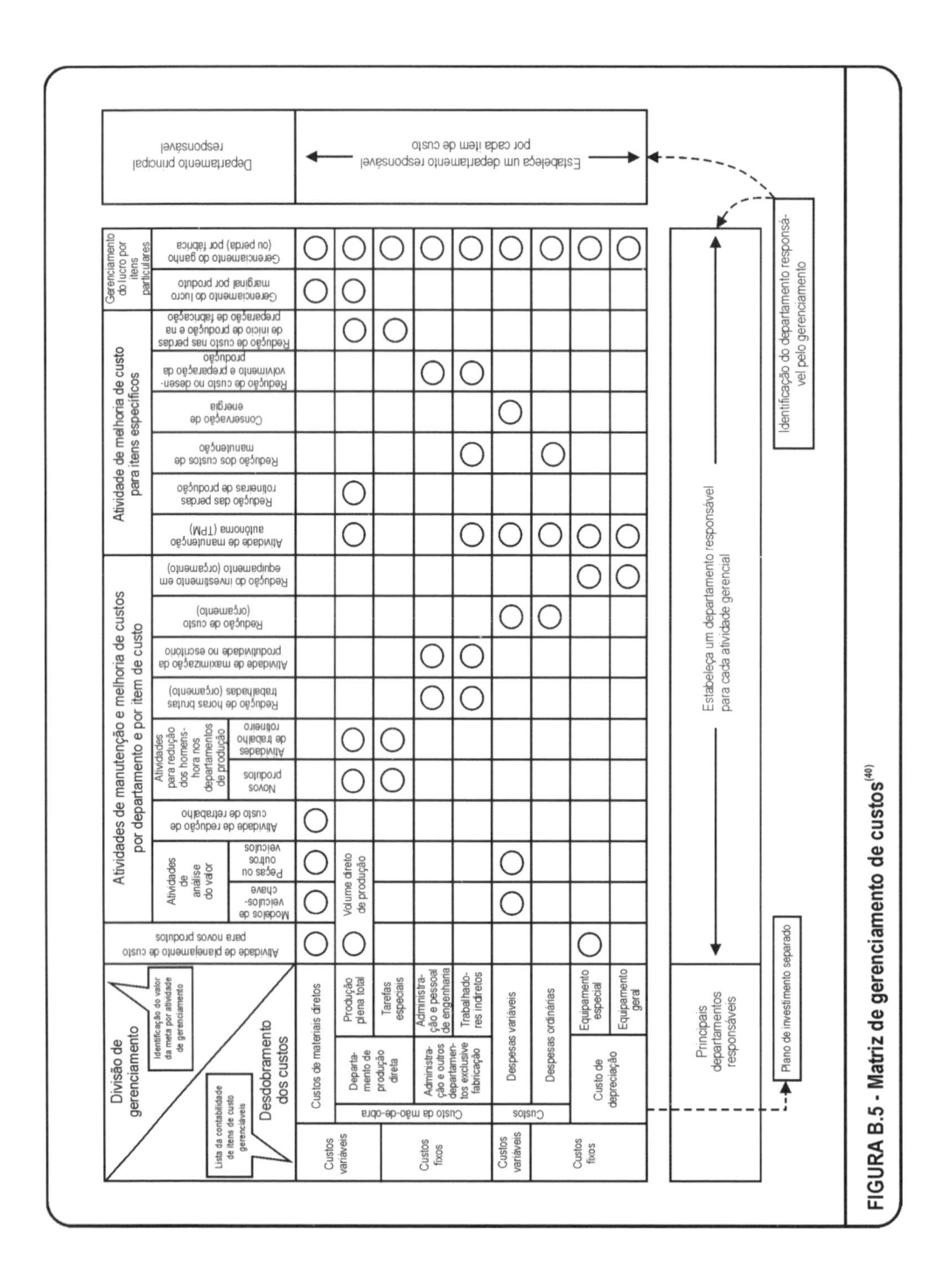

Gerenciamento pelas diretrizes

FIGURA B.5 - Matriz de gerenciamento de custos[40]

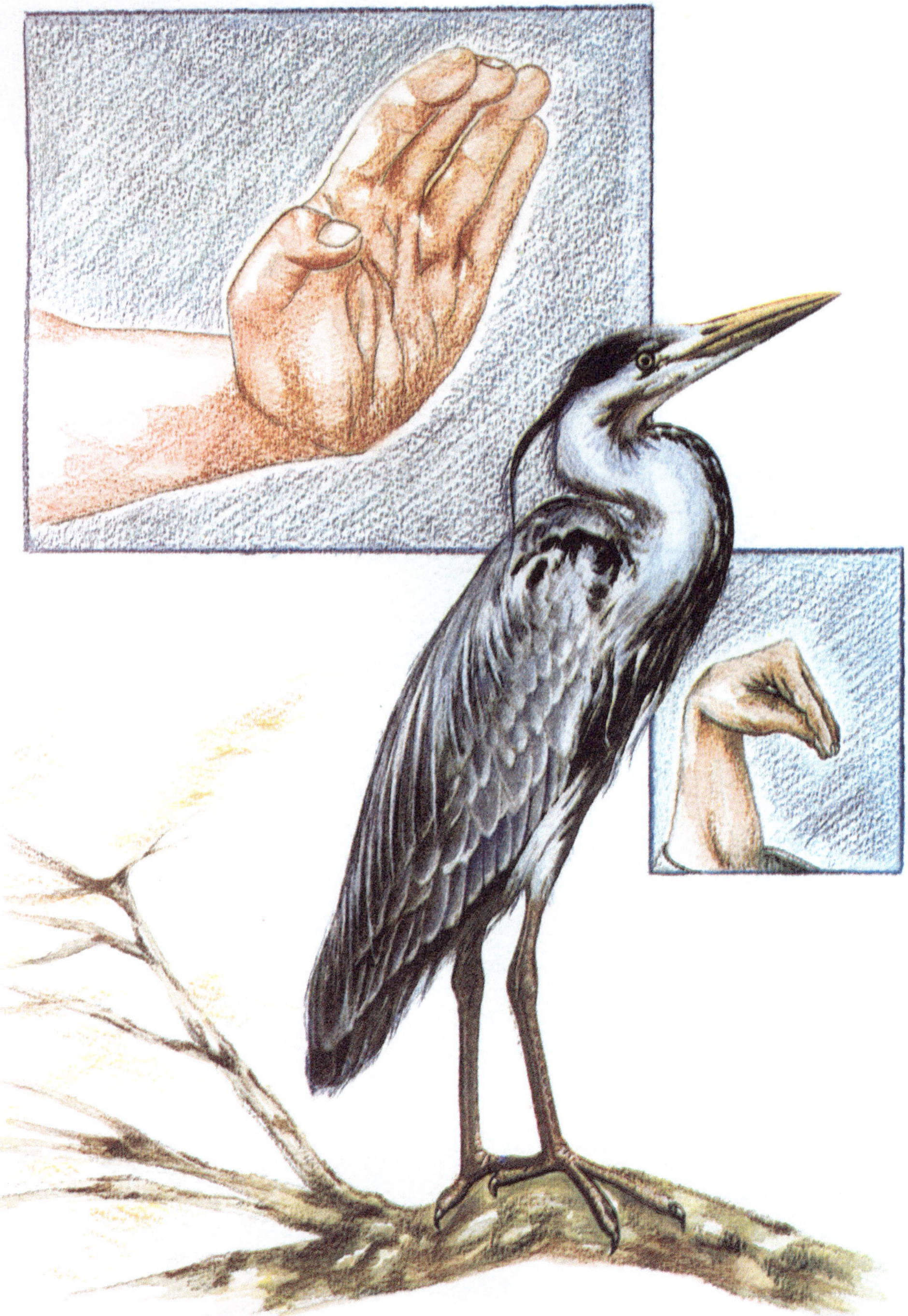

Anexo C

Amostra de um regulamento do sistema de gerenciamento pelas diretrizes

Regulamento do gerenciamento pelas diretrizes

(Observação: O termo "regulamento" está sendo usado como sinônimo de "padrão gerencial" ou "padrão de sistema").

1 Objetivo e faixa de aplicação

O presente regulamento estabelece a orientação para a execução do gerenciamento pelas diretrizes em nossa empresa.

2 Definições

2.1 Objetivo

É uma direção a seguir. Por exemplo: Aumentar a produtividade.

2.2 Meta

Um resultado a ser atingido. É constituída de três partes: um objetivo, um valor e um prazo. Por exemplo: Aumentar a produtividade em 10% até maio de 1998. Algumas vezes o valor vem implícito. Por exemplo: Visitar todos os clientes este ano.

2.3 Medida

É uma ação a ser tomada para que a meta seja atingida.

2.4 Diretriz

É uma meta acompanhada das medidas necessárias para atingi-la.

2.5 Gerenciamento pelas diretrizes

Gerenciamento pelas diretrizes é o sistema de gerenciamento liderado pelo presidente para promover a realização de suas diretrizes do ano através do desdobramento das metas e das medidas a serem tomadas em cada setor.

2.6 *Staff* do gerenciamento pelas diretrizes

É a pessoa designada pelo presidente para a coordenação do gerenciamento pelas diretrizes com a função de assessorá-lo e prestar a ajuda necessária aos setores envolvidos, doravante denominado simplesmente de *staff*.

3 Regulamentos correlatos

1) Regulamento xxxx - Manual de elaboração do plano de longo/médio prazo.

2) Regulamento yyyy - Manual de desdobramento das diretrizes.

4 Planejamento do gerenciamento pelas diretrizes (Desdobramento das metas e medidas)

1) O presidente promove uma reunião de gerenciamento pelas diretrizes com todos os diretores e *staff* para expor as suas metas para o ano. Nessa reunião, o presidente instrui todos os diretores para que cada um desenvolva estudos quanto à aceitação das metas atribuídas e medidas necessárias para a sua realização.

2) Os diretores, ao receber a instrução do presidente, passam a desenvolver estudos das metas e medidas a serem tomadas e decidem pela aceitação ou não das metas e a necessidade do orçamento. As metas e as medidas devem, em princípio, ser desdobradas até o nível de seção ou UGB. (Veja Adendo 1, p. 244).

3) O presidente estuda a proposição de cada diretor, passa a estabelecer o plano definitivo e aprova antes do início de novo ano fiscal, para que seja divulgado internamente.

5 Acompanhamento e controle

5.1 Verificação

Os gerentes de todos os níveis hierárquicos devem efetuar a verificação do andamento do plano e relatar, em princípio mensalmente, ao seu superior hierárquico. Perto do final do ano, nas proximidades do mês de setembro, se houver algum item que possa colocar em risco o atingimento da meta do ano, esse fato deve ser comunicado especialmente ao *staff*, para que possa discutir as contramedidas a serem tomadas. (Veja Adendo 2, p. 245).

5.2 Diagnóstico

O *staff* deve programar o diagnóstico do presidente, destinado a verificar a situação de execução do gerenciamento pelas diretrizes e colocá-lo em prática.

Gerenciamento pelas diretrizes

Ciclo de controle		Presidente[19]	Diretor	Chefe de departamento	Chefe de seção	Padrões e documentos
Estabelecimento / desdobramento das diretrizes	Até setembro	① Plano de longo/ médio prazo				① Manual de elaboração do plano de longo/ médio prazo
	Outubro a dezembro	Diretrizes do ano — *Feedback p/ o ano seguinte* → ② Orçamento do ano ← ③ Comunicação das diretrizes 🥎 P → Desdobramento das metas estabelecimento das medidas ← ④ 🥎 🥎 N ← P' Verificação do plano ok? S → ⑤ D ⑥ Implementação das medidas ← ⑦				② Manual de composição orçamentária ③ Lista de diretrizes do ano ④ Manual de desdobramento das diretrizes ⑤ Folha de programado/ realizado do diretor ⑥ Folha de programado/ realizado do chefe de departamento ⑦ Folha de programado/ realizado do chefe de seção
Implementação / verificação / ação corretiva	Janeiro a outubro	C ⑧ Diagnóstico A ⑨ Ação corretiva				⑧ Registro de diagnóstico do presidente ⑨ Relatório de reflexão do ano

N.B. (1) 🥎 *Catch ball* (Negociação sobre metas e medidas)
P = Esboço do plano   P' = Plano definitivo
(2) D = *Do*   C = *Check*   A = *Action*

ADENDO 1 - Procedimento de execução do gerenciamento pelas diretrizes (exemplo de diretrizes do presidente)[19]

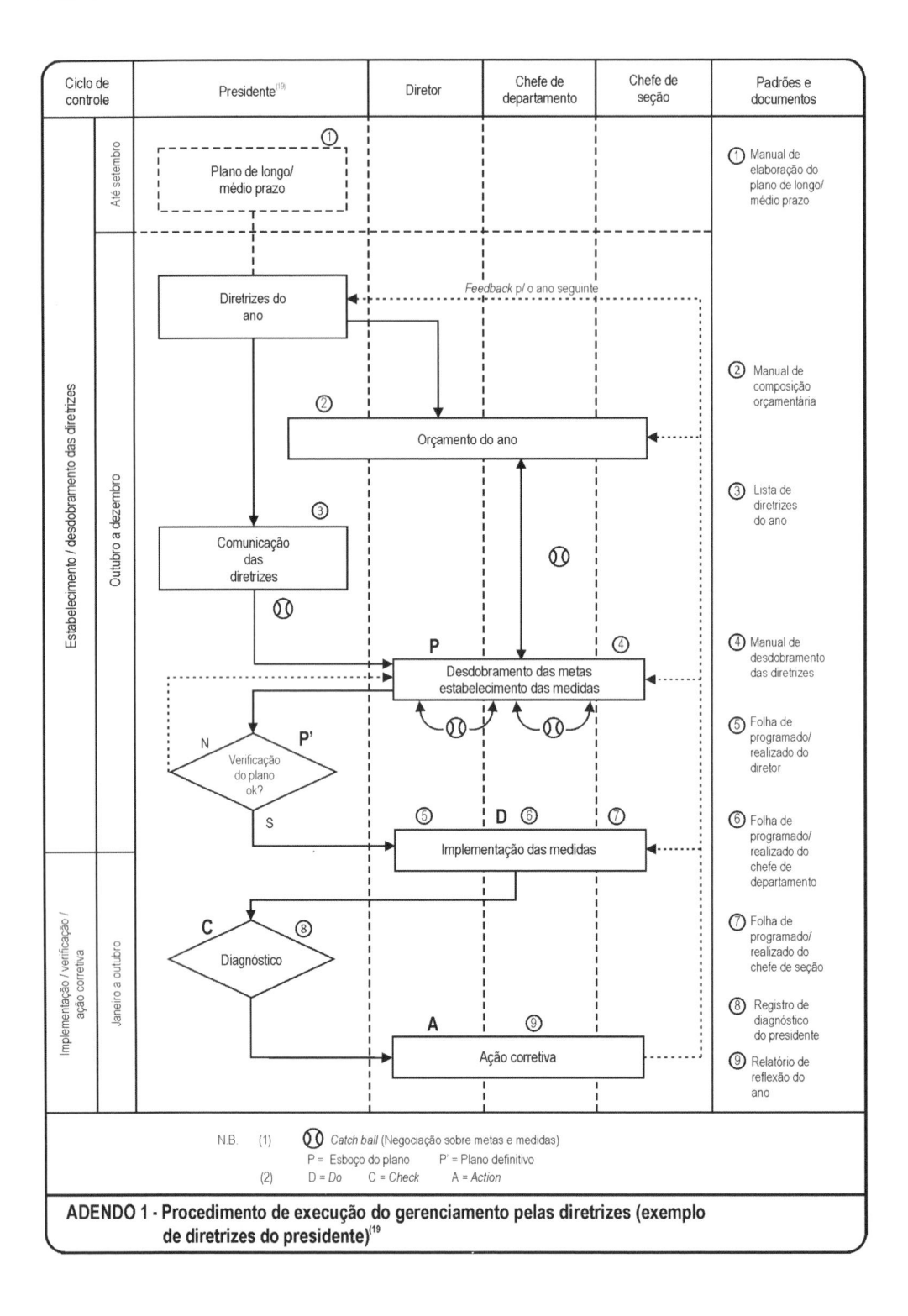

Amostra de um regulamento do sistema de gerenciamento pelas diretrizes

ADENDO 2 - Planejamento do gerenciamento pelas diretrizes (GPD) e quadro de acompanhamento e controle[19]

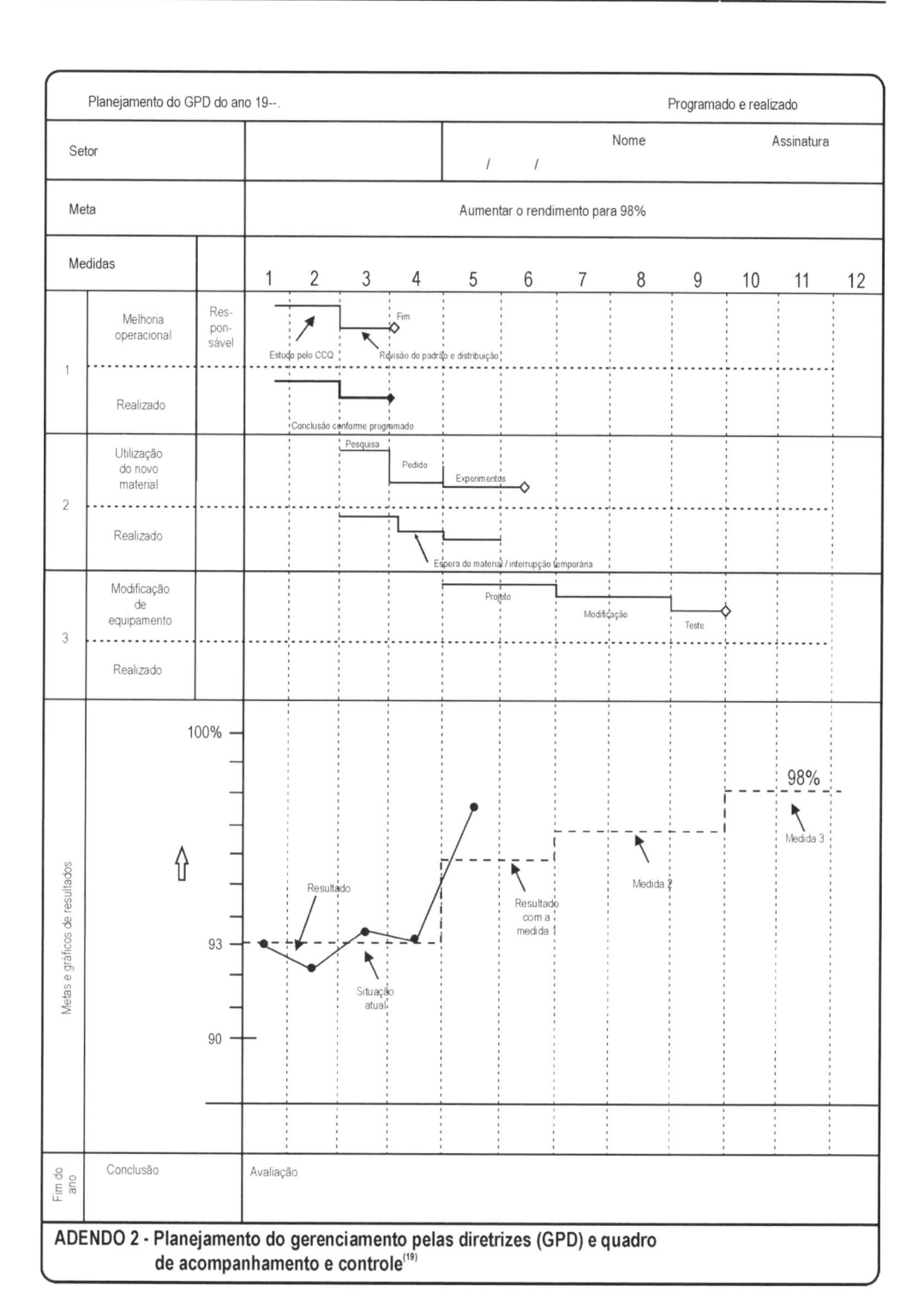

6 Ações a serem tomadas no final do ano

6.1 Reflexão

1) Os gerentes de todos os níveis devem elaborar o relatório de reflexão anual no final do ano e apresentá-lo ao seu superior hierárquico.

2) O *staff* deve elaborar o relatório de reflexão anual de toda a empresa e apresentá-lo ao presidente e, ao mesmo tempo, sugerir a continuidade ou não dos itens com as metas não alcançadas no ano seguinte, com base nos estudos desenvolvidos.

6.2 Revisão do tema

Ao final do período, o *staff* deve avaliar o próprio gerenciamento pelas diretrizes, propondo ações a serem tomadas para a melhoria desse sistema.

6.3 Resultados

O presidente deve divulgar os resultados da execução do gerenciamento pelas diretrizes no final do ano. Esses resultados são avaliados, e será concedido prêmio anual em função deles.

小辞典 = Pequeno Dicionário

Anexo D

Glossário dos termos utilizados no gerenciamento pelas diretrizes

Palavras contidas neste glossário

1) Crenças
2) Valores
3) Visão
4) Missão
5) Estratégia
6) Tática
7) Política

8) Objetivo
9) Meta
10) Medida
11) Diretriz
12) Plano
13) Contramedidas

Na área da administração estratégica, não existe clareza quanto ao significado preciso de alguns termos utilizados. Quando se vai ao dicionário, nem sempre o problema fica resolvido, pois as definições dos termos são às vezes muito amplas, e necessitamos de mais precisão. Propomos, então, neste glossário algumas definições de termos, dentro dos seguintes critérios:

a) Que não sejam incompatíveis com as definições estabelecidas nos dicionários (muito embora possam ser mais específicas).

b) Que fique claro o posicionamento dentro do relacionamento meio-fim, muito importante no gerenciamento pelas diretrizes.

c) Que procurem seguir a linha aceita pela maioria dos autores consultados.

1 Crenças

Crenças (definição adotada neste texto): Preceitos básicos estabelecidos pelo fundador da empresa. São os valores estabelecidos pelo fundador e que balizaram o comportamento da organização em sua trajetória vitoriosa.

Crença:[12] "Convicção íntima. Opinião adotada com fé e convicção".

Creed:[43] "A set of fundamental beliefs".

Comentários do autor: O que distingue crenças de valores é o fato de as primeiras terem sido estabelecidas pelo fundador da empresa.

2 Valores

Valores (definição adotada neste texto): Preceitos básicos estabelecidos pelos atuais líderes da organização e que devem balizar as ações da empresa na busca da realização de sua visão de futuro.

Valores:[12] "As normas, princípios ou padrões sociais aceitos ou mantidos por indivíduo, classe, sociedade, etc.".

3 Visão

Visão (definição adotada neste texto): Situação prevista para o futuro da organização.

Visão:[12] "Ponto de vista; Imagem vã que se acredita ver em sonhos, ou por medo, loucura, superstição, etc. Visagem. Fantasia. Quimera. Revelação".

Vision:[43] "Something seen in a dream, trance, or ecstasy; a supernatural appearance that conveys a revelation; an object of imagination; mode of seeing or conceiving; unusual discernment or foresight".

Comentários do autor: A visão é estabelecida sobre os fins da empresa (suas funções fundamentais) e corresponde à direção suprema da empresa. É o grande sonho do futuro e serve como rumo geral. Uma visão é relacionada com um sonho nobre que garanta a sobrevivência da empresa na sociedade a quem ela serve.

4 Missão

Missão (definição utilizada neste texto): Descrição das funções da organização.

Missão:[12] "Obrigação, compromisso, dever a cumprir".

Mission:[43] *"A task or function assigned or undertaken"*.

Comentários do autor: A missão é definida nos fins. Portanto, a missão será sempre determinada com os olhos voltados para fora de seu negócio em direção às pessoas (seu mercado). A missão fundamental de qualquer negócio é sempre a satisfação das pessoas. A missão de uma empresa define o seu papel na sociedade. A missão de um departamento define o seu papel (a sua utilidade) dentro da empresa.

5 Estratégia

Estratégia (definição adotada neste texto): Ação de longo e médio prazos necessária para se atingir a visão. Caminho a ser seguido pela organização para garantir a sua sobrevivência a longo prazo.

Estratégia:[12] "Arte de explorar condições favoráveis com o fim de alcançar objetivos específicos. Arte militar de planejar e executar movimentos e operações de tropas, navios e/ou aviões, visando a alcançar ou manter posições relativas e potenciais bélicos favoráveis a futuras ações táticas sobre determinados objetivos".

Strategy:[43] *"A careful plan or method; a clever stratagem. The art of devising or employing plans or stratagems toward a goal. The science and art of employing the political, economic, psychological, and military forces of a nation or a group of nations to afford the maximum support to adopted policies in peace or war; the science and art of military command exercised to meet the enemy in combat under advantageous conditions"*.

Comentários do autor: As estratégias são sempre ações de longo e médio prazos (ao contrário de táticas, que são ações de curto prazo) conduzidas sobre os meios.

6 Tática

Tática (definição adotada neste texto): Ações de curto prazo conduzidas sobre os meios para que se atinjam as metas desejadas.

Tática:[12] *"Parte da arte da guerra que trata da disposição e da manobra das forças durante o combate ou na iminência dele. Parte da arte da guerra que trata de como travar um combate ou uma batalha. Processo empregado para sair-se bem num empreendimento. Meios postos em prática para sair-se bem de qualquer coisa".*

Tactics:[43] *"The science and art of disposing and maneuvering forces in combat; the art or skill of employing available means to accomplish an end".*

7 Política

Políticas (definição utilizada neste texto): São orientações para medidas futuras baseadas em experiências passadas ou em crenças e valores. Por exemplo: "Em nossa empresa temos como política de recrutamento admitir pessoas que possuem, no mínimo, o segundo grau completo".

Política:[12] *"Sistema de regras respeitantes à direção dos negócios públicos. Conjunto de objetivos que informam determinado programa de ação governamental e condicionam a sua execução".*

Policy:[43] *"A definite course or method of action selected from among alternatives and in light of given conditions to guide and determine present and future decisions".*

Comentários do autor: Está claro que políticas são meios. No inglês a palavra *policy* é utilizada como tradução para *hoshin*, aparentemente de forma inadequada, já que *hoshin* envolve tanto a meta (fim) quanto as medidas para atingi-la (meios). Uma minoria de consultores japoneses defende a tese de que *hoshin* é equivalente a meta. O termo *ho* significa direção e *shin* significa agulha, ponteiro ou seta. Portanto, *hoshin* pode significar "a seta que indica a direção". Por isso, *hoshin kanri* significaria "gerenciamento indicado pela direção", e a nossa tradução como "gerenciamento pelas diretrizes" estaria plenamente compatível com esse significado. Se *hoshin* significasse meta, a utilização do termo *policy* como tradução para *hoshin* seria, então, totalmente inadequada.

8 Objetivo

Objetivo (definição adotada neste texto): Direcionamento da ação; direção a ser seguida. Rumo.

Objetivo:[12] *"Alvo ou desígnio que se pretende atingir. Objeto de uma ação, ideia ou sentimento. Propósito. Intuito".*

Objective:[43] *"Something toward which effort is directed: an aim or end of action: GOAL, OBJECT".*

Comentários do autor: Como se pode observar, os dicionários não fazem a distinção entre objetivo e meta de forma precisa e dão ao termo o significado de meta e de direção. Neste texto, nós precisamos distinguir uma coisa da outra.

9 Meta

Meta (definição adotada neste texto): Resultado a ser atingido no futuro; é constituída de três partes: objetivo, valor e prazo.

Meta:[12] "Poste, marco, cordel ou qualquer outro sinal que indica ou demarca o ponto final das corridas; gol; baliza; barreira, marco, limite; alvo, mira, objetivo; termo, limite, fim".

Goal:[43] *"A terminal point of a race; The end toward which effort is directed".*

Comentários do autor: Não existem dúvidas quanto ao posicionamento da meta nos fins e não nos meios, considerando-se os dois dicionários consultados.

10 Medida

Medida (definição adotada neste texto): Mudança de curto prazo (anual) a ser conduzida no processo para que se consiga atingir uma meta.

Medida:[12] "Disposição, Providência: (Tomou *medidas* imediatas)".

Measure:[43] *"A step planned or taken as a means to an end".*

Comentários do autor: Existe um bom entendimento de que as medidas são ações sobre os meios.

11 Diretriz

Diretriz (definição adotada neste texto): Uma diretriz é composta por uma **meta** e as **medidas** prioritárias e suficientes para atingi-la.

Diretriz:[12] "Linha reguladora do traçado de um caminho ou de uma estrada; Conjunto de instruções ou indicações para se tratar e levar a termo um plano, uma ação, um negócio, etc. Norma de procedimento, diretiva".

Policy:[43] *"A definite course or method of action selected from among alternatives and in light of given conditions to guide and determine present and future decisions".*

Comentários do autor: O termo **diretriz** está sendo utilizado como tradução do japonês *hoshin*, que foi traduzido para o inglês como *policy*. É de se notar que o dicionário Aurélio[12] se refere ao termo diretriz como uma conjunto de "meios". Esta interpretação do termo está em concordância com a definição adotada neste texto e com a definição de *policy* adotada pelo Merriam Webster.[43]

Gostaria ainda de comentar a diferença entre diretriz e política no contexto deste texto. Reparem que o termo diretriz se refere a um conjunto de meios (procedimentos) necessários para se atingir uma meta (que está no futuro). O termo política também se refere a um conjunto de meios (procedimentos), mas estabelecidos como produto de crenças, de valores ou de experiência (que estão no passado).

12 Plano

Plano (definição adotada neste texto): Conjunto de ações de curto, médio e longo prazos, prioritário e suficiente para se atingir uma meta.

Plano:[12] "Conjunto de métodos e medidas para a execução de um empreendimento".

Plan:[43] *"A method of doing something: procedure; A detailed program of action; Goal, aim; An orderly arrangement of parts of an overall design or objective".*

13 Contramedidas

Contramedidas (definição utilizada neste texto): Contramedidas são ações preventivas tomadas no curtíssimo prazo (dentro de uma semana, dentro do mesmo dia ou na hora em que aconteceu algo) para eliminar definitivamente uma anomalia (ou não conformidade).

Comentários do autor: Contramedidas se referem a anomalias (problemas ruins) e medidas referem-se a metas (problemas bons). Existe muita confusão quanto a esses dois termos. Estaremos bem se adotarmos de agora em diante essa distinção.

Referências

1. Musashi, Miyamoto. O livro de cinco anéis; o guia clássico de estratégia japonesa para as artes marciais e os negócios. Rio de Janeiro. Ediouro. (ISBN: 85-00-60638-X). 121p.

2. Campos, Vicente Falconi. Gerenciamento da rotina do trabalho do dia a dia. Nova Lima. Editora FALCONI. 2004. (ISBN: 978-85-98254-56-2). 266p.

3. Grupo de Pesquisa de Casos de Gerenciamento pelas Diretrizes (JSQC). Manual de administração do gerenciamento pelas diretrizes (em japonês), Associação Japonesa do Controle da Qualidade, 30/12/1989, (Inédito).

4. Nayatani, Yoshinobu. Gerenciamento pelas diretrizes para implementação do TQC; utilizando as sete novas ferramentas do controle da qualidade (em japonês), JUSE Press, JUSE - Union of Japanese Scientists and Engineers, Tóquio, Japão, 1982. (ISBN: 4-8171-0214-4). 246p.

5. Juran, Joseph M. Managerial Breakthrough. Mc Graw-Hill Book Company, New York, Estados Unidos, 1964. 396p.

6. Ishikawa, Kaoru. What is Total Quality Control?; The Japanese Way. Prentice Hall Inc., Englewood Cliffs, N.J., 1985, Estados Unidos. (ISBN: 0-13-952433-9). 215p.

7. Akao, Yoji (Ed.). Hoshin Kanri; Policy Deployment for Successful TQM. Productivity Press, Cambridge, Massachusetts, 1991, Estados Unidos. (ISBN: 0-915299-57-7). 207p.

8. Ayano, Katsutoshi. Estratégias para a implantação do TQM; visão japonesa. AOTS (The Association for Overseas Technical Scholarship) - Alumni Association do Rio de Janeiro, Notas de Aula, 1995, Brasil.

9. Mizuno, Shigeru. Company-Wide Total Quality Control, Asian Productivity Organization, Tóquio, Japão, 1984. (ISBN: 92-833-1099-3) ou (ISBN: 92-833-1100-0). 313p.

10. Miyauchi, Ichiro. Contatos pessoais, consultor da JUSE - Union of Japanese Scientists and Engineers, Belo Horizonte, Maio de 1996.

11. Shima, Yoshio. Hoshin Kanri, Notas de aula de curso conduzido na Fundação Christiano Ottoni, Belo Horizonte, Brasil, 1993.

12. Ferreira, Aurélio Buarque de Holanda. Novo dicionário da língua portuguesa, 2. ed., Rio de Janeiro. Nova Fronteira. 1838p.

13. Ishikawa, Kaoru (Ed.). QC Circle Koryo - General Principles of the QC Circle. QC Circle Headquarters, JUSE (Union of Japanese Scientists and Engineers), 1980, Tóquio, Japão.

14. Maslow, Abraham Harold. Motivation and Personality, 3nd ed., New York, Harper Collins Publisher, 1987, (ISBN: 0-06-041987-3). 293p.

15. Deming, W. Edwards. Quality, Productivity and Competitive Position. Massachusetts Institute of Technology, Center for Advanced Engineering Study, 1982. 373p.

16. Campos, Vicente Falconi. O valor dos recursos humanos na era do conhecimento. Nova Lima, Editora FALCONI, 2004. 54p.

17. Dellaretti Filho, Osmário. As Sete Ferramentas do Planejamento da Qualidade (Série Ferramentas da Qualidade - Volume 5), Fundação Christiano Ottoni, Escola de Engenharia, Universidade Federal de Minas Gerais, Belo Horizonte, 1996, Brasil. (ISBN: 85-85447-24-9). 183p.

18. Mizuno, Shigeru (Ed.). Management for Quality Improvement - The 7 New QC Tools, Productivity Press, Cambridge, Massachusetts, 1988. (ISBN: 0-915299-29-1). 304p.

19. Umeda, Masao. Contatos pessoais, Consultor da JSA - Japanese Standards Association e da JODC - Japan Overseas Development Corporation, Belo Horizonte, Abril de 1996.

20. Werkema, Maria C. C. As ferramentas da qualidade no gerenciamento de processos (Série Ferramentas da qualidade - vol. 1), Fundação Christiano Ottoni, Escola de Engenharia da Universidade Federal de Minas Gerais, Belo Horizonte, 1995, Brasil. (ISBN: 85-85447-13-3). 108p.

21. Komatsu Career Creation Ltd. Policy Deployment, 1993. 14p.

22. Campos, Vicente Falconi. TQC - Controle da qualidade total no estilo japonês, Editora FALCONI. 2004. 256p.

23. Shiba, Shoji et alii. A New American TQM - Four Practical Revolutions in Management, Productivity Press, Portland, Oregon, 1993, Estados Unidos. (ISBN: 1-56327-032-3). 574p.

24. Nemoto, Masao. Total Quality Control for Management - Strategies and Techniques from Toyota and Toyota Gosei, Prentice Hall Inc. Englewood Cliffs, N.J. Estados Unidos, 1983. (ISBN: 0-13-925637-7). 238p.

25. Ikezawa, Tatsuo. Gerenciamento pelas diretrizes (em japonês), Hinshitsu Kanri, v. 30, n. 12, dezembro de 1979. p. 1768-1769.

Referências

26. Werkema, Maria C. C. Ferramentas estatísticas básicas para o gerenciamento de processos (Série Ferramentas da Qualidade - Vol. 2), Fundação Christiano Ottoni, Escola de Engenharia da Universidade Federal de Minas Gerais, Belo Horizonte, 1995, Brasil. (ISBN: 85-85447-15-X). 384p.

27. Kano, Noriaki. Relacionamento entre gerenciamento pelas diretrizes e gerenciamento da rotina do trabalho do dia a dia (em japonês), Hinshitsu Kanri, v. 32, n. 8, agosto de 1981. p. 1045-1055.

28. Yokoi, Masuru. Sistema de gerenciamento pelas diretrizes na pentel (em japonês), Hinshitsu Kanri, v. 30, n. 12, dezembro de 1979. p. 1791-1795.

29. Fujita, Suburo et alii. Gerenciamento pelas diretrizes na Aishin Seiki (em japonês), Hinshitsu Kanri, v. 30, n. 12, dezembro de 1979. p. 1779-1783.

30. Tokiwa, Shigeo. Gerenciamento pelas diretrizes na Ricoh (em japonês), Hinshitsu Kanri, v. 30, n. 12, dezembro de 1979. p. 1786-1790.

31. King, Bob. Hoshin Planning - The Developmental Approach, Goal/QPC, 1989, ASQC - 44th Annual Quality Congress, San Francisco, 1990.

32. Nakajima, Nobuo. Diretrizes da fundição de ligas chuetsu e seu gerenciamento (em japonês), Hinshitsu Kanri, v. 30, n. 12, dezembro de 1979. p. 1798-1802.

33. Koura, Kozo. Survey and Research in Japan Concerning Policy Management, ASQC Quality Congress Transactions, San Francisco, 1990. p. 348-353.

34. Tanaka, Hiroshi, Osamu, Ooi. Gerenciamento pelas diretrizes na indústria automobilística Hino (em japonês), Hinshitsu Kanri, v. 30, n. 12, dezembro de 1979. p. 1775-1778.

35. Kogure, Masao. Some Fundamental Problems on "Hoshin Kanri". In: Japanese TQC - Around Current Concepts on Management by Policy in most TQC Applying companies. ASQC Quality Congress Transactions, San Francisco, 1990. p. 354-359.

36. Akao, Yoji et alii. Hoshin Planning (Policy Deployment) Tutorial, Oitavo Simpósio sobre Desdobramento da Fundação Qualidade, QFD Institute, Ann Arbor, EUA, 1996.

37. Miyauchi, Ichiro. Management by Policy (Hoshin Kanri), JUSE - Union of Japanese Scientists and Engineers, Tóquio, Japão, Junho 1990.

38. Kurogane, Kenji (Ed.). Cross-Functional Management - Principles and Practical Applications, Asian Productivity Organization, 1993, Japão. (ISBN: 92-833-1118-3). 253p.

39. Juran, J. M. The Quality Trilogy - A Universal Approach to Managing Quality, ASQC - 40th Annual Quality Congress, Anaheim, California, 1986. p. 19-24.

40. Sato, Kenichi. Cost Management and Cross Functional Management (Cross-Functional Management at Toyota Auto Body Company, Ltd.), na referência (1).

41. Cheng, Lin Chih et alii. QFD - Planejamento da Qualidade, Fundação Christiano Ottoni, Escola de Engenharia da Universidade Federal de Minas Gerais, Belo Horizonte, 1995, Brasil. (ISBN: 85-85447-14-1). 261p.

42. Akao, Yoji (Ed.). Quality Function Deployment - QFD - Integrating Customer Requirements into Product Design, Productivity Press, Cambridge, Massachusetts, 1990, EUA. (ISBN: 0-915299-41-0). 369p.

43. Webster's Seventh New Collegiate Dictionary, G & C. Merriam Company, Publishers, Springfield. 1220p.

44. Ayano, Katsutoshi. Estratégias para a Implantação do TQM - Visão Japonesa, Anais do Seminário Internacional da AOTS - Alumni do Rio de Janeiro, Agosto de 1995.

45. Womack, J. P. et alii. A máquina que mudou o mundo. Rio de Janeiro, Campus. 1992. (ISBN: 85-7001-742-1). 347p.

Índice remissivo

A

Abordagem

- analítica, 163

- por projetos, 163

Administração estratégica, 35, 252

Ajuste

- vertical, 155

- horizontal, 155

Alta administração, 35

- tempo, 65

Análise, 52

- de fenômeno, 52

- ferramentas básicas, 144

- da situação externa, 148

- de impedimentos, 149

- capacidade de, 164

Análise de Pareto, 157, 159, 160, 210

Análise de processo, 48, 53, 54, 121, 160, 202, 207, 210

Anomalia(s)

- o que é, 94

- como atuar nas, 96

- e procedimento operacional padrão, 99

B

Brainstorming, 54, 81, 134, 159

C

CAPD, 121

Catch ball, 69, 84, 154, 157, 160, 164, 182, 201, 204

CCQ - Círculos de controle da qualidade

 - e gerenciamento pelas diretrizes, 60

Comitê da alta administração, 202

Comitê da GQT, 134, 135, 198, 202, 207, 208

Comitê da garantia da qualidade, 202

Comitê interfuncional, 198, 201, 202, 203, 208, 209, 210, 237

- composição, 201

- escolha dos membros, 201

- número de componentes, 201

- quem deve ser o presidente do, 201

- principal responsabilidade, 201

- temas do, 201

- apoio técnico ao, 208

Competitividade, 35, 38, 63, 129, 163, 209

Concorrentes, 33, 121, 163, 217

Conhecimento, 35, 52, 131

- e análise, 64

- como conseguir, 63

- importância, 65

- técnico, 66

- tipos de, 64

Contramedidas, 37, 106, 107, 126, 127, 135, 245, 251, 256

Cooperação, 69, 171, 194, 203

Coordenador da GQT, 83, 84, 107, 108, 112, 120, 131

Custo(s)

- atividades do gerenciamento dos, 209

- planejamento do, 210

- melhoria dos, 211

D

Departamentos de linha, 198, 204, 207, 213

Desdobramento das diretrizes

- e estrutura das organizações, 59

- maneiras de se conduzir, 62

- métodos de desdobramento, 62

Desvios, 108, 134

Diagnóstico das diretrizes

- conceito, 101

- como conduzir, 101

- tipos de diagnóstico, 101

Diagnóstico do gerenciamento pelas diretrizes

- organização do, 112

- programação anual, 112

- escolha do tema, 114

- relatório preparatório, 116

- reunião do, 118

- ata do diagnóstico, 119

- gerenciamento, 119

- observações sobre o, 119

- recomendações aos diagnosticadores, 120

- recomendações aos diagnosticados, 120

Diagnóstico do presidente, 109

- objetivos e consequências, 109

- preparo e condução, 110

- agenda, 116

Diagnósticos, 110, 114, 146, 148, 155, 182, 186, 188, 202, 208

Diagrama de afinidades, 144

Diagrama de árvore, 69, 144, 150, 157, 159, 160, 164, 167, 176

Diagrama de causa e efeito, 121, 176

Diagrama de matriz de priorização, 144

Diagrama de matriz, 144, 150, 176

Diagrama de Pareto, 160, 164, 176

Diagrama do processo decisório, 70, 144, 173, 182

Diagrama de relação, 69, 150, 176

Diagrama de setas, 144, 171, 173

Diretor,

- significado da palavra, 46

Diretriz(es)

- estabelecimento de, 37

- conceito de, 49, 52

- exemplo de, 49

- para que é estabelecida, 49

- como estabelecer uma, 54

- o que significa desdobrar uma, 53

- características das medidas de uma, 54

- métodos para desdobramento, 55

- de cada diretor, 73

- como conduzir o primeiro desdobramento, 83

- dos diretores, 84

- registro das, 87

- secretas, 87

- alteração de uma, 90

- e item de controle e de verificação, 122

- tempo necessário, 122

- desdobramento das, 135

- de cada gerente, 152

- organização das, 146

- anuais da organização, 159

Diretriz anual do presidente, 78

Diretriz(es) do presidente, 57, 77, 81, 83, 155

- como estabelecer a primeira, 90

- método para estabelecer, 91

- princípios, 95

- projeto da, 95

- projeto das, 136

Disciplina, 146

E

Escritório da GQT, 74, 77, 81, 106, 110, 114, 129, 134, 135, 144, 150, 179, 188, 190

Estratégias, 35, 36, 148, 253

Estrutura horizontal, 194

Estrutura organizacional

- o que é, 60

- tipos de, 60, 62

Estrutura vertical, 60, 194

Experiência, 68

F

Fatos e dados, 52, 65, 69, 81, 118, 129, 155, 170

Faturamento, 38, 76, 160, 210

G

Gerenciamento,

- tipos de, 38

Gerenciamento da rotina do trabalho do dia a dia, 35, 38, 62, 90, 96, 129, 131, 139, 146, 194, 197, 204

Gerenciamento Interfuncional, 62, 194, 197, 201, 203, 204, 207, 208, 210, 232

- exemplo, 207

Gerenciamento pelas diretrizes,

- o que é, 35

- seu objetivo, 36

- e gerenciamento da rotina, 38

- filosofia, 41

- e CCQ, 63

- e mudanças, 66

- de que depende o seu sucesso, 74

- seu início, 74

- condição mais importante, 92

- acompanhamento do, 94

- processo de verificação, 106

- como incorporar o resultado no gerenciamento da rotina do trabalho do dia a dia, 118

- avaliação geral, 121

- manual do, 139, 190

- fluxograma, 146

- estágio mais avançado, 161

- como monitorar, 183

- objetivo, 168

- através de uma unidade de negócio, 153, 208, 210

- através do gerenciamento por projetos, 189

- modelo de um regulamento, 220

Gerenciamento por projetos

- o que é, 209

- para que é utilizado, 209

- organização do, 209

- implementação, 209

Gerenciar

- o que é, 46, 94

Gestão à vista, 91

Gestão pela qualidade total,

- o que é, 59

Glossário,

    - de termos do gerenciamento pelas diretrizes, 222

Gráficos de barra, 99

Gráficos de controle, 99

Grupo de trabalho, 89

    - como deve ser, 153

    - órgão que o nomeia, 202

    - constituição, 202

I

Ideias

    - novas, 67

    - criativas, 67

    - originais inovadoras, 153

Índice geral de atingimento das diretrizes - IGA, 183, 186

Informação, 96, 144, 146

Inovação, 41

Intuição, 68

Item de controle, 77, 94, 96, 99, 101

    - componentes, 94

    - e meta, 77, 104

    - sua função, 94

Itens de execução prioritária, 122, 179, 181

Itens de verificação, 94, 106, 203, 232

    - estabelecimento de, 96

L

Liderança, 11, 135, 146

M

Manual do gerenciamento pelas diretrizes, 139, 190

Market-share, 52, 53, 163, 181, 196, 210

Medida de execução prioritária, 167, 170

Medida(s)

- conceito, 49

- como se estabelece, 49

- não desdobráveis, 54, 77, 86, 89

- estabelecimento de, 57, 70, 86, 150, 164

- como conduzir a execução, 99, 126, 127, 129

- eficiente e ineficiente, 127

- priorização, 164

Melhorias,

- tipos de, 38

Mercado, 33, 36

- exigências, 33, 36

Metas, 35, 37, 41, 46, 57, 60, 63, 67

- anuais, 35

- desafiadoras, 167

- conceito de, 45

- exemplo de, 45

- como estabelecer, 46, 135

- do presidente, 83, 76

- atingimento de, 46, 109, 131

- valor das, 76, 77, 106

- dos diretores, 75, 84

- e item de controle, 106

- como localizar desvios das, 134

- como verificar o atingimento de, 88

- anuais da empresa, 34, 207

- estabelecimento de, 144

- desdobramento das, 57, 74, 157, 173, 244

- e medidas, 69, 74

  - o que é necessário para ser atingida, 44

  - para melhorar, 183

Meta(s) de sobrevivência, 35, 57, 90

  - sugestões de, 112

  - critério para escolha da primeira, 75

Método das bandeiras, 157

Método de gestão empresarial, 217

Método PDCA, 68, 74, 81, 98, 225

  - e o sistema de gestão, 225

Mudança(s)

  - pré-requisitos para, 41, 70, 150, 199

  - estruturais, 163

N

Negociação

  - o que é, 69

  - como conduzir, 69

  - vertical e horizontal, 69

O

Organização Interfuncional, 197, 198, 203, 204

Organizações

  - inovações de estrutura, 36

  - iniciantes, 61

P

Padrão gerencial, 74, 243

  - o que deve conter, 74

Padronização, 38

Painel de controle, 98

PDPC, 144, 173, 182

Planejamento,

    - prática do, 41

    - etapas, 52

    - fatores para um bom, 63

    - fase de, 67

Planejamento estratégico, 35

Planejar,

    - o que significa, 45

    - o que é, 65

Plano,

    - o que é um, 53

Plano Anual, 35, 235

Plano de Ação, 50, 68, 69, 90, 99, 104, 108, 116, 127, 159, 170, 171, 173, 181, 182, 203

    - quem deve ter, 54

    - e gerenciamento, 67

    - do presidente, 74

    - e meta, 84

    - o que é, 115

    - de cada gerente, 170

Plano de contingência, 182

    - o que são, 69

    - o que incluir, 70

Plano de longo prazo, 35, 36, 74, 75, 143, 207, 210, 232, 235

    - e plano anual, 36

    - revisão, 36, 210

Plano de médio prazo, 36, 74

    - revisão, 36

Plano estratégico, 36

Pontos de controle,

    - de uma diretriz, 96

Índice remissivo

- quadro de, 91

Pontos problemáticos, 98, 121, 123, 148

Priorização, 164

Problema(s)

- conceito de, 46

- o que é resolver, 46, 48

Problemas interfuncionais, 194, 202

Procedimento operacional padrão, 111, 131, 220

Progresso da empresa, 86

Projeto, 81, 99

- das diretrizes do presidente, 153, 207

- das diretrizes, 153, 179

- de metas, 155, 207

- de diretriz, 207

- em matriz, 209

- por comitê interfuncional, 209

Projetos prioritários, 35, 118

R

Reengenharia, 204

Reflexão, 37, 155, 179

- e gerenciamento pelas diretrizes, 179

- definição, 37

Reflexão gerencial

- processo de, 107

Relatório da situação atual, 127

Relatório das três gerações, 104, 108, 183

Relatório de análise de erros e acertos, 127

Relatório de anomalias, 94, 108, 183

Relatório de reflexão, 89, 104, 207

Relatório de reflexão anual, 75, 129, 232, 235, 248

- prazo, 129

Relatórios de auditoria, 75

Resultados, 41

Reuniões de acompanhamento do gerenciamento pelas diretrizes, 107

S

SDCA, 98, 112, 201, 220, 225

Sistema de diagnóstico das diretrizes, 109

Sistema de garantia do lucro, 231

Sistema de gerenciamento do lucro, 208, 232

Sistema de gerenciamento pelas diretrizes, 41, 46, 73, 74, 75, 76, 81, 90, 131, 134, 143, 146, 204

- meio de, 41

- como começar, 41

- para que é estabelecido, 46

- integração com o sistema de orçamentação, 90

- como padronizar, 143

- avaliação do, 204

- amostra de um regulamento, 244

Sistema de gestão, 225

Sistema de Informações gerenciais, 94, 96

- de que é constituído, 96

Sistemas empresariais, 218

Sobrevivência da organização, 35, 150, 167

U

Unidade de suporte, 202, 203, 207, 208

Unidade gerencial básica (UGB), 89, 107

V

Verificação, 37

Visão de futuro, 37